MARKETING E COMUNICAÇÃO NA ERA PÓS-DIGITAL

Walter Longo

MARKETING E COMUNICAÇÃO NA ERA PÓS-DIGITAL

As regras mudaram

ALTA BOOKS
EDITORA
Rio de Janeiro, 2019

Copyright © 2019 Starlin Alta Editora e Consultoria Eireli
Copyright © Walter Longo

Publisher: Renata Müller
Pesquisa e coordenação editorial: Andrea Ciaffone
Coordenação de produção: Alexandre Braga
Edição: Oliva Editorial
Diagramação: Carolina Palharini e Carlos Borges
Capa: Carolina Palharini
Produção Editorial - HSM Editora - CNPJ: 01.619.385/0001-32

Todos os direitos estão reservados e protegidos por Lei. Nenhuma parte deste livro, sem autorização prévia por escrito da editora, poderá ser reproduzida ou transmitida. A violação dos Direitos Autorais é crime estabelecido na Lei nº 9.610/98 e com punição de acordo com o artigo 184 do Código Penal.

Erratas e arquivos de apoio: No site da editora relatamos, com a devida correção, qualquer erro encontrado em nossos livros, bem como disponibilizamos arquivos de apoio se aplicáveis à obra em questão.
Acesse o site www.altabooks.com.br e procure pelo título do livro desejado para ter acesso às erratas, aos arquivos de apoio e/ou a outros conteúdos aplicáveis à obra.
Suporte Técnico: A obra é comercializada na forma em que está, sem direito a suporte técnico ou orientação pessoal/exclusiva ao leitor.
A editora não se responsabiliza pela manutenção, atualização e idioma dos sites referidos pelos autores nesta obra.

Dados Internacionais de Catalogação na Publicação (CIP)
Angélica Ilacqua CRB-8/7057

Longo, Walter
 Marketing e comunicação na era pós-digital : as regras mudaram / Walter Longo. - Rio de Janeiro : Rio de Janeiro, 2019.
 312 p.

 ISBN: 978-85-508-1042-9

 1. Marketing 2. Publicidade 3. Comunicação I. Título II. Longo, Walter

14-0731   CDD 658.8
Índices para catálogo sistemático:

 1. Marketing

Rua Viúva Cláudio, 291 — Bairro Industrial do Jacaré
CEP: 20.970-031 — Rio de Janeiro (RJ)
Tels.: (21) 3278-8069 / 3278-8419
ALTA BOOKS   www.altabooks.com.br — altabooks@altabooks.com.br
EDITORA   www.facebook.com/altabooks — www.instagram.com/altabooks

ASSOCIADO

Dedico este livro à Cris Partel, minha grande inspiração e motivação de todos os dias, a meu filho Ricardo Longo, companheiro inseparável de ideias e conceitos, e a todos aqueles que estão entrando com entusiasmo e determinação na era pós-digital.

agradecimentos

O meu mais profundo agradecimento a todos os colegas e amigos que contribuíram com esta obra por meio de conversas, debates, alertas, questionamentos, entrevistas, concordâncias e divergências, sugestões de leitura e, principalmente, muito entusiasmo pelo ofício de praticar marketing e comunicação todos os dias: Roberto Justus, Marcos Quintela, José Salibi, Waltely Longo, Fabio Coelho, Julio Zaguini, Marcos Swarowski, Rosana Hermann, Eduardo Bicudo, Fernando Taralli, Sylvia Panico, John Gerzema, Salles Neto, Jaime Troiano, Roberto Muylaert, Renato Meirelles, Zeca Vieira, Osvaldo Barbosa, Jaime Szulc, Pyr Marcondes, Breno Masi, Elson Montagno, Giovanni Rivetti, Michell Zappa, Marcos Amazonas, Beto Toledo, Zé Luiz Tavares, Andrea Ciafonne, Cristyane Balakdjian, Elaine Mello, e muitos, muitos outros...

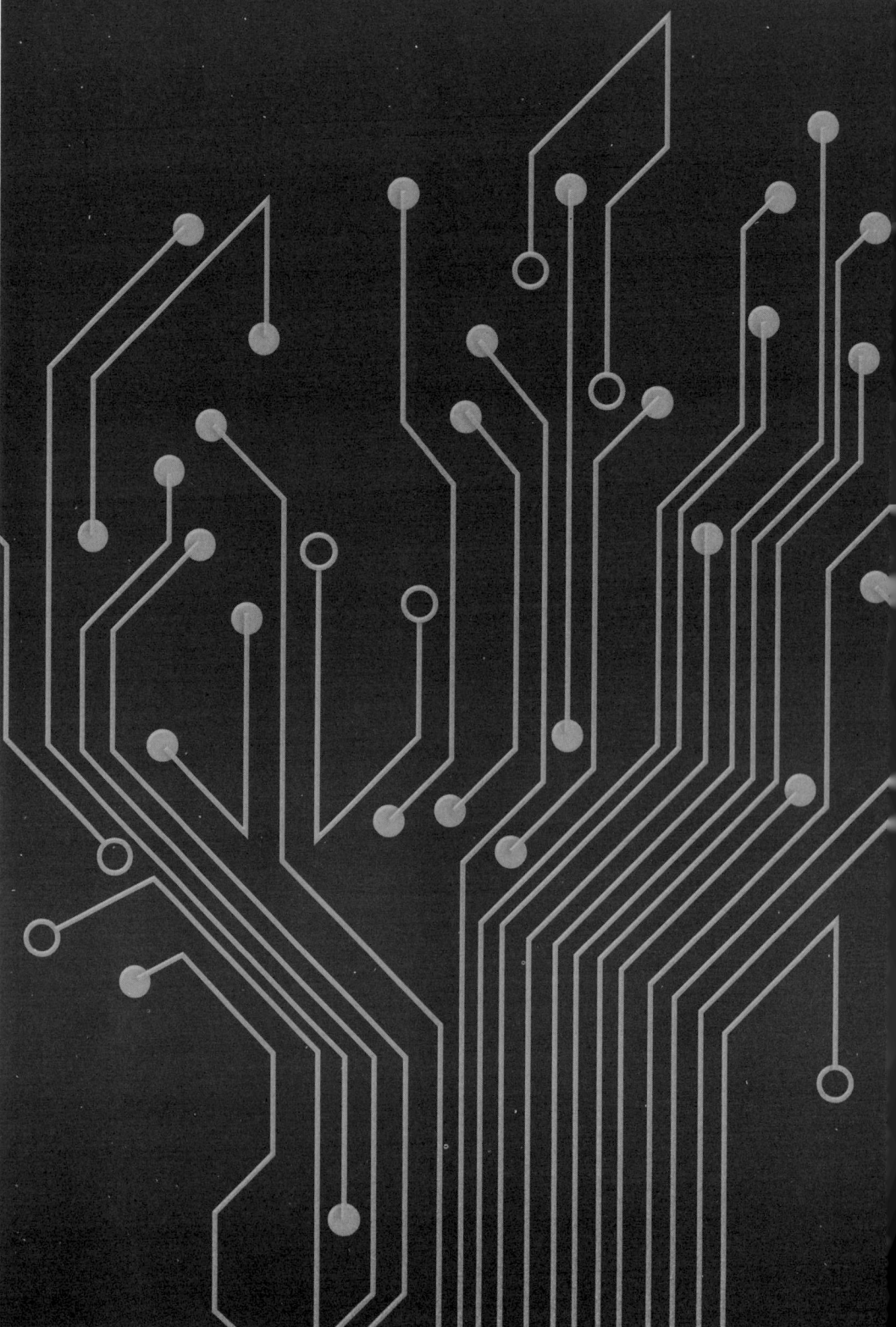

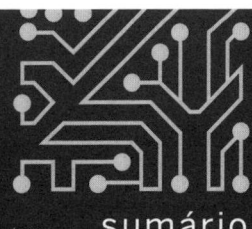

sumário

Prefácio	11
Apresentação	13
PARTE I	25
INTRODUÇÃO - O NOVO ESPELHO DE NARCISO	27
CAPÍTULO 1 - PENDÊNCIA VS. TENDÊNCIA	33
CAPÍTULO 2 - FOCO NO FUTURO	37
CAPÍTULO 3 - NÃO SUPERESTIME NEM SUBESTIME	45
CAPÍTULO 4 - APRENDER, DESAPRENDER, REAPRENDER....	61
PARTE II	79
INTRODUÇÃO - PARADIGMAS ESTILHAÇADOS	81
CAPÍTULO 1 - TAMANHO É DOCUMENTO?	85
CAPÍTULO 2 - O CLIENTE TEM SEMPRE RAZÃO?	97
CAPÍTULO 3 - O SEGREDO É A ALMA DO NEGÓCIO?	111
CAPÍTULO 4 - O ÓTIMO É INIMIGO DO BOM?	131
PARTE III	140
INTRODUÇÃO - UM NOVO COMEÇO	143
CAPÍTULO 1 - EFEMERIDADE	155
CAPÍTULO 2 - MUTUALIDADE	179
CAPÍTULO 3 - MULTIPLICIDADE	195
CAPÍTULO 4 - SINCRONICIDADE	227
CAPÍTULO 5 - COMPLEXIDADE	245
CAPÍTULO 6 - TENSIONALIDADE	259
CAPÍTULO 7 - INSPIRAÇÃO CIRCENCE	271
Para terminar - Não vimos nada ainda...	279
Notas	301
Leitura recomendada	307

prefácio

"Só notamos o digital quando falta." Essa frase não poderia ter sido dita por outra pessoa e, com ela, você pode ter uma ideia de como é conversar com Walter Longo. Conheço o Walter há pelo menos quinze anos, dos eventos que fizemos juntos pela HSM, e ele é assim: ligado no futuro. É um publicitário diferenciado e sempre disposto a conversar sobre tecnologia, assunto que domina como ninguém.

Tecnologia e inovação estão sempre nas palestras e entrevistas desse grande profissional da comunicação que, ao longo de sua brilhante carreira, acumulou posições de liderança e mudou o jeito de trabalhar das empresas por onde passou. Não foram poucas. É presidente da Grey Brasil, mentor de estratégia e inovação do Grupo Newcomm, iniciou as operações da TVA no Brasil, entre tantas outras. Walter é polivalente e multitarefas. É um profissional muito à frente do seu tempo.

Numa de nossas conversas, sempre animadas e empolgantes, ele me disse que a inovação está no mundo desde o homem das cavernas. Preferi não perguntar por que e fiquei pensando sobre aquilo. Ele tem razão. É simples: como chegaríamos até aqui sem a inovação, sem as descobertas e sem a vontade do homem de desenvolver? Inovação e tecnologia movem o homem. Não podemos confundir inovação com tecnologia, no entanto. Andam juntas, mas inovar não significa necessariamente ter o top da tecnologia nas mãos, afinal o status tecnológico acabou, como o Walter bem diz. Por isso é muito mais interessante entender o que fazemos com a tecnologia e como ela pode nos ajudar a inovar.

Por aí podemos perceber a visão do Walter: ele desconstrói conceitos, quebra padrões e apresenta um modelo mental totalmente diferente da média. Enxerga o mundo com outros olhos, muito mais apurados. Entramos na era pós-digital, como ele gosta de dizer, e isso exige ainda mais da nossa parte na busca por inovação, principalmente no mundo dos negócios. Segundo ele, as empresas que não tiverem a alma digital não sobreviverão.

Costumo dizer que generosidade é qualidade imprescindível de quem detém o conhecimento. Essa é uma característica desse profissional que tanto admiro e que agora compartilha conosco toda a bagagem de uma vida dedicada à comunicação e ao marketing. Está no mesmo nível dos gurus internacionais, sabe disso, mas mantém a simplicidade de aprender, inovar e ouvir sempre.

Em minha busca constante por conhecimento, mesmo quando as agendas lotadas não permitem, sempre procuro pelo mentor, professor e amigo, Walter Longo. Para finalizar, deixo aqui outra frase dele, mas, desta vez, pra que você pense a respeito: "Toda nova era gera fascínio e medo". Sabe por quê?

Boa leitura!

José Salibi Neto

apresentação

Ao entrar numa livraria para ver o que há de novo, grande parte das obras já dá, logo na capa, uma boa indicação do que você vai encontrar nas páginas seguintes. Nisso os títulos didáticos ou acadêmicos são imbatíveis, oferecendo uma clareza de objetivo insuperável. É só bater o olho e imediatamente sabemos do que se trata o livro e a quem é destinado. Nos romances e obras de ficção, porém, tudo já é mais hermético e precisamos olhar o verso ou a orelha para ter uma ideia mais clara do conteúdo.

Enquanto isso, as obras voltadas para o mundo dos negócios passaram recentemente por um processo de renovação, buscando criar títulos cada vez mais surpreendentes e superlativos e, com isso, atrair a atenção do futuro leitor por meio da dúvida e da curiosidade, jamais da certeza. Basta uma rápida olhada nos títulos dos últimos best-sellers sobre gestão para perceber essa tendência: *Pai Rico, Pai Pobre*; *O Ponto da Virada*; *A Estratégia do Oceano Azul*; *O Monge e o Executivo*; *De Volta ao Mosteiro*; *O Efeito Porco-Espinho*; *O Divergente Positivo*; *A Quinta Disciplina*; *Primeiro Quebre Todas as Regras* e até o famoso *Quem Mexeu no Meu Queijo?*

Confesso que entendo e aceito essa tendência, mas ainda prefiro títulos mais esclarecedores, que definam *a priori* do que se trata a obra. Afinal, se tem alguém que não pode perder tempo é exatamente o público-alvo dos livros de negócios. Por isso confesso que, como publicitário de origem e vício, ao escolher o título desta obra tive a tentação de navegar por nomes criativos, impactantes, engraçados e até chocantes como *Depois não diga que eu não avisei* ou então *A era digital já era*, mas resolvi seguir meus instintos e batizá-lo de *Marketing e Comunicação na era pós-digital*.

Assim fica claro que, nas páginas seguintes, nosso leitor vai encontrar ideias, *cases* e principalmente conceitos que devem servir de inspiração a todos aqueles que atuam na comunicação mercadológica, no destino de produtos, na gestão de *branding* e na difícil arte da publicidade. Mas esta obra pode também interessar aos gestores em geral, responsáveis por liderar pessoas nas mais variadas funções e, para isso, precisam dominar e entender as mudanças comportamentais que hoje afetam a sociedade e seus hábitos de consumo.

Há no título, porém, uma palavra ou conceito que gera um questionamento imediato: pós-digital. Como assim? Não seria digital? O mundo inteiro não está falando da revolução digital e seu impacto na sociedade? Os jornais e revistas não estão fazendo um grande esforço para se adaptar ao mundo digital? Os eventos, os cursos livres e os livros não estão todos buscando formar e informar a sociedade sobre a nova realidade digital? Que história é essa de pós-digital? E aí está a grande tese deste livro. O que vamos analisar é a rápida migração da sociedade para um cenário e ambiente totalmente inéditos: um novo momento do mundo onde o que era novidade virou commodity e o que fascinava ou amedrontava agora é lugar-comum. A tecnologia deixou de ser privilégio de poucos e passou a permear toda a sociedade.

O acesso à informação, que antes era restrito e exclusivo, agora está democratizado e ao alcance de todos. E se alguém acredita que deve fazer um esforço em sua empresa para aproveitar todas as oportunidades da era digital, permita-me informar que essa fase já está com os dias contados, e uma nova era da sociedade de consumo está em curso, transformando novamente as relações entre marcas e pessoas, empresas e comunidades, gestores e colaboradores. A era digital já era. Bem-vindo ao mundo pós-digital.

Mas, afinal, o que é era pós-digital? É exatamente a realidade em que vivemos hoje, na qual a presença da tecnologia digital é tão ampla e onipresente que, na maior parte do tempo, nem notamos que ela está lá. Só percebemos sua existência quando falta. Essa total ubiquidade da tecnologia digital provoca impactos em todos os aspectos da vida e isso se traduz em novos desafios para os líderes de empresas e para os gestores de comunicação, marketing e propaganda. Este livro é para esses profissionais, que precisam enxergar com clareza o que a nova era nos traz e, com isso, conduzir estratégias que garantam um desempenho presente e futuro.

Cada vez que a humanidade dá um salto tecnológico, a primeira reação é de surpresa e medo. Mas, depois que a inovação é absorvida, as pessoas aprendem a otimizar suas possibilidades. E os pioneiros nesse aproveitamento prosperam. Na História, isso se repetiu várias vezes. Aconteceu com o fogo, a agricultura, o metal, com os instrumentos de navegação, com o vapor e a eletricidade. Mas essas invenções são só o primeiro passo, pois o que realmente importa é o que se faz a partir delas.

A revolução não acontece quando a sociedade adota novas ferramentas, e sim quando adota novos comportamentos. Desenvolver a tecnologia digital e deixar o mundo analógico para trás foi um momento maravilhoso vivido por quem nasceu no século 20, mas é um capítulo já superado. Não existe mais fronteira entre mundo digital e mundo real, entre online e offline, a partir de agora é tudo uma coisa só. A tecnologia digital foi absorvida e faz parte de todos os aspectos da vida, o tempo todo. Por isso, é hora de tratarmos os impactos que essa ubiquidade provoca no presente e no futuro. Estamos saindo, portanto, da era digital e entrando de maneira acelerada na era pós-digital.

Para viver, produzir e se perpetuar na era pós-digital e em todas as outras que virão, já que essa essa nova fase do mundo é apenas parte desse fluxo contínuo de evolução, é preciso conhecer sua estrutura e dinâmica para aproveitar todas as possibilidades eficientemente. **Não é mais questão de utilizar de ferramentas ou armas digitais, e sim de possuir uma alma digital.** Alma digital essa que deve ir muito além de sites, blogs ou páginas no YouTube, mais que e-commerce, redes sociais, banners ou compra programática. Estamos falando de uma outra dimensão do envolvimento digital, aproveitando a onisciência, onipotência e onipresença que ele proporciona.

Precisamos abraçar o *big data* e os algoritmos, incentivar o *home office* e o *digital back* no planejamento, nos acostumarmos com as reuniões por videoconferência, implementar sistemas colaborativos e generativos, eliminar estruturas piramidais para operar em rede, rever hierarquias de poder e estabelecer o diálogo em todos os aspectos da comunicação com o mercado.

O neurocientista e neurocirurgião Dr. Elson Montagno sugere que se troque o conceito de alma digital para espírito digital, um verdadeiro *zeitgeist*. Segundo ele, a neurofilosofia nos indica que alma é "o que de mim sente" enquanto espírito é "o que de mim sabe". Um é sensorial, e o outro é cognitivo. Isso indicaria que se trata de um novo espírito, e não uma nova alma. Mas para rimar arma digital com alma digital, optei pela liberdade poética de manter o conceito. A verdade é que os nascidos de 1990 para cá já trazem esse chip de fábrica. Chegam com esses superpoderes introjetados, conectados e com sua vida sempre em beta. Afinal, tecnologia é o que é inventado depois que nascemos. Mas, para os outros nascidos no século 20, exige adaptação.

Este livro é para quem quer enxergar com mais clareza o que é a era pós-digital, entender como funciona e emergir da leitura com uma compreensão alargada sobre o momento que já estamos vivendo e que muitos ainda insistem em chamar de futuro. Se era o futuro, então este futuro chegou. A nova era mudou o comportamento das pessoas e exige a adoção de uma postura pós-digital em comunicação, marketing, propaganda e publicidade mas, para que isso aconteça, os gestores dessas áreas precisam abrir suas mentes para a nova realidade e começar a atuar de acordo com suas características e desafios.

Esta obra está dividida em três partes. Na primeira, buscamos entender as mudanças que estão ocorrendo no cenário empresarial e na sociedade. Na Parte 2, o objetivo é elencar os principais paradigmas que nos prendem ao passado e que precisam ser revisados. A terceira e última parte é aquela na qual avaliamos cada uma das principais características da era pós-digital e seu impacto nas decisões mercadológicas de nosso dia a dia como profissionais de marketing e comunicação.

Na Parte 1, nossa primeira providência é fazer a distinção entre pendência e tendência, para poder priorizar a segunda. Normalmente, os profissionais perdem muito tempo e energia resolvendo pequenas coisas ou preocupados com as metas da semana, do mês, do trimestre e não tiram um tempo para perceber para onde o seu mercado está indo, o que o consumidor está querendo e o que pode ser feito para surpreendê-lo e encantá-lo. É como se estivessem dirigindo à noite em uma estrada cheia de curvas usando apenas faróis baixos. Identificar tendências e agir de acordo com o que apontam equivale a acender os faróis altos para antecipar situações, preparar movimentos corretos e, com isso, ir em direção ao seu destino na maior velocidade possível – mantendo a segurança.

O foco no futuro é uma exigência da era pós-digital. "Quem não pensa daqui para frente, não vai existir daqui para frente", foi o conselho dado por Larry Page, cofundador do Google e um dos homens que está liderando a era pós-digital. Já Bill Gates, no seu livro de 1996, *The Road Ahead*, nos lembrava que os decisores não devem superestimar o que pode ser feito no curto prazo nem subestimar o que pode acontecer em uma década, pois essa desatenção pode custar a permanência no mercado. A era pós-digital já dizimou segmentos inteiros em poucos anos.

A coragem para revisar paradigmas, questionar hierarquias, ampliar horizontes e estressar relações estáveis equivale a um passaporte para a era pós-digital. Como profissionais, fomos adestrados pelas verdades do século 20 e nos condicionamos a uma série de crenças que já não se aplicam. Se apegar a esses paradigmas é como carregar guarda-chuva em dia de sol: não serve para nada, atrapalha bastante, é ruim para imagem e, até quando esquecido em algum lugar, representa prejuízo. Temos de reaprender tudo. Não contestar a ordem estabelecida estreita as possibilidades, encolhe os horizontes. Para olhar o mercado e enxergar longe é preciso jogar fora as viseiras laterais colocadas por ideias antigas e alargar o campo de visão.

Na Parte 2, o objetivo é a urgente revisão dos principais paradigmas que nos aprisionam no presente e que devem ser revistos para termos um lugar reservado no futuro. Onde hoje temos afirmações e premissas, precisamos ter questões e dúvidas. Afinal, tamanho é documento? O cliente tem sempre razão? O ótimo é inimigo do bom? O segredo é a alma do negócio? **A era pós-digital veio para questionar as velhas certezas**

e colocar sistemas inteiros de pensamento corporativo do avesso. Mais do que aprender coisas novas, precisamos esquecer tudo o que sabemos.

Os comportamentos mudaram. Falo com alguém do outro lado do mundo e mando um SMS para o colega que está a meu lado. Tudo o que era grátis está ficando pago e, o que era pago, ficando grátis. Na era digital achavam que o futuro era baseado na convergência e multimídia e agora, no pós-digital, está cada vez mais claro que o caminho é o da divergência e da unimídia. A regra de transmissão da informação mudou de unidirecional para multidirecional. A recepção não é mais passiva, é interativa, porque a mídia digital é mais que um novo canal de comunicação, é um novo ambiente de relação com os consumidores e possui um componente de envolvimento e engajamento que faz toda a diferença.

Por isso, os profissionais de marketing devem dar um passo adiante, atuar com os pés no futuro e os olhos no presente – e não vice-versa. Uma das principais razões para isso é que a era pós-digital se caracteriza pela efemeridade. Relações, marcas, comportamentos, preferências, tudo surge e desaparece em ciclos cada vez mais curtos. Em menos de uma década uma marca pode surgir, dominar o mercado e desaparecer completamente. Por isso, para fazer comunicação em um ambiente em que tudo se altera muito rápido, é preciso se antecipar. É, também, como entrar numa *freeway* de alta velocidade: precisamos acelerar e manter uma velocidade semelhante ou maior que a dos outros – e mais, saber a hora certa de sair é tão importante quanto o momento exato para entrar.

E, por falar nisso, essa é a hora certa de entrarmos na Parte 3 do livro, revisando as principais características que definem a era pós--digital: efemeridade, mutualidade, multiplicidade, sincronicidade, complexidade e tensionalidade. Para absorver e entender cada uma delas em toda sua extensão é preciso limpar a mente de conceitos que fazem parte do passado ou que se intrometem no presente, comprometendo o futuro. Afinal, como disse Alvin Tofler: "Os analfabetos do século 21 não serão aqueles sem condições de ler ou escrever, mas aqueles incapazes de aprender, desaprender e reaprender".

Como numa avenida, no mundo pós-digital é melhor não entrar que entrar atrasado. Diante da efemeridade da era pós-digital, as marcas devem atuar de forma efêmera, com flexibilidade e velocidade, para continuarem perenes. Para o gestor de comunicação resta o alento de saber que toda tecnologia, ferramenta ou mídia fica velha – cada vez mais rápido –, mas a única coisa que não envelhece é a vontade das pessoas de se conectarem com outras pessoas. E não só com pessoas.

Mutualidade é a segunda macrotendência da era digital e significa a interação simbiótica entre diferentes indivíduos, que traz benefícios mútuos e evolutivos. Diz respeito à crescente habilidade das máquinas de se comunicarem entre si, que ficará cada vez mais ampla conforme a internet das coisas avançar, gerar mais informação e servir de inspiração para a criatividade humana. Numa realidade em que os feedbacks são constantes, cada vez mais o ROL *(return on learning)* será mais decisivo do que o ROI (*return on investment*).

E isso se torna ainda mais importante por causa da multiplicidade de ferramentas de comunicação à disposição dos gestores de marca. Antes linear, hoje a comunicação é rápida, interativa, imprevisível, caótica e exige que vejamos o mercado de forma holística. Não adianta compartimentar, separar os remédios, é preciso pensar no organismo como um todo. A infinidade de novas mídias influencia a evolução dos *superorganismos* de mídia.

É inútil dividir o mercado por ferramenta (impresso, eletrônico ou digital). Na era pós-digital, a divisão tem de ser por função ou processo. Mídia contratada pela marca (*paid media*), os canais proprietários (*owned media*) e a repercussão nas demais mídias causada pela experiência (*earned media*) formam a sustentação das mensagens de marca e representam a forma mais adequada de gerir a multiplicidade daqui para frente. Para isso, será fundamental reinventar as análises de eficiência das campanhas e aprender a trabalhar com uma enorme variedade de ações simultâneas.

O que nos leva para a próxima macrotendência da era pós-digital: a sincronicidade. Definida por Carl Jung como a capacidade de estabelecer conexões não causais, na era pós-digital sincronicidade significa ter a consciência de que **pessoas não são, pessoas estão**. Num mundo onde tudo muda rapidamente, as pessoas estão mudando também, alterando seus hábitos, desejos e comportamentos de maneira cada vez mais rápida. Por isso, a técnicas e abordagens de comunicação e relação com o mercado terão de passar por uma profunda revisão de eficiência.

Os velhos bancos de dados – que estão virando um bando de dados – precisam se reciclar, casar com os algoritmos e se transformarem em bancos de fatos. No pós-digital, as marcas podem e devem se mostrar presentes na hora certa, que seja mais adequada, de maneira individual e com custos otimizados. E o *mobile* parece ser o local adequado desse casamento. Só que falar com um consumidor cada vez mais mutante e efêmero é uma tarefa complexa.

E complexidade é outra característica da era pós-digital. O universo da comunicação ficou mais múltiplo, caótico e congestionado, e esse novo panorama nos obriga, como profissionais de marketing, a transformar nossas ferramentas, processos e aptidões. Ser especialista já não basta. É preciso ser *nexialista*, integrar de maneira sinérgica, complementar e sequencial as várias disciplinas que compõem o conhecimento, de modo que as atividades e seus resultados tenham nexo entre si. É o trabalho do maestro, que com sua atuação evita uma cacofonia de esforços inúteis.

Nas empresas, as atividades de marketing estão dispersas em vários departamentos que utilizam várias mídias, cada um com seu grupo de fornecedores e objetivos específicos. Isso atomiza as decisões e pode gerar dispersão – por isso a importância da conexão entre as ações para formar um todo. Com tanta coisa complicando, está cada vez mais difícil atrair a atenção do consumidor.

Nesse ponto, vemos a importância da tensionalidade nas atividades da era pós-digital. Tensionalidade significa a junção de tensão com irresistibilidade para formar uma situação, marca ou personalidade que se destaque da multidão e seja suficientemente atraente para conquistar a atenção do consumidor, engajá-lo e fidelizá-lo. As marcas que apresentam maior tensionalidade também são as que se destacam das demais e redefinem as expectativas de suas categorias.

Juntas, essas seis macrotendências que caracterizam a era pós-digital reformulam a realidade do ambiente de negócios e transformam a gestão de marketing e comunicação num enorme desafio. Embora superado em vários aspectos, o bom e velho circo, que animou e inspirou nossa imaginação infantil, traz uma série de conceitos, elementos e lições relevantes na entrada dessa nova era. Como no circo, é preciso ser efêmero, múltiplo, ágil e interativo, aprender a se adaptar e se mover rapidamente para garantir público e saber preservar o encantamento em sua relação com ele. É preciso, ainda, assumir riscos e superar limites para continuar sendo interessante, surpreendente e inesperado. Pode parecer estranho, anacrônico ou até bizarro, mas o grande desafio é ter a capacidade de absorver a atmosfera mutante, mágica e inovadora dos grandes espetáculos circenses.

Enormes transformações estão vindo rapidamente em nossa direção, mas, em vez de sermos atropelados por elas ou apenas aprender como embarcar nessas mudanças, devemos nos preparar para conduzi-las e para provocar outras transformações. **Este livro é para quem quer estar no volante, para quem quer dirigir seu destino e o de sua empresa na era pós-digital**.

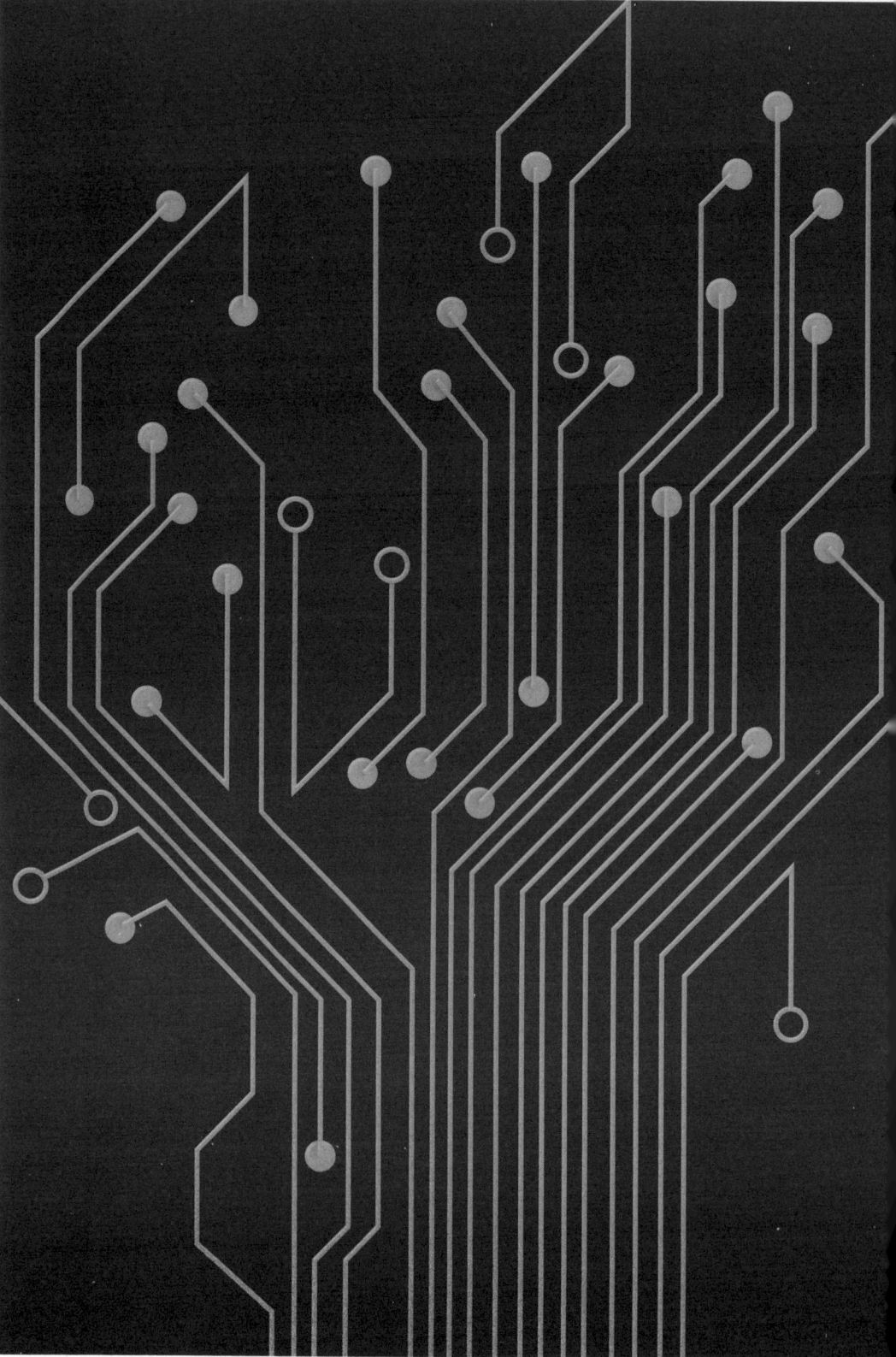

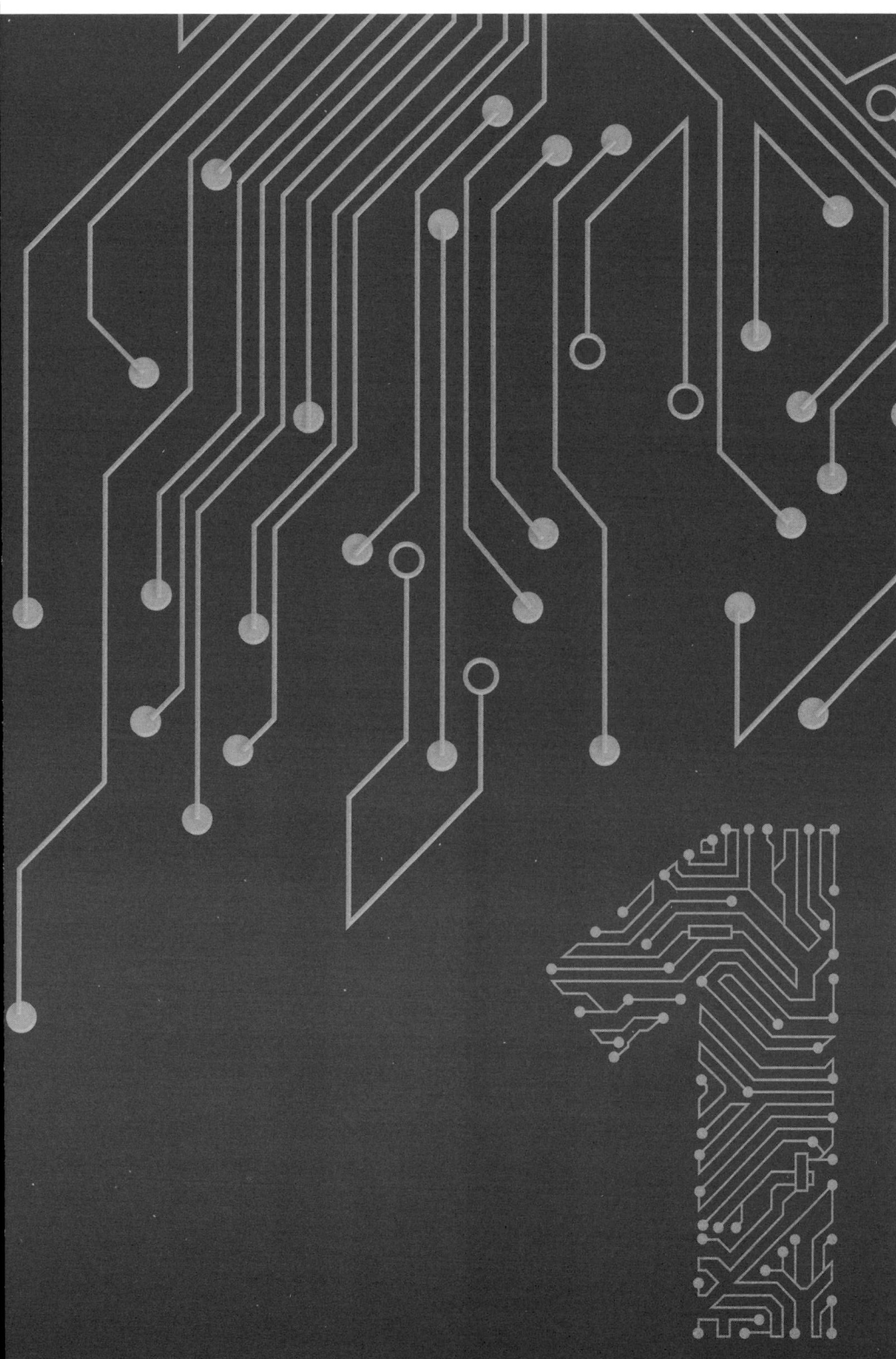

introdução

O novo espelho de Narciso

Vaidade. Dos sete pecados capitais, talvez seja o mais onipresente em nossa sociedade. Gula, avareza, luxúria, ira, inveja e preguiça são fáceis de notar e de combater, mas a vaidade é mais sutil e insidiosa. Prova disso é que, em algumas versões da lista criada pelos católicos, ela aparece maquiada com o nome de orgulho. E as pessoas tendem a se orgulhar do orgulho, não é mesmo? Nos dias de hoje, esse mecanismo de autocongratular-se o tempo todo, de achar-se melhor que os outros terráqueos e de nunca dar o braço a torcer tem lá seu valor corporativo, por isso colocam em seu crachá apelidos descolados como forma de demonstrar status, autoestima ou fazer marketing pessoal. O fato é que a vaidade é um combustível poderoso e, sozinha, move o mundo com mais vigor e sucesso do que o dinheiro (avareza) ou o sexo (luxúria), pecados que, aliás, costumam se associar a ela.

Mas por que mencionar algo tão medieval quanto os pecados capitais num livro que fala da realidade pós-digital em que já vivemos? Porque a vaidade está na raiz da rápida proliferação de uso das mídias digitais pelos consumidores tanto quanto na raiz da lentidão que os gestores de marketing se adaptam aos novos comportamentos do público.

Isso até é compreensível. Afinal, a maior parte dos líderes das empresas de hoje nasceu na era analógica: no tempo em que os textos eram escritos em máquinas de escrever, as câmeras fotográficas usavam filmes, os telefones só falavam e o acesso às modernas tecnologias era coisa para privilegiados. De fato, as pessoas convidavam outras para assistir a sua televisão a cores ou videocassete. Muitos cidadãos hoje existem porque um rapaz convidou uma garota para "conhecer o equipamento de som dele".

Sociologicamente esse mecanismo não tem nada de novo. Desde os primórdios da espécie humana, a posse de tecnologias mais sofisticadas foi usada como instrumento de poder. Foi assim que os romanos dominaram o mundo antes de Cristo, que Colombo descobriu a América no século 15, que os ingleses do século 19 criaram um império onde o sol nunca se punha. Em qualquer campo, seja na moda, na ciência, no esporte ou na comunicação, a diferenciação está em ter o que ninguém mais tem.

Só que a existência dos privilégios de classe não combina com o mundo do consumo de massa, baseado na relação de economia de escala. Ou seja, quanto mais eu produzo, maior é a engrenagem que movimento e menor é o custo do produto. Graças a isso, os assalariados, que são a maioria da população, poderão comprar meu produto. Essa foi a linha de raciocínio de Henry Ford quando ele criou o Modelo T, no começo do século passado.

O século 20 é cheio desses exemplos. A disseminação do rádio, do telefone, da TV, das viagens de avião foram processos de popularização de consumo que levaram décadas para se completar. Quem nasceu até 1990, absorveu, junto com o leite achocolatado, o conceito de que tecnologia é exclusividade dos ricos e poderosos.

Essa é uma verdade que não mais se aplica. No século 21, as coisas são diferentes. A rapidez que as novidades eletrônicas são produzidas em massa, comercializadas a preços acessíveis e se sucedem umas às outras não deixa mais a tecnologia restrita às mãos dos *early adopters* por muito tempo.

Basta observar que, em menos de cinco anos, as redes sociais são uma realidade global que atinge milhões. Mais do que consolidadas, tornaram-se transversais às classificações socioeconômicas e de nível de escolaridade.

O tempo em que as pessoas se orgulhavam de ter equipamentos com muitas funcionalidades só pelo fato de tê-los se foi. Hoje, são comuns e a razão para se envaidecer é sua habilidade em usar esses aplicativos. Seja nas salas de reunião dos mais imponentes prédios comerciais ou nos pontos de ônibus, a tecnologia está lá para otimizar o tempo, servir como base para contatos interpessoais, informar e entreter – e muitas vezes fazendo isso tudo ao mesmo tempo.

Alguns capitães da indústria da propaganda como David Sable, CEO Global da Y&R, preferem não usar o termo pós-digital e optam por nomear esse novo momento como *digital exponential*. Mas, no fim, concorda com a tese de que o digital está em tudo, apesar de tudo não estar no digital. Ao afirmar isso, evita falar sobre o mundo real e a importância do contato físico e das emoções humanas, o que de nenhuma maneira devemos desprezar ou considerar desimportante na era pós-digital. Quando afirmamos que o mundo agora não é mais *on* ou *off*, e sim *onoff*, é exatamente isso que queremos dizer: a conjunção simbiótica do digital com o experiencial, do online com o *onlife*, num só sistema de interrelações biunívocas, ou seja, o equilíbrio perfeito entre o *high-tech* e o *high-touch* envolvendo cada um de nós. **O que se reconhece como verdade nesse novo período do mundo é que agora o digital é fundamental e não apenas experimental**.

Andreas Dahlqvist, *chief creative officer* da McCann World Group, acredita que há um grande potencial de uso das ferramentas digitais para incrementar experiências na vida real. É como se criássemos uma quarta dimensão em nossa vida que se complementa de maneira cada vez mais indistinguível às outras três. Com isso, estamos fazendo do digital algo tangível. Já Drew Hemment, líder do premiado laboratório britânico de inovação Future Everything, acredita que estamos ultrapassando a fase onde a tecnologia e o digital eram considerados elementos extraordinários e que, agora, passaram a adquirir características ordinárias e rotineiras, permeando tudo e todos. Por isso não importa como chamemos, mas uma nova era está tendo início. E precisamos estar preparados para ela.

Desmitificar a tecnologia e as ferramentas digitais é uma das principais tarefas de quem vai desenvolver atividades de marketing na era pós-digital. Consumidores de qualquer classe social estão cada vez mais familiarizados a essas tecnologias. Estão acostumados a tudo aquilo que antes era magia e agora é default. Houve uma época em que eu mostrava para os amigos que o iPhone podia descobrir o nome da música ambiente, bastando clicar no aplicativo *Shazam*, e todos ficavam maravilhados. Ou então matava os colegas de rir com agressões ao *Talking Tom*, o gato falante que repetia minhas ofensas. Tudo era mágico, inesperado, fascinante. Agora, não podemos mais nos diferenciar pela tecnologia. Todos têm acesso e possuem o superpoder digital. **O que antes nos separava da maioria pela posse, agora nos afasta da tribo pelo oposto dela**. Quando a tecnologia – esteja ela num iPhone, tablet ou um novo *app* – se torna ubíqua e permeia todas as classes sociais, é difícil reter ou resgatar seu status aspiracional. Ela passa, então, a ser como o ar ou a água, notada muito mais por sua ausência que presença.

Quando uma nova era tem início, começa sempre com uma abordagem híbrida mesclando o passado e o futuro. Foi assim na Renascença, quando os valores feudais já não ditavam a estrutura moral da sociedade, mas muita coisa ainda funcionava como no passado recente. Na Revolução Industrial, foi a mesma coisa.

Os artesãos já não conseguiam competir com a indústria nascente, mas a própria indústria não conseguia se firmar pois tinha dificuldade de tornar a demanda estável. E agora não está sendo diferente. **Estamos num ponto de inflexão para uma nova era de total revolução em tudo o que fazemos, mas ainda com paradigmas e certezas que nos seguram no passado.**

Chamamos fases como esta de *tesarac*. Esse termo foi cunhado por Shel Silverstein e indica momentos da história em que a sociedade se torna caótica e desorganizada até que surja uma nova ordem que a recomponha. É uma espécie de dobra no tempo em que não adianta olhar para o que fizemos nem tentar adivinhar o que faremos. Em momentos de *tesarac*, o que existia já não vale mais, mas o que passa a existir também não substitui o anterior em todas as dimensões. É como se precisássemos primeiro destruir para depois construir. Só que não há tempo para isso, e precisamos agir de maneira rápida e corajosa, lançando-nos de forma entusiasmada rumo ao desconhecido.

Embora essa seja uma realidade visível a olho nu, muitos decisores sobre políticas de propaganda e marketing de empresas dos mais variados portes continuam a cultivar uma miopia nada saudável. E o que provoca essa falta de visão é a velha vaidade. Ninguém quer admitir que não entende a nova dinâmica do mercado no mundo pós-digital. É como a situação da mulher que foi linda e estilosa a vida toda e que, depois dos 40, quando não consegue mais ler o menu do restaurante, prefere comer qualquer coisa a sacar os óculos de leitura da bolsa – se é que os tem. Muitas pessoas nessa situação nem mesmo encaram a necessidade de ir ao oftalmologista e, para não estragar o visual ou denunciar a idade, deixam outra pessoa fazer o seu pedido.

Este livro é para quem quer conseguir ler o cardápio e fazer suas escolhas conscientemente. Tanto para os que conhecem os pratos e não conseguem enxergar as letrinhas miúdas quanto para os nativos digitais, que enxergam tudo, mas ainda não tem o repertório para compreender todos os ingredientes de uma ação mercadológica bem-sucedida em todas as disciplinas da comunicação.

Talvez seja vaidade dizer que as ideias apresentadas neste livro são como binóculos que olham o futuro, mas podemos orgulhosamente afirmar que são como óculos de leitura para garantir a segurança das escolhas no presente.

Pendência vs. Tendência

Gestão nada mais é que a capacidade de saber dividir o tempo sabiamente entre pendência e tendência.

O relógio do carro marca 13h45. A reunião é às 15h00, mas existe o trânsito, o tempo de deixar o carro no estacionamento, a identificação na porta do prédio... Não, querido estômago, não é hora de me lembrar que você está vazio. A solução vem num estalo: o *drive-thru* da rede de fast-food. A parada é rápida e, se der sorte, não se passam cinco minutos e posso ir mastigando nos sinais fechados. Para preservar a roupa de acidentes, o inteligente é abrir mão do ketchup... Desculpe, doutor, aquele almoço equilibrado com grelhados e verduras vai ficar para amanhã.

Quem já não viveu essa situação?

É o dilema entre o urgente e o importante que está presente na vida de todo mundo. É importante comer bem, ter uma dieta saudável, mas quando está com fome e correndo para uma reunião, a urgência o leva para o *drive-thru* do fast-food. De vez em quando, atender uma urgência em detrimento do que é importante não faz mal a ninguém. No entanto, se a urgência se torna rotina e todos os dias a refeição é o fast-food, o resultado em médio e longo prazo é péssimo. Primeiro vem a queda de nutrientes, depois o aumento de peso e, mais adiante, o colesterol, o infarto e até mesmo a morte. Por isso não dá para pular o importante e viver só de urgências. Ou seja, o sujeito se concentra na pendência que é matar a fome e não enxerga a tendência que a repetição desse ato indica: o abalo à saúde.

Todos já ouvimos histórias de empresas que se tornaram reféns das promoções. No Brasil esse comportamento afeta, por exemplo, todo o setor automotivo, que vive de feirões de fábrica, promoções e preços diferenciados. As pessoas se acostumam com os descontos especiais, com as ofertas por tempo limitado e entram numa espécie de *waiting mode,* aguardando o próximo movimento rebaixista da indústria. No fundo, é como um chiclete que gruda em nossos dedos e, por mais que se tente desgrudá-lo, fica lá e se espalha cada vez mais.

Mais recentemente, o setor imobiliário adotou o mesmo padrão, criando em todos a sensação de que se deixarmos a compra para depois vamos conseguir ainda mais descontos. Tudo começa com a urgência de fechar o mês no azul; aí vem a estratégia de reduzir drasticamente as margens por alguns dias. O mercado reage à oferta, e o resultado vem. Só que repetir o truque indefinidamente não resolve, ou seja, a preocupação com a pendência de fechar as metas de vendas do trimestre ou do ano cega o gestor do negócio para o fato de que ele mesmo está gerando uma tendência negativa para sua empresa. E isso pode ter efeitos devastadores no seu setor como um todo.

Comprar um imóvel é uma das decisões mais importantes da vida de uma família ou pessoa. O aspecto reducionista da promoção, saldão ou outlet imobiliário transforma essa decisão numa atitude tática e imediatista, que compromete a visão estratégica (mudar de casa ou de vida). E isso compromete de maneira indelével a percepção e a reputação das construtoras e incorporadoras.

O foco no futuro pressupõe um presente feito de decisões corretas, equilibradas, saudáveis. Do mesmo modo que comer um almoço na dieta mediterrânea exige planejamento, investimento de recursos e tempo e a persistência de não se deixar levar pela adrenalina das urgências, ter foco no futuro significa ser disciplinado o suficiente para estar sempre apto a estudar o mercado, ser proativo, inovador e, com isso, acumular vitórias. Um prato de peixe com legumes não garante a saúde eterna, mas uma série deles pode ser que sim. Do mesmo modo, um hambúrguer ocasional (por urgência ou prazer) não vai lhe fazer mal, mas visitas diárias à lanchonete, sim. Por isso a importância de saber gerir as demandas.

Uma boa gestão divide o tempo sabiamente entre pendência e tendência. As pessoas que tem a capacidade de dividir de maneira equilibrada seu tempo e sua atenção entre as duas coisas costumam ter melhor desempenho no gerenciamento das suas atividades. Infelizmente, as pendências são tantas que elas acabam consumindo grande parte do tempo e tornam bem difícil achar alguns minutos para se dedicar à arte de prestar atenção nas tendências que o presente generosamente aponta.

Na era pós-digital em que estamos entrando, precisamos ampliar nossa dedicação às tendências. A razão disso é que as mudanças estão cada vez mais rápidas, as alterações de rumo mais inesperadas e afetando cada vez mais o destino de nossos negócios. **Nunca o mundo mudou tanto quanto agora, alterando o cenário competitivo, as relações pessoais, o ambiente tecnológico e os paradigmas de gestão, tudo em alta velocidade e com características exponenciais.**

Convém ressaltar, porém, que tão equivocado quanto pensar só nas pendências é dar ênfase exagerada às tendências. É preciso entender que a "miopia" do que precisa ser feito agora também é necessária e que não ter nenhum comprometimento com as pendências pode reduzir o aproveitamento das oportunidades futuras. O equilíbrio é a virtude. Afinal, a capacidade de balancear essas visões é que leva as empresas e pessoas para a frente. Mas, como a pendência sempre fala mais alto e acena desesperadamente para você o tempo inteiro, é preciso se esforçar muito mais para prestar atenção no silêncio da tendência do que na gritaria da pendência.

Se alguém fizer uma análise de outro período da história em que as mudanças também estavam aceleradas, vai encontrar a Revolução Industrial como um bom exemplo a ser levado em conta. Naquele período, o avanço tecnológico causou um choque de proporções épicas, com a mudança do artesanato para a produção em massa e das corporações de ofício para um sistema sofisticado de hierarquia empresarial que alterou para sempre as relações patrão/empregado. Se, no entanto, formos estudar o que os jornais da época publicavam nesse período, podemos verificar que nada disso estava nas manchetes. Não se percebia, durante o processo, as drásticas alterações da sociedade que estavam em curso.

Isso nos ensina que durante períodos revolucionários fica mais difícil perceber que fazemos parte deles. É como se estivéssemos no epicentro de um furacão onde tudo está calmo e silencioso e, por isso, não é possível perceber toda a devastação que ocorre ao redor. **Na era digital, em apenas uma década, segmentos inteiros de atividade desapareceram, enquanto outros surgiram e dominaram o mercado.** Podemos afirmar que, nessa passagem para a era pós-digital, isso é apenas o *início do princípio do começo* desse processo de renovação do cenário produtivo.

Foco no futuro

"Se você não pensa daqui para frente, fica muito difícil existir daqui para frente".
LARRY PAGE

Consumido pela correria diária, o responsável pelo marketing de uma grande empresa não percebe que a babá de seu filho está com um celular novo e se comunica com as amigas por mensagens trocadas em uma rede social e não por voz. Desinteressado nessas bobagens e preocupado em atingir a meta de vendas do mês, ele vai para o escritório pensando em que mix de mídia seria o mais eficiente para garantir o volume de vendas com o qual havia se comprometido no planejamento realizado meses antes. Nessa hora, tudo o que ele quer é um antiácido. Teria sido o suco de laranja? Ou o fantasma da planilha de vendas?

É exatamente isso que acontece com as empresas quando a visão *curtoprazista* se instaura: a falta de saúde e de energia para vencer no mercado competitivo, que resulta invariavelmente em perdas, debilidade e falência.

Larry Page, o cofundador do Google, não conhece nada disso. Em sua história empresarial ele coleciona ganhos, sucesso e expansão. Além de ser uma das marcas mais admiradas do mundo e uma das operações mais valorizadas em bolsa, o Google é também uma das empresas mais atraentes para trabalhar e não se intimida em mostrar-se inovadora em diversos os aspectos. Tudo isso só potencializa o conselho que o gênio da computação deu durante sua palestra na badalada conferência anual TED (*Technology, Entertainment and Design*) de março de 2014: "O que faz as empresas desaparecerem é a falta de foco no futuro", disse a uma plateia de líderes de diversos segmentos.

O conselho do bilionário fundador de uma empresa que mudou o jeito de as pessoas usarem sua própria memória é simples e direto. Afinal, se um gestor não pensa no que vai acontecer, certamente não conseguirá criar as condições necessárias para continuar a existir.

Quem não tem a capacidade de dedicar certo tempo para analisar o hoje e tentar prever para onde está indo o seu mercado, o que fazem seus concorrentes e quais são os anseios do consumidor, corre um grave risco de ser mais um *case* de fracasso. **O gestor que se acomoda e acredita que vai continuar para sempre sendo o que é, está morto**.

Houve uma época em que fotografar era coisa para quem tinha câmeras complicadas e lentes tão preciosas quanto caras. Era o império de marcas como Laica, Rolleiflex, Canon, das lentes Zeiss e dos fotógrafos que conheciam as sutilezas das velocidades, aberturas de obturador, sensibilidade dos filmes – elementos fundamentais e inacessíveis aos pobres mortais. Aí, nos anos 1960, a Kodak ousou criar uma câmera fácil de operar, com um filme que poderia ser trocado até por um pelicano. Foi uma revolução. As massas passaram a fotografar. Ainda assim, havia alguns mistérios em relação ao foco, ao enquadramento e à revelação. O filme, produto sensível, sempre poderia queimar.

Enquanto a Kodak vendia bilhões de rolos de filme, seus executivos, preocupados apenas em tirar pedidos, não viram os flashes das câmeras digitais espocando ao redor. Seguros de sua posição de líderes de mercado, não se importaram em olhar para além das planilhas. Demoraram a perceber que uma segunda onda de acesso ao registro de imagens estava acontecendo. Piscaram na hora da foto e seu filme queimou.

Foi o tempo de um *click*. Na Copa do Mundo de 1998, na França, os fotógrafos carregavam câmeras analógicas e dezenas de rolos de filme. Na competição de 2002, os equipamentos digitais já dominavam o planeta. E as câmeras operadas com filme estavam praticamente extintas – junto com as vendas da Kodak. Como a empresa não viu que estava indo para um buraco negro? A resposta é simples: falta de foco no que está um pouco além do relatório trimestral.

O caminho para o ajuste de foco é feito de observação. Não só dos grandes eventos, mas principalmente do que está bem debaixo do seu nariz, dentro de sua casa e, às vezes, até teclando no celular. Ou pode ser algo que está sendo desenvolvido em suas próprias áreas de pesquisa.

Foi o que ocorreu com a Kodak. A tecnologia digital para câmeras fotográficas foi criada por um colaborador da empresa, Steven Sasson, em 1975. Ao longo dos anos, a invenção foi aperfeiçoada dentro da própria companhia, com a criação de softwares e até mesmo de uma tela de LCD. Mas a Kodak estava apegada à sua galinha dos ovos de ouro: os filmes e os produtos químicos para revelação de fotos. Na verdade, a Kodak deixou de ser uma empresa de fotografia e passou a ser uma companhia que fabricava produtos químicos – afinal, suas maiores fontes de faturamento eram os filmes e os compostos químicos. Os resultados da divisão de químicos eram tão expressivos que outras áreas da empresa acabavam ficando na sombra e seu desenvolvimento, em segundo plano[1].

O fascínio com o dinheiro vindo do setor químico era tamanho que em 1988 a Kodak adquiriu um laboratório farmacêutico, a Sterling Drug, o que mostra que a empresa via sinergia entre seu negócio e as atividades de um fabricante de remédios. Claramente esse movimento visava gerar impacto no mercado de ações e valorizar as cotas da companhia na bolsa, já que a Kodak não tinha experiência suficiente para criar novos medicamentos nem apostou na fabricação de genéricos. Levou seis anos para a empresa perceber o erro e vender em partes a Sterling Drug, pela qual havia pago US$ 5,1 bilhões. O dinheiro da venda nunca alcançou o valor original da aquisição. A pendência de gerar lucro trimestral para os acionistas foi o foco principal do negócio, enquanto todas as tendências relativas ao futuro da fotografia, ao comportamento do consumidor e às movimentações da concorrência foram solenemente ignoradas.

O problema é que ignorar uma tendência é adiar um problema que voltará maior para assombrá-lo no futuro. É como jogar um filhote de tubarão num lago cheio de peixes. A situação aparentemente se resolve, mas depois de um tempo ele estará maior e mais voraz. No caso da Kodak, as providências para cuidar das pendências não foram capazes de compensar a desatenção às tendências. E os erros se traduziram nos índices de Dow Jones. Em fevereiro de 1999, cada ação da Kodak valia US$ 80. Dali em diante, só queda.

Em setembro de 2011, as ações valiam US$ 0,78, ou seja, tinham perdido 99% do seu valor. A imprensa especializada até achou que, diante da série de erros de avaliação, a empresa fundada em 1888 resistiu bastante. Mas em 2011, a Kodak teve de pedir falência. Passou por uma reestruturação e conseguiu sair da bancarrota em 2013, mas com graves cicatrizes e, certamente, muito arrependimento de não ter acionado a teleobjetiva em direção ao futuro. De acordo com o colunista da Forbes, Peter Cohan[2], os problemas da Kodak "são resultado de sucesso demais, levando a uma lenta e dolorosa incapacidade de se adaptar a um cenário competitivo em mudança".

Por falar em sucesso, um dos maiores riscos em períodos de mudança veloz é sua empresa estar indo bem. Quando me perguntam como vão meus negócios ou a agência que eu comando, a resposta costuma ser: "A agência vai muito bem, e eu estou muito preocupado!". A razão disso é que quando está tudo indo bem não sentimos a necessidade de mudar as coisas, de rever paradigmas, de buscar constantemente mais eficiência operacional, rever a performance do time etc. Ou seja, em períodos de grandes mudanças de cenário, a máxima "não se mexe em time que está ganhando" se reveste de um grande risco potencial. **Estar bem hoje não significa que continuará bem amanhã, mas o conforto do sucesso atual embaça a visão dos desafios futuros**.

Essa miopia é mais comum do que se imagina e ocorreu nos mais diferentes segmentos, inclusive naqueles que têm como foco reportar tendências, como é o caso dos jornais. Inebriados com a receita que os classificados traziam, muitos deixaram de investir nos sites de imóveis, a despeito de terem as melhores condições de desenvolvê-los, já que recebiam toda a informação que circulava no mercado. Quem percebeu a tendência e investiu nela, como o Zap Imóveis, que é do jornal *O Globo*, dominou o mercado. Já outras marcas importantes da imprensa, que poderiam aproveitar suas respectivas zonas de influência para atuar na internet, deixaram passar a oportunidade.

Aplicativos como Waze ou Opentable não foram criados pela revista líder na cobertura da indústria automobilística ou pela mais influente em crítica gastronômica. Surgiram em paralelo porque os gestores das marcas líderes estavam tão preocupados com suas planilhas e inboxes que não perceberam as oportunidades, as tendências e perderam a chance de inovar.

As empresas no Brasil estão mais preocupadas com o fim do mês do que com o fim do mundo. Isso se deve a um passado de inflação, indefinição, falta de planejamento macroeconômico e ausência de estatísticas confiáveis. Se por um lado o executivo brasileiro é um dos mais bem-preparados para se adaptar a uma era de mudanças graças à sua intuição e adaptabilidade, por outro temos uma gigantesca deficiência de foco nas tendências e preparação para o futuro.

Obviamente muitas vezes o responsável pela condução de uma empresa é pego de surpresa por algo novo vindo da concorrência, mas casos como o da Kodak, que escolheu ignorar as tendências de futuro desenvolvidas dentro da própria corporação, chegam a ser alarmantes. Apesar de parecer um caso isolado, isso acontece em alguma medida em todas as companhias. Quando a internet surgiu como mídia, embora tivesse grandes possibilidades e alcance, muitas agências de publicidade decidiram ignorar seu potencial porque a venda de mídia para anúncios online não gerava boa remuneração.

Essa decisão "de negócios", focada na solução de pendências (a receita de comissões no final do mês) e deliberadamente desprezando tendências de comportamento do consumidor atrasou bastante o desabrochar da internet como veículo publicitário, mas não conseguiu impedir que ela se estabelecesse. As agências e anunciantes que decidiram investir nessa mídia e desenvolveram estratégias sob medida e linguagem específica para o online foram recompensadas com ganho de prestígio junto a seus clientes e consumidores.

Na era pós-digital, não adianta varrer fatos, acontecimentos, tendências e invenções para debaixo do tapete. **A ubiquidade das tecnologias digitais faz que o futuro se imponha sempre. Não há como resistir à dinâmica do novo, ele acaba encontrando uma brecha para aparecer.** Então, o melhor a fazer é construir a estrada para o futuro chegar mais rápido, porque sempre há a possibilidade de lucrar pelo pioneirismo.

No entanto, a vaidade de muitos gestores os cega. Acham que, se não abrirem as portas para o futuro, seus consumidores vão continuar na sala com eles. Não vão; eles percebem o movimento e saltam pelas janelas. Diante do benefício de ver como saiu a foto na hora do clique e de não precisar gastar para descobrir se piscou quando o flash estourou, o consumidor esqueceu a Kodak, sua história de pioneirismo e seu orçamento milionário e partiu para a fotografia digital.

Enquanto os executivos ficam com azia pensando nas metas do final do mês, o novo consumo pela via digital se estabelece tão silenciosamente quanto a comunicação de uma babá com suas amigas pelas redes sociais. Já vivemos na era pós-digital, e agora o futuro chega mais rápido porque destrói barreiras. A solução é ficar de olho nele.

Não superestime nem subestime

Nossa tendência é superestimar o que pode ser feito em um ano e subestimar o que se pode fazer em dez.

*T*enho que... O pensamento vem rasgando o cérebro, fazendo barulho e te desperta. Assim antes mesmo de abrir os olhos, a lista de afazeres do dia vem se formando em sua cabeça: marcar consulta com o cardiologista; finalizar a apresentação do novo projeto; levar o cachorro ao pet shop; remarcar a reunião com o novo fornecedor; comprar o presente de aniversário da tia; responder o e-mail do colega de outra cidade; avisar o *personal trainer* que vai cancelar as aulas da semana seguinte; ir ao coquetel de lançamento de produto de um cliente; pedir o visto de entrada para os Emirados Árabes; almoçar com o pessoal do financeiro; marcar a revisão do carro; revisar os relatórios trimestrais; chamar o pintor de paredes para fazer um orçamento; avaliar as propostas para o *budget* do ano de que vem; ir ao dentista...

Alguns escrevem tudo numa lista, com tanto prazer de ir riscando as tarefas que foram anotadas como um piloto de Fórmula 1 que levanta a taça no pódio. Outros só passam o dia sendo assaltados em intervalos irregulares pela ansiedade de cumpri-las. Seja qual for o método, o resultado tende a ser o mesmo: no fim do dia vários itens terão ficado para trás, e o sentimento de frustração será inevitável. Aí só resta voltar para os boxes a pé, carregando o capacete debaixo do braço enquanto o carro fumega na caixa de brita, imagem melancólica que simboliza a avaliação da produtividade ao longo do dia.

O fato é que superestimar o que se pode fazer em um curto prazo é uma condição tão intrínseca à vida moderna quanto a presença de monóxido de carbono no ar. O problema é que, numa empresa, esse tipo de atitude leva a uma asfixia letal causada pela falta de perspectiva de futuro. Com o foco no curto prazo e distraído pela frustração da impossibilidade de cumprir todas as metas, fica difícil pensar no que pode acontecer quando a medida de tempo passa a ser anos e não horas, dias, semanas ou meses.

A tendência dos profissionais é superestimar o que pode ser feito em um ano e subestimar o que se pode fazer em dez. No primeiro caso, quando os gestores apostam que conseguem realizar tudo o que está na lista de tarefas daquele ano e se comprometem com objetivos ambiciosos, acabam impondo a si mesmos uma situação de pressa constante que provoca stress e desequilíbrio.

Sobre esse assunto, o sociólogo Vincent de Gaulejac[3], professor emérito da Universidade de Paris, tem se dedicado a avaliar como o ambiente organizacional atual das grandes corporações acaba levando os executivos a contradições e dilemas morais. Seu principal argumento se baseia na tese de que a pressão por resultados cada vez melhores e mais rápidos nas organizações tem gerado um clima que favorece o surgimento de paradoxos sem solução: espera-se autonomia, porém sempre dentro de limites cada vez mais restritos; fomenta-se a criatividade, mas, a partir de um sistema supra-racional e lógico; espera-se total comprometimento com a organização, sempre com a possibilidade real e perene da demissão.

A busca por resultados imediatos e o estabelecimento de metas pouco realistas acabam sobrecarregando as equipes, gerando frustração e ocupando o tempo que poderia ser usado para leituras críticas das condições de mercado que possibilitariam correções de rumo.

O primeiro passo para ajustar as estimativas é reconhecer que, enquanto o mundo evolui de forma exponencial, o cérebro humano raciocina de maneira linear. Quando solicitadas a responder qual a sequência dos números dois e quatro, a maior parte das pessoas responderá seis, que é o resultado linear da sequência, e não oito, que seria o resultado exponencial. Enquanto é mais natural para as pessoas pensarem em crescimento em modo aritmético, o comportamento do mercado naturalmente evolui em progressão geométrica, o que faz que a maior parte das projeções para o futuro saiam com defeitos de fábrica.

A melhor forma de evitar erros de avaliação é o conhecimento profundo das dinâmicas do mercado em que se está atuando. Esse tipo de sabedoria nascida da especialização é fundamental na hora de planejar, de estimar o que a empresa pode fazer e o que o mercado pode absorver ou demandar em curto, médio e longo prazo, que é o tal futuro de que Larry Page falou em sua palestra no Ted de 2014.

Olhar apenas o futuro próximo é imediatismo e isso fez que muitas empresas trocassem homens *do* negócio por homens *de* negócio no comando ou na liderança das empresas. Ou seja, pessoas que conhecem profundamente o negócio a que se dedicam e que sabem de seus ritmos reais de evolução acabam sendo substituídas por outras que estão focadas em números apenas e isso pode estrangular as chances de desenvolver a criatividade e a evolução positiva das empresas.

A história a seguir já tem mais de uma década, mas sua moral continua válida como nunca. Era uma vez um líder empresarial que comandava uma grande editora de periódicos. Apaixonado pelo mercado editorial, ia sábado de manhã para a banca de jornal próxima à casa dele e ficava esperando as revistas chegarem. Enquanto folhas das árvores faziam uma trilha sonora suave com seu farfalhar, o executivo curtia seu momento com as revistas como se fosse um encontro romântico. Havia emoção em sentir o cheiro da tinta e do papel, de ver as cores, os conceitos das fotos, a precisão dos títulos. Desejando que esse momento se estendesse, o figurão não se constrangia e sentava no degrau da banca para folhear atentamente as revistas, reparando em sacadas de diagramação, comparando mentalmente com as matérias publicadas nas edições anteriores, sorvendo as palavras dos redatores e, claro, observando o que outros frequentadores da banca compravam e comentavam.

Esse era um legítimo homem *do* negócio. Tudo corria bem na empresa até que uma bruxa má enfeitiçou o conselho com promessas de lucros mais rápidos, e eles resolveram chamar um novo executivo para cuidar do seu reino. Era um cavaleiro andante. Não pertencia a reino nenhum, ia para onde era chamado e sempre que chegava a um lugar novo impunha sua perspectiva sem a menor consideração sobre a história e o povo do lugar.

No começo, obtinha bons resultados. Se o desafio era ter mais milho no mercado a preços menores, ele mandava usar a sementes do próximo cultivo para a comercialização. O fato de os campos não terem sido semeados não o preocupava, porque na próxima colheita ele já estaria em outro reino, afinal, era um homem *de* negócios. No caso da editora, para ele, as revistas que tanto encantavam seu antecessor eram apenas uma commodity.

Esse desapego ao produto permitiu que cancelasse títulos, demitisse gente competente que ganhava bem e reduziusse custos nas redações remanescentes. Junto com essas pessoas, muito know-how e know-who desapareceu e a cultura da empresa foi destruída. E enquanto as planilhas pareciam brilhar magicamente com lucros, os leitores se decepcionavam e deixavam de comprar. Mas, àquela altura, já não tinha ninguém que fosse até a banca no sábado de manhã para conferir as reações. Afinal, o tal cavaleiro andante era apenas um homem *de* negócios e não um editor, um verdadeiro homem *do* negócio. O resultado foi, então, uma queda drástica nas vendas e no número de assinantes e a consequente redução de faturamento, após um fugaz e inconsequente período de margens maiores.

Quando o encanto se desfez e o conselho percebeu as proporções do estrago feito pelo gestor, o cavaleiro andante já estava pronto para partir para outras terras e seguiu adiante com sua fama de fazedor de lucros. Quanto à editora, ela ainda existe, mas sem perspectivas de viver feliz para sempre. Cabe aqui uma ressalva importante: não vejo problemas em homens *de* negócios substituírem homens *do* negócio e chegarem ao poder nas organizações sem experiência anterior na área. Muitos deles, mesmo não sendo do ramo, conseguem, com sua visão externa e isenta, dar novos rumos positivos a uma empresa. Só que para isso é preciso entender a cultura e a missão da companhia antes de partir para a ação. E, na maioria dos casos, a tática se sobrepõe à estratégia, e o *agora* coloca o *amanhã* de lado. Com isso, o urgente assume a posição do importante, e a pendência coloca de lado a tendência.

Sendo assim, tenho muita preocupação com as empresas que estão trocando homens *do* negócio por homens *de* negócios no comando de suas gestões. Em sua maioria, são executivos de carreira que focam no resultado imediato e no bônus de fim de ano.

Hoje estão no comando de uma editora, amanhã vendem bicicleta e seu próximo degrau na carreira é na área de alimentos. Aplicam processos comuns para negócios distintos. Geram um resultado visível a curto prazo, mas destroem a visão da organização. Jogam fora o bebê junto com a água do banho.

Havia um executivo de uma grande agência de propaganda onde trabalhei que passou por três filiais, duas na América Latina e uma em Portugal. Nas três apresentou resultados a curto prazo com redução drástica de custo e aumento de faturamento. Com isso ia sendo promovido a escritórios maiores e mais relevantes. Quando saía, porém, a empresa estava destruída em termos de imagem, motivação, talentos e recursos. Demorava anos para colocá-la em pé novamente. Todas as economias alcançadas a curto prazo custavam dez vezes mais depois. Era um gestor que jogava para o *board*, que tinha uma noção exata da visão *curtoprazista* dos conselhos atuais. Acionistas ficavam felizes a custa da reputação da marca. Em quase todos os casos, o grupo de comunicação foi obrigado a comprar outra agência no mercado e recomeçar do zero.

A verdade é que essa tendência criou uma nova realidade no mercado: **os táticos assumiram o poder nas organizações**. Disseminado pela supervalorização dos resultados das bolsas de valores, o imediatismo tornou-se uma praga que corroeu muitas empresas nessa virada de milênio com a mesma voracidade que a filoxera dizimou os vinhedos europeus no final do século 19.

O mítico vinicultor californiano Robert Mondavi[4] construiu seus vinhedos em Napa Valley, norte da Califórnia, décadas depois do desastre vivido pelos produtores de vinhos franceses, alemães, espanhóis e italianos. Mas não escapou do imediatismo que para seu negócio foi tão destruidor quanto a tal praga. Nem o fato de Mondavi e seus filhos, que foram seus sucessores, serem homens *do* negócio conseguiu compensar a falta de visão de longo prazo que se instaurou a partir do momento em que deixou a condução da vinícola para os herdeiros.

Convencido de que o Napa Valley tinha a combinação perfeita de topografia, solo, umidade e clima – conjunto que os vinicultores chamam de *terroir* – para a produção de vinhos de alto padrão, Robert Mondavi insistiu em investir na formação de vinhedos diferenciados e, em 1966, deixou a empresa da família e montou sua vinícola. Foi o primeiro e mais barulhento de uma casta de visionários que compartilharam o sonho de fazer da Califórnia uma concorrente de peso para Bordeaux e Toscana. Mondavi era um homem *do* negócio. Seus pais eram agricultores de origem italiana, e o vinho estava no seu sangue. Americano, havia crescido num ambiente que premiava a ousadia empreendedora e as ações de marketing inteligentes.

Esse *blend* o levou não só a produzir bons vinhos como a fazer que o mundo soubesse disso. Incentivados por ele, os produtores do Napa mandaram seus produtos para uma degustação às cegas em Bordeaux, na França, que ficou conhecida como *O Julgamento de Paris*. Era 1976, e a hegemonia dos franceses era indiscutível no segmento de vinhos de alto padrão. O resultado da degustação mudou para sempre a imagem dos vinhos do novo mundo: o californiano Stag's Leap, de uma vinícola vizinha à de Mondavi, bateu os até então invencíveis franceses. Com essa batalha ganha, foi a hora de divulgar a qualidade de seu produto dentro e fora dos Estados Unidos.

Quando descobriu que o desempenho gustativo de seus vinhos melhorava quando eram servidos em copos com design criado por George Riedel especialmente para suas variedades, Mondavi apoiou a entrada do fabricante austríaco de cristais no mercado norte-americano e influenciou decisivamente na catequese de toda a nação em relação aos bons vinhos e aos cuidados que devem ser tomados para degustá-los de forma apropriada.

Mas, depois de fazer tudo isso e de ter uma das maiores, mais respeitadas e mais lucrativas vinícolas do planeta, Mondavi sucumbiu ao canto da sereia e abriu o capital de sua empresa na Bolsa de Nova York em 1993. Esse fato foi celebrado como um marco do setor. Afinal, representava poder e solidez[5].

Na verdade, a manobra teria sido feita para capitalizar a companhia, que teve grandes despesas replantando vinhedos atacados pela filoxera na virada dos anos 1990. Mas, junto com o IPO, chegou o imediatismo de fazer bonito nos relatórios trimestrais. E isso não aconteceu: as ações foram lançadas a US$ 13,50 e rapidamente foram parar em US$ 6,50.

Dezenas de anos de investimento e ousadia envelhecidos em barris de carvalho sucumbiram à necessidade de gerar lucros imediatos para quem comprou ações e esperava resultados trimestrais. Mas o fato é que a indústria do vinho se desenvolve de safra em safra com anos bons e ruins, com secas, nevascas e chuvas que alteram o regime das uvas e todas as previsões em relação à qualidade das safras. Ou seja, superestimaram o que poderia ser realizado dentro de um período curto de tempo e subestimaram o que uma década poderia trazer. Afinal, nesse negócio, a combinação certa de fatores climáticos pode gerar safras excepcionais e lucros igualmente notáveis. Basta respeitar os ciclos naturais.

A solução foi investir nas linhas de vinhos mais populares e de menor preço, que mantiveram as vendas em alta ao longo dos anos 1990, mas que, de certa forma, fizeram que o nome Mondavi deixasse de ser automaticamente associado a vinhos de alta qualidade e ficasse associada apenas a vinhos[6]. No entanto, os efeitos recessivos provocados pelos ataques terroristas de 11 de setembro de 2001 fizeram esse mercado encolher. Diante das dificuldades, a empresa se viu obrigada a fazer um movimento doloroso em 2004: vender a marca Robert Mondavi para a Constellation Brands.

A visão imediatista típica dos investidores de bolsa de valores está umbilicalmente ligada ao costume de superestimar o que pode ser feito em pouco tempo. Afinal, o sucesso das empresas com capital aberto é medido por meio de relatórios trimestrais e distribuição de lucros periódicos, que tendem a se traduzir em bônus mais gordos para os administradores do alto escalão. Nesse caso, os investidores e os gestores tem um único interesse, simples e frio: o dinheiro, algo que os homens *de* negócios conhecem bem. Já a dinâmica dos homens *do* negócio tende a exigir curvas de desenvolvimento mais longas e investimentos que tornam a coluna dos lucros transitoriamente mais magra. Mas, como mostra a história de Robert Mondavi, mesmo gente do negócio pode sofrer a tentação de buscar soluções táticas *curtoprazistas*. Quem almeja ter uma empresa no futuro precisa pensar estrategicamente e planejar no longo prazo. Os Mondavis superestimaram ações imediatas e subestimaram o que uma década poderia provocar. Olharam urgências e ignoraram tendências. Acabaram perdendo a empresa.

A busca por resultados a curto prazo levou os homens *de* negócios, geralmente mais hábeis em formular táticas do que em criar estratégias, a assumir o poder nas organizações. O problema é que, ao substituir estratégicos por táticos, paramos de pensar nas tendências e ficamos concentrados nas pendências.

Isso ocorre por conta de uma falácia que relaciona estratégia com longo prazo e tática com curto prazo. Tática e estratégia, na verdade, não têm nada a ver com curto prazo e longo prazo. É possível ser tático no longo prazo e estratégico no curto prazo. Mas todo mundo normalmente alia curto prazo com tática, por isso é que os táticos são chamados a resolver situações emergenciais.

Não olhar para o que está mais além é perigoso. É como viajar numa estrada à noite usando apenas os faróis baixos. Os primeiros metros à frente ficam bem claros, mas fica difícil perceber se existe alguma curva mais fechada adiante. Para ver com clareza, é preciso usar faróis altos. Quando não se coloca luz no que está mais longe, a chance de um desastre aumenta.

Acontece exatamente a mesma coisa na direção das empresas. Marcas famosas e indústrias poderosas do passado se basearam no que estavam vendo e não buscaram enxergar além. O resultado: deram de cara com o barranco. E se isso não é o suficiente para assustar, vale lembrar que, muitas vezes, achamos que em três ou cinco anos poucas coisas vão mudar, mas elas mudam muito mais rápido do que se imagina, especialmente na era pós-digital.

Para perceber a mudança é preciso, além de interesse em observar as tendências, capacidade de perceber as sutilezas da dinâmica do segmento em que se atua. Os profissionais itinerantes (aqueles que ficam saltando de emprego em emprego, de segmento em segmento) não são capazes de enxergar o que alguém com vivência em um determinado mercado veria em um piscar de olhos. Essa incapacidade de ver as coisas é agravada pela busca de resultados de curto prazo, pelo horizonte das metas trimestrais, pela visão unicamente tática e imediatista dos homens *de* negócio. Muitas vezes, o domínio da cultura de um segmento permite que seus dirigentes, os homens *do* negócio, percebam as tendências se formando e atuem para se ajustar.

Era 1997, a era digital mal havia começado no Brasil, e dirigentes do setor de turismo em São Paulo perceberam que a facilidade de acesso ao computador estava aumentando, o que possibilitaria que as vendas de passagens e hospedagem fossem feitas diretamente com companhias áreas e hotéis, eliminando as comissões das agências de turismo, operadoras e consolidadoras, parte importante da renda dessas empresas. Naquele ano, a internet ainda era discada e os PCs eram modelo 486 (na melhor das hipóteses), mas já era possível sentir que as mudanças, que já estavam em curso no mercado norte-americano, chegariam por aqui e ganhariam volume e velocidade. Diante dessa questão, as entidades ligadas ao *trade* de turismo realizaram um seminário para discutir estratégias e se adaptar à nova realidade. Foco no serviço, pacotes com bom custo-benefício e facilidade de acesso aos produtos foram as soluções encontradas naquela época e que continuam válidas quase 20 anos depois.

As operadoras de turismo que reviram seu *modus operandi* (como a Agaxtur, a CVC, a Flytour, a Nascimento Turismo, a Rextur, só para citar algumas), estão no mercado até hoje em posições de liderança em seus segmentos e aproveitando o enriquecimento da população. Em contrapartida, as agências de viagem e operadoras que não entenderam que a mudança era inexorável, e se mantiveram imóveis dentro das suas rotinas, pereceram.

O cenário previsto em 1997 se confirmou em menos de uma década. O pensamento de longo prazo aliado a uma visão clara de onde queriam chegar – sua própria continuidade – é que guiaram as empresas que ainda existem nesse setor. Por serem homens *do* negócio, pensaram no que aconteceria, agiram e garantiram sua permanência no mercado.

Toda a movimentação ocorreu, e ações efetivas foram tomadas, porque esse é um setor em que os donos das empresas, pessoas com grande conhecimento do mercado, estavam pessoalmente envolvidos e se mobilizando para garantir sua permanência no longo prazo. Eram homens *do* negócio e não homens *de* negócio.

Essa segunda espécie é descomprometida com o futuro longínquo, porque sabem que sua passagem pelas empresas e setores é transitória. Eles não pensam no coletivo, na empresa ou em sua continuidade, seu objetivo é cumprir metas, ganhar bônus e partir para o próximo emprego. Tudo bem para esses profissionais e para os headhunters que os colocam em posições de mando e os vendem como salvadores da pátria, mas para as empresas que optam por esse tipo de executivo é o começo de uma gestão impulsiva e tática, que a coloca cada vez mais perto do seu ocaso. **Na era pós-digital, o futuro é como um trem-bala: basta um instante para que um vulto distante se transforme em uma força que atropela em alta velocidade**.

Para fomentar a consciência sobre a importância de pensar a longo prazo, Jeff Bezos, fundador da Amazon, é hoje o grande incentivador de uma entidade nos Estados Unidos chamada The Long Now Foundation[7], que tem como missão instigar uma visão de longo prazo nas lideranças do mundo dos negócios por meio de uma série de ações periódicas, como seminários, palestras especiais e também projetos grandiosos como o Rosetta Project, que consiste em uma biblioteca pública digital de idiomas, construída por uma colaboração global de linguistas e falantes nativos e tem o apoio da biblioteca da Universidade de Stanford.

Há também o projeto Revive & Restore, que pretende, por meio dos avanços nos estudos do genoma, já completamente mapeados, trazer de volta espécies extintas, aplicando informações genéticas em células vivas de espécies semelhantes – ainda não se sabe se isso é possível, mas os estudos nessa direção continuam. Mas, entre todos, o projeto que melhor representa a filosofia da fundação é a construção de um relógio mecânico programado para durar dez mil anos. O primeiro desse tipo está em construção no deserto do Texas, e já há uma área comprada para a construção de um segundo em Nevada.

Com a construção desses monumentos, os membros da fundação querem reforçar a ideia de que devemos, enquanto sociedade, controlar o imediatismo e pensar em termos de dezenas de milhares de anos. Tanto que todos os anos mencionados nos textos da Long Now começam com zero. Além de ser uma forma subliminar de enfatizar o pensamento de longo prazo, o dígito extra traz uma ironia bem-humorada. Fundada em 01996, a organização adotou essa prática para evitar o *deca-millenium bug*, que deve ocorrer dentro de 8.000 anos – sim, é uma brincadeira com o pânico gerado pelo bug do milênio que assombrou o mundo durante boa parte da década de 1990 com a ameaça de parar tudo o que fosse eletrônico e digital quando a data passasse de 99 para 00.

Imaginava-se que aviões cairiam, usinas parariam, centrais energéticas, satélites e tudo o mais que tivesse um chip entraria em parafuso. Visões do apocalipse eram frequentemente descritas, e muita gente reclamava da dependência da tecnologia – como se fosse razoável voltarmos à tração animal e às velas. No final, tudo continuou como sempre.

De acordo com os registros da Long Now Foundation, a gênese de sua criação começou quando o músico, compositor e produtor musical inglês Brian Eno percebeu, quando se mudou para Nova York, que sua interpretação da palavra *agora* era diferente da que as pessoas tinham.

Para os nova-iorquinos, *now* significava naquele minuto e naquela sala. Já, para ele, o conceito da palavra representava um presente um pouco mais longo. Assim, junto com outros pensadores modernos das mais diferentes áreas formou a fundação, que tem como copresidentes do conselho Danny Hillis, formado no MIT e um dos líderes da indústria de softwares, e Stewart Brand, formado em biologia por Stanford, criador da Global Business Network, cofundador da Hackers Conference e da The WELL, uma das mais antigas comunidades virtuais ainda em operação. Kevin Kelly, fundador da revista *Wired* é o secretário do conselho de diretores.

É quase irresistível especular as razões que levam pessoas que literalmente fazem o futuro, formadores de tendências e comportamentos, a se preocupar tanto com o longo prazo. Afinal, seja fazendo música, software ou revistas, eles trabalham com a ideia da obsolescência de seus trabalhos ao mesmo tempo em que os percebem como ponte para o porvir. Talvez a resposta seja justamente a importância de estender o agora, de fazer com que tudo dure um pouco mais. Como inventores de muitas das coisas que permitem à realidade ser cada vez mais efêmera, buscam maneiras de equilibrar a voracidade dos mercados por novidades em prazos cada vez mais curtos com a necessidade de manter estruturas de longo prazo.

Para que produtos novos saiam da pesquisa e desenvolvimento em intervalos curtos é fundamental que a empresa seja sólida, que tenha estabilidade, e isso só ocorre quando existem metas de longo prazo colocando todo o conjunto de departamentos funcionando em harmonia. Os líderes associados à Long Now Foundation têm uma visão privilegiada do conjunto da sociedade e sabem que o futuro se constrói com ações do presente projetadas em cenários para o longo prazo, exatamente como o relógio para marcar os próximos dez mil anos.

Movido pela diferença de temperatura entre o calor do dia e o frio da noite para garantir funcionamento por todo esse tempo, o relógio vai custar US$ 40 milhões e ficará instalado dentro de uma caverna numa das regiões geográficas mais estáveis do planeta. Há quem ache esse valor muito barato diante da mensagem que o relógio traz: o tempo é um titã cheio de caprichos e que exige atenção constante. Quem se acha maior que ele, pode acabar sendo engolido.

A era pós-digital nos adverte que estamos pensando de forma linear num mundo que muda de forma exponencial. **Temos uma visão cada vez mais de curto prazo, focados em resolver**

pendências, sem olhar tendências. O atropelo acontece porque, como as mudanças estão cada vez mais rápidas e ocorrem globalmente, os ciclos de vida de produtos, modas e comportamentos encurtam e se sucedem num ritmo acelerado demais para os velhos rituais de planejamento das empresas que estabelecem metas para períodos que não condizem com a realidade.

Em algum momento, provavelmente numa sala de aula de um curso superior, estabeleceu-se a ficção de que o executivo poderia moldar o mundo ao seu bel prazer. As metas e prazos que estabelecesse se consolidariam porque o mundo se curvaria a sua vontade para confirmar os itens planejados. Essa ideia é tão absurda quanto achar que abóboras viram carruagens, e ratinhos se tornam cavalos. E o pior é que esse tipo de ilusão sequer se sustenta até o fim das doze badaladas.

Pode soar paradoxal defender a necessidade de buscar uma visão de longo prazo que inclua as mudanças que ocorrem em intervalos cada vez mais curtos, mas não é. O fato é que a sobrevivência no longo prazo exige poderes de adaptação mais desenvolvidos – exatamente como Charles Darwin descreve em sua teoria da evolução das espécies por meio da seleção natural. As pequenas mudanças são o que permitem a continuidade das espécies. Nos carnívoros, por exemplo, os indivíduos que tinham caninos maiores e mais fortes se alimentavam melhor e ganhavam mais força para conquistar territórios, fêmeas e se reproduzir. Do mesmo modo, a capacidade de se adaptar ao ambiente foi fundamental. Os que não conseguiram enfrentar mudanças de clima desapareceram.

Enquanto na natureza esse processo de adaptação para sobrevivência ocorre de forma fluida e inexorável, nas empresas é preciso estar atento para antever as mudanças no ambiente e ter a capacidade de rever conceitos e paradigmas. Quem fizer isso de forma mais lenta provavelmente perecerá. É como na estrada: diante de uma curva é preciso tomar uma série de providências, como reduzir a velocidade, ajustar a pressão ao segurar o volante e até compensar o equilíbrio do corpo. Sem que esses ajustes sejam feitos rapidamente, o resultado será cair no precipício. Muitas empresas estão indo velozmente para lugar nenhum.

A era pós-digital é como uma estrada cheia de curvas em que é preciso combinar velocidade e cautela, atenção ao presente e visão de futuro, adaptabilidade e constância. A estrada é sempre soberana. Não se pode subestimá-la nem superestimá-la a ponto de deixar de percorrê-la. Se não acendermos os faróis altos para ver o que está mais longe, a chance de dar de cara com um barranco é enorme. O desafio é fazer a curva e antever as próximas que se apresentam na estrada.

Aprender, desaprender, reaprender....

"A verdadeira revolução não acontece quando a sociedade adota novas ferramentas, e sim quando adota novos comportamentos."
CLAY SHIRKY

O encontro mensal com o barbeiro seguia um ritual preciso desde do tempo em que, para sentar na cadeira, era preciso subir em um caixote. Tradicionalista, o profissional da tesoura seguia o mesmo roteiro e mantinha o mesmo corte em um dos seus clientes mais fiéis. Sem perder um segundo se questionando sobre o corte de cabelo, o homem seguia adiante com o mesmo visual. Até que um dia, enviuvou. Preocupada com sua solidão, a filha resolveu tomar para si a tarefa de devolver o pai ao mercado de encontros e a primeira providência de sua lista foi um novo corte de cabelo. Desobedecendo o pai, levou-o ao seu salão de cabeleireiro, um lugar feericamente iluminado, com espelhos do chão ao teto, identidade visual criada por um jovem, musculoso e tatuado, e som ambiente definido por um DJ. A análise no espelho mostrou que a ousadia tinha dado bons resultados e que tudo o que ele sabia sobre o próprio cabelo tinha de ser reaprendido se quisesse seguir adiante com seus projetos de uma nova fase na vida.

O apego a certezas antigas não combina com o século 21, tempo em que a única constante é a mudança. Uma pessoa não usa o mesmo carro de 20 anos antes, nem o mesmo computador e certamente não deve querer usar o mesmo corte de cabelo. **O momento atual exige coragem para revisar paradigmas, questionar hierarquias, ampliar horizontes e reavaliar as relações estáveis**. Esse processo, essa ousadia de cortar o cabelo em outro lugar não é só desejável, é necessária na era pós-digital.

Estamos em um momento em que os negócios apresentam margens decrescentes e complexidade crescente. O ambiente está cada vez mais competitivo e com mudanças disruptivas. Tudo está sendo reinventado, rediscutido e reprogramado e, justamente por isso, o mercado está cada vez mais fluído, imprevisível e sujeito a intempéries.

Considerado a fonte de onde partem as modernas teorias de administração, o pensador e consultor austríaco Peter Drucker dizia que "o maior perigo em tempos de turbulência não é a turbulência em si, mas continuar agindo com a lógica do passado". Considerando que esse é o homem que previu a globalização e a terceirização décadas antes de essas realidades se consolidarem, vale a pena ouvir. E quem não fizer esse esforço de adaptação ao novo mundo, quem se apegar na vaidade de ser um líder e não se preocupar em buscar soluções para os desafios que a tecnologia massificada produz, corre o risco de sucumbir.

Há quem pense que as novas condições de mercado só engolem empresas especializadas em um tipo específico de produto ou tecnologia que se tornou obsoleta, como a Kodak, a Olivetti ou a Xerox. Não é bem assim. A mudança do mercado pode atingir setores inteiros. O rápido enfraquecimento da indústria fonográfica, que tinha nas grandes gravadoras suas representantes máximas, é um exemplo didático da falta de coragem de revisar paradigmas.

Multimilionária e poderosa desde que o vinil 78 rotações foi inventado no começo do século 20, a indústria das gravadoras era um gigante implacável. Criava sucessos, fazia carreiras, promovia ou extinguia gêneros musicais, manipulava a cultura popular e, enquanto isso, faturava bilhões de dólares em vendas de compactos, LPs e CDs. Tudo seguia bem até que, no novo milênio, a música passou a não depender mais de um objeto de vinil ou plástico para chegar aos fãs. O som poderia vir em bits e bites direto da internet, rapidamente e de graça. A paixão pelos artistas continuava intocada, mas o jeito de consumir música tinha mudado, e a gratuidade da internet era a melodia que os fãs queriam ouvir.

Inconformadas, as gravadoras botaram a boca no trombone e bateram tambores no volume mais alto possível para dizer que o fã de música que fizesse um download era um criminoso. Muito barulho por nada. Diante da música de graça, não havia choro de gravadora que fosse ouvido. Como resultado, a falência das multibilionárias e poderosas gravadoras veio rápida e avassaladora como um tsunami. As que eram parte de grandes conglomerados continuaram a existir, mas sem a representatividade financeira que tinham.

Quando o iTunes finalmente se firmou, comprovando que era possível vender músicas com outros modelos de negócio, as gravadoras já estavam muito fragilizadas e longe do poder que mantiveram durante décadas. Mais recentemente, a venda de músicas pela internet por meio de downloads também já começa a arrefecer seu crescimento, dando lugar para o streaming. Essa é outra revolução à caminho, comprovando a tese de que mudanças são um fluxo constante, e paradigmas estão aí para serem derrubados.

Bruce Dickinson, vocalista do Iron Maiden, uma das maiores bandas de heavy metal do planeta há mais de 25 anos, disse claramente na Campus Party de 2014: "As gravadoras não souberam se reinventar diante da nova realidade digital. Em vez de abraçar a novidade, criar sites de downloads, incentivar os artistas a desenvolverem conteúdos exclusivos e financiar tudo isso por meio de patrocínios, simplesmente tentaram transformar fãs em bandidos. Hoje as bandas só gravam novos álbuns para que as novas músicas deem sustentação aos shows ao vivo, que é o que garante a remuneração das bandas. Cerca de 800 pessoas vivem diretamente do Iron Maiden"[8]. Dickinson, além da carreira artística, também é empresário e dono de uma empresa de manutenção de aeronaves, a Cardiff Aviation.

Hoje, a Iron Maiden LLC Holding, que detém a propriedade da banda, não só está entre os negócios que mais crescem no setor da música como também está na lista das empresas mais inspiradoras que atuam na Bolsa de Valores de Londres[9]. Com ativos estimados em US$ 12 milhões e patrimônio líquido de mais de US$ 20 milhões, a empresa agora está diversificando e lançou uma marca de cerveja, a Trooper. Batizada em homenagem a um dos sucessos do grupo e criada em parceria com a cervejaria britânica Robinson, a cerveja foi sucesso imediato de vendas tanto na Inglaterra como em outros países.

Comparado à dinâmica da música pop, o heavy metal pode ser considerado um dinossauro. Seus fãs originais já estão perto de se tornarem vovôs, se já não o forem. No entanto, a capacidade de reinvenção das bandas enquanto negócio garante sua presença no cenário do entretenimento. Vivemos numa era em que tudo está sendo reinventado, rediscutido e reprogramado. As empresas que vão sobreviver são aquelas que têm a capacidade de aprender, desaprender, reaprender...

Só que é muito mais difícil desaprender do que aprender, porque isso implica despir-se dos paradigmas. Se os músicos achassem que só deviam fazer música e não cerveja, perderiam a chance de lucrar com um produto de giro muito mais rápido que as suas canções. "Hoje cada vez menos gente paga por música. Mas ninguém deixou de comprar cerveja para tomar enquanto ouve. Mesmo o sujeito que faz questão de comprar um CD, vai comprar uma unidade só. Já com cerveja, serão incontáveis", analisa o roqueiro que, segundo conta, sempre se obriga a quebrar paradigmas.

Para ampliar os horizontes da banda e levá-la a outros continentes, Dickinson e seus companheiros tinham de superar os custos da viagem, que eram impeditivos. Toneladas de equipamentos e dezenas de pessoas tornavam as turnês à Ásia, Oceania e América do Sul inviáveis.

Nesse momento, Dickinson, que já era piloto com treinamento para voar grandes aeronaves e experiência no setor de aviação civil, lembrou que entre janeiro e março, por ser baixa estação no transporte aéreo, muitas aeronaves ficavam no solo. Sugeriu, então, que alugar um Boeing poderia fazer a conta fechar. Para garantir custos menores, ele mesmo se ofereceu para pilotar. O resultado foram turnês de enorme sucesso de público e rentabilidade. "É sempre preciso procurar novos caminhos no mundo dos negócios. Para ser criativo é preciso ter muita energia, trabalhar duro e estar preparado para falhar. Nem todas as ideias vão funcionar, mas ficar parado pode ser muito pior", aconselhou Dickinson aos jovens na Campus Party.

Na realidade atual, revisar paradigmas deve ser um critério definitivo e constante. Quem espera que a situação fique desconfortável para começar a revisar suas certezas, esperou muito e certamente vai ser tarde demais para o seu negócio. É como a situação de um elefante que é amarrado a uma estaca quando filhote: ele tenta puxar a estaca, mas desiste e cria o paradigma de que a estaca é mais forte que ele. Quando cresce, continua a acreditar que a estaca é mais forte. No entanto, se tentasse revisar esse paradigma, estaria livre. Mas fica lá, imóvel, preso a suas convicções. Nós agimos como elefantes de circo e não questionamos aquilo que confirmamos no passado. **A prisão aos paradigmas é como uma estaca imaginária, que nos impede o movimento em direção ao futuro.**

Quando o jovem Carlos André Montenegro[10] pediu ao pai, um empresário bem-sucedido, um empréstimo para começar um negócio de venda de perfumes pela internet com seu amigo Marcelo Franco, o pai achou o plano absurdo. Afinal, pouca coisa é mais sensorial do que comprar um perfume. No entanto, o jovem defendeu a ideia de que as pessoas já conheciam os aromas de suas marcas favoritas. O que queriam, insistia ele, era adquirir esses produtos com bom custo-benefício, de uma forma mais conveniente do que ficar pedindo para amigos e parentes trazerem do free shop quando fossem viajar.

Apostando no discernimento do filho e impressionado pela lógica da argumentação, o pai deu a benção e o empréstimo para a nova empresa. Rapidamente, o site Saks.com se tornou uma referência no e-commerce brasileiro e um sucesso comercial. Além de apostar na internet, a dupla também inovou em termos de logística ao descobrir que o estado de Tocantins, por suas vantagens fiscais, seria a localização mais conveniente para seu armazém, o que ajudaria ainda mais na performance da empresa.

O resultado foi que, dez anos depois de sua fundação, a operação foi vendida por um valor aproximado de R$ 350 milhões para o grupo LVMH, o maior e mais poderoso conglomerado em atividade no segmento de luxo, interessado em estabelecer no país sua marca internacional de varejo de perfumes, a Sephora. Ou seja, a quebra de paradigmas e a atenção às possibilidades que o mundo integrado pela internet oferece foram decisivas nesse caso. Montenegro e Franco desaprenderam o senso comum, aprenderam uma nova forma de fazer negócio e obrigaram outros *players* a reaprender a realidade do segmento.

Muitas vezes, o que impede alguém de revisar paradigmas é não ter coragem de questionar hierarquias, tanto organizacionais quanto de acontecimentos. Não contestar a ordem estabelecida estreita as possibilidades, encolhe os horizontes. Para olhar o mercado e enxergar longe é preciso se livrar de preconceitos e da miopia organizacional.

Tudo isso exige que se coloque em teste as relações estáveis mantidas com as diversas interfaces da empresa: público interno, fornecedores e distribuidores. É preciso rever processos, organogramas e as dinâmicas com provedores e vendedores com uma frequência cada vez maior. Por exemplo, se as gravadoras tivessem apostado no mundo dos downloads, certamente teriam desagradado os fornecedores de plástico e os varejistas, mas seguiriam com operações mais sustentáveis em vários aspectos.

Vale notar que sustentabilidade é um conceito profundamente ligado à sobrevivência de longo prazo, porque preconiza o uso racional dos recursos, a eliminação de desperdício e a otimização de energia para permitir que as ações de longo prazo sejam viáveis. Por isso, vai muito além de reciclar matérias-primas, como acabou sendo apreendido por muita gente, e inclui a nobre arte de reciclar ideias. É importante perceber quais partes de uma ideia ou de um modelo de negócio ainda são úteis e quais devem ser processadas para se tornarem úteis no longo prazo.

As vendas por catálogos impressos deixaram de ser sustentáveis não só porque utilizam papel, tinta e processos poluentes em sua produção, mas porque não permitem atualização rápida. A dinâmica dos lançamentos, cada vez a intervalos menores, as tornaram rapidamente obsoletas. Mas, a ideia de vender para quem está longe e mandar entregar continua sendo boa. Então, devidamente reciclada, a venda por catálogo virou e-commerce baseado em catálogos virtuais com ofertas constantemente renovadas.

É importante perceber que o que exige revisão não é só a forma como se entra no mundo digital, se pelo Facebook ou Twitter, mas sim o modelo de negócio, os processos de trabalho, as relações com fornecedores e clientes e a operação como um todo.

As empresas que não reciclam ideias não se sustentam no mercado. Sustentabilidade é repensar e não aceitar verdades prontas.

O líder tem a obrigação de pensar o todo da empresa e não apenas algumas áreas. O verdadeiro líder está lá para criar problemas. As escolas de administração formam pessoas para resolver problemas, mas cabe ao líder criá-los, gerar desafios e liderar o time na busca de soluções.

E sua função principal é saber observar as mudanças para que elas não nos atropelem com sua rapidez. Basta comparar as fotos das eleições do Papa Bento XVI, em abril de 2005, quando havia uma multidão na Praça de São Pedro aguardando a fumaça branca, e a do Papa Francisco, em março de 2013, quando essa multidão, no mesmo local, portava celulares e tablets para fotografar, gravar ou transmitir o momento histórico. Essa imagem mostra a total ubiquidade da tecnologia e nos diz de forma eloquente que o mundo digital já está absorvido, que hoje vivemos no mundo pós-digital, numa realidade em que a utilização de tecnologias é indissociável do cotidiano.

Era digital
eleição do **Papa Bento XVI**
18 de abril de 2005

Era pós-digital
eleição do **Papa Francisco**
13 de março de 2013

Fonte: NBC News

A revolução não acontece quando a sociedade adota novas ferramentas, e sim quando adota novos comportamentos inspirados por elas. Por isso, já não faz sentido falar de armas digitais, o que vale agora é ter uma alma digital. Não existe mais online e offline, porque a presença da conectividade é constante.

Precisamos revisar nossos paradigmas. Afinal, o tempo que os forjou já passou. Ao falarmos de era pós-digital pode parecer que o digital acabou, mas é o contrário. Assim como ocorreu com a eletricidade, a era pós-eletricidade se caracteriza por sua total ubiquidade. Ninguém nota a presença da eletricidade, só percebe sua importância quando falta e nada funciona.

Mas, por décadas, o desconhecimento do potencial de mudança trazido pela energia elétrica se somou ao processo de evolução da tecnologia para criar uma série de polêmicas e uma verdadeira guerra por mercado. Visões diferentes colidiram e geraram muitas faíscas. Hoje, o assunto já está pacificado e vale como ensinamento para o momento em que vivemos.

A guerra da eletricidade

A chegada de novas tecnologias sempre afeta o comportamento dos seres humanos, dá a eles mais capacidades, estende seus domínios e muda hábitos. O fogo, por exemplo, mudou o mundo e foi incorporado de forma tão completa e generalizada que passou a servir quase como um complemento à biologia humana. Porque cozinhamos os alimentos, nossa digestão tornou-se mais fácil que a de outros mamíferos que só comiam comida crua e, com o estômago exigindo menos energia, a espécie humana pôde redirecionar essa sobra energética para o cérebro funcionar mais e melhor. Ao longo dos milênios, chegamos na configuração biológica atual. Mas, como essa revolução aconteceu há tempo demais, melhor analisarmos outra revolução tecnológica que alterou completamente o estilo de vida da humanidade: a energia elétrica.

Para quase todos os habitantes atuais do planeta, acionar um interruptor e ter luz num ambiente é algo banal. A eletricidade é hoje algo ubíquo, ou seja, algo que está em todo lugar, completamente integrada. Entretanto, basta acontecer um apagão, uma queda de árvore por causa de uma chuva forte, para que percebamos nossa total dependência dessa tecnologia que parece tão banal. Algumas horas sem luz e, se estivermos no escritório, não podemos trabalhar; se estivermos em casa, fica bem complicado: não dá para tomar banho, ler um livro, ver televisão, lavar roupa, passar roupa, usar o forno ou, em muitos casos, o fogão também. Isso sem falar na geladeira e no freezer, onde a comida está descongelando e perecendo a cada minuto sem refrigeração.

Para quem mora em apartamento, há a falta de elevador, o portão da garagem deixa de funcionar, e o porteiro fica operando manualmente o abrir e fechar, preocupadíssimo com o fato de que câmeras e alarmes não estão funcionando. Na primeira esquina, o problema do semáforo apagado. Nem adianta ir ao posto de gasolina porque as bombas não funcionam. Enfim, boa parte das coisas que ampliam as capacidades e os sentidos do ser humano – que é o que a tecnologia, em última análise, faz – ficam anuladas pela falta de energia elétrica.

Quem hoje vive a onipresença da eletricidade não imagina a intensidade das disputas, tanto no aspecto científico quanto no comercial, que precederam sua disseminação em grande escala. Conhecer esses fatos nos ajuda a entender o momento que estamos vivendo, que é justamente o da universalização da tecnologia digital.

No que passou para a história com o nome de Guerra da Eletricidade, Batalha das Correntes ou Guerra das Correntes[11], o mundo presenciou lances de genialidade e bestialidade se sucederem aos longo das duas últimas décadas do século 19 e no começo do século 20. O interessante dessa disputa é que em vez de envolver nações ou exércitos, envolvia cientistas que também eram inventores e capitalistas: Thomas Edison, George Westinghouse e Nikola Tesla. Outro ponto interessante foi o uso de comunicação de massa para manipular a opinião pública com objetivos puramente financeiros.

Hoje, quando se diz que grandes fortunas podem sair de garagens – como foi o caso de Bill Gates, Steve Jobs, Mark Zuckerberg e Larry Page e Sergey Brin – é preciso lembrar que essa dinâmica é muito semelhante à dos inventores do passado, geralmente sujeitos jovens, que não hesitaram em arriscar para inventar coisas que as pessoas desejavam e ficaram milionários com elas.

Thomas Alva Edison é um desses casos. Quando criança, frequentou a escola por apenas três meses e teve uma péssima avaliação: o padre responsável o rotulou como disperso e indisciplinado. Sendo o mais jovem de sete filhos, foi educado por sua mãe, Nancy, que já havia lecionado. Com a devida mentoria materna e a permissão para fazer experimentos, o jovem dedicou bastante tempo a seu laboratório. Mais tarde, foi trabalhar na ferrovia, aprendeu o Código Morse e virou telegrafista. Aos 21 anos registrou sua primeira patente: uma máquina de votar. O primeiro invento, no entanto, não teve sucesso comercial.

Com 22 anos, mudou-se para Nova York com apenas quatro centavos de dólar no bolso e arrumou um emprego de operador de telégrafo do mercado de ações, numa empresa em que precisava reunir informações vitais para os investidores. Mais uma volta da Terra ao redor do Sol e, aos 23 anos, ganhou sua independência financeira ao inventar um indicador automático de cotações da bolsa de valores, vendido para a Western Union por US$ 40 mil dólares. Com esse dinheiro, comprou um terreno em Newark, Nova Jersey, e construiu o que se tornaria o legendário Melro Park.

Nessa fábrica de invenções, Edison estabeleceu uma verdadeira usina criativa. Seu objetivo era desenvolver uma grande invenção a cada seis meses e uma pequena a cada dez dias. Seu foco no trabalho era impressionante. Foi em sua empresa que conheceu Mary Stiwell, então com 16 anos, uma de suas perfuradora de telex. Dizem seus biógrafos que ele a pediu em casamento batendo a mensagem em código-morse com uma moeda. No Natal de 1871, eles se casaram, e Edison, em vez de seguir para lua de mel, foi para o laboratório onde ficou até de madrugada.

Ao longo da vida registrou 2.332 patentes – entre elas a do fonógrafo, do cinematógrafo, dos microfones de grânulos de carvão para telefone – e, no meio de tudo, conseguiu ter seis filhos com duas esposas (Mary morreu cedo). Na verdade, o número de patentes é frequentemente discutido porque tudo o que era criado ou aperfeiçoado por seus funcionários era registrado em seu nome.

Em 1879, aos 31 anos, já famoso e bem-sucedido, Edison desenvolve com sucesso a primeira lâmpada elétrica incandescente dotada de viabilidade comercial. Nessa época, ele gastou US$ 150 mil com a invenção e precisava de mais dinheiro para criar os sistemas completos. Seus investidores refugaram, e Edison decidiu seguir sozinho. Mudou o escritório para o sul de Manhattan e começou a oferecer sistemas elétricos para grandes empresas, como o banco J.P.Morgan.

Sua tecnologia era baseada em corrente contínua e tinha a limitação desse tipo de corrente, que exige estações de força locais e não funciona bem com transmissão em longas distâncias. Os *early adopters* nova-iorquinos não hesitavam e contratavam a Edison Electric Light Company para iluminar suas empresas e até residências. Rapidamente a empresa se torna uma potência econômica.

Uma das obsessões de Edison era inventar produtos que pudessem ser grandes sucessos comerciais. Para isso, tanto quanto as grandes empresas do Vale do Silício de hoje, ele precisava de grandes mentes. Não hesitou em contratar um jovem sérvio chamado Nikola Tesla, que chegou com uma carta de apresentação do representante de Edison na Alemanha, dizendo que o único cientista tão brilhante quanto o próprio Edison de todo o planeta estava ali. Com esse aval, a contratação foi imediata. Só que a relação dos dois, que havia começado tão auspiciosa, terminou com faíscas.

Edison disse a Tesla que, se desenvolvesse um tipo de dínamo mais eficiente, receberia um bônus de US$ 50 mil. O gênio sérvio se jogou no trabalho e, um ano depois, apareceu com 24 opções de dínamos, mas ficou sem bônus. Edison disse que Tesla não havia entendido o senso de humor americano, quando perguntado sobre os US$ 50 mil. Furioso, sentindo-se enganado e desrespeitado, o jovem pediu demissão.

Tesla era um grande cientista, filho de um pastor ortodoxo. Havia estudado nas melhores universidades da Europa e tinha padrões éticos muito rígidos. Acabou sendo contratado por George Westinghouse, que lhe ofereceu uma boa remuneração, como royalties sobre as tecnologias que desenvolvesse para a empresa. Ironicamente o magnata de Pittsburg tinha algumas coisas em comum com Edison: mais ou menos a mesma idade e um histórico de ser um inventor autodidata. Também considerado um aluno medíocre, Westinghouse preferia ficar na oficina do pai observando, aprendendo e inventando coisas. Com o tempo, tornou-se um grande empresário e sua indústria desenvolvia freios, câmbios e sinais elétricos para ferrovias, além de motores em geral.

Entre seus investimentos estavam empresas de gás, combustível que até então era utilizado na iluminação pública e particular. Quando percebeu que suas empresas de gás estavam perdendo valor por causa do avanço da energia elétrica, começou a investir no que via como o negócio do futuro. Ao estudar eletricidade, junto com Tesla, Westinghouse percebeu que havia um erro no processo de corrente contínua e passou a adquirir empresas que desenvolviam equipamentos de corrente alternada. Conforme aprendeu a técnica que associava a corrente alternada a transformadores, rapidamente vislumbrou que com isso seria possível transmitir energia em longas distâncias, a grande demanda da época.

Por algum tempo, os dois tipos de corrente conviveram no mercado – exatamente como ocorreu com as tecnologias GSM e CDMA nos celulares ao longo dos anos 1990 e no começo dos 2000. Só que, diferentemente da disputa recente, aquela protagonizada por Edison e Westinghouse foi literalmente sangrenta e cheia de vítimas inocentes.

Edison não quis admitir que a corrente alternada era a melhor resposta – dizem que sua teimosia era um misto de orgulho e vergonha por sua habilidade matemática inferior à de Tesla e Westinghouse – e decidiu fazer uma campanha difamatória da corrente alternada e do maior defensor dela. Edison não só falava mal de Westinghouse em palestras, como chegou a fazer demonstrações sobre os perigos da corrente alternada eletrocutando publicamente gatos e cachorros. Como se isso não fosse hediondo o bastante, aproveitou o fato de que a elefanta Topsy tinha sido condenada à morte por ter ferido humanos e matado três tratadores em um ataque de fúria no circo onde era mantida em Coney

Island, para colocar mais peso nas suas demonstrações. Edison colocou placas de metal sob as patas de Topsy e a eletrocutou em praça pública com corrente alternada usando, para isso, um equipamento Westinghouse.

Para culminar, em vez de usar a palavra *electrocuted*, ele usou o neologismo *westinghoused*. Obviamente Westinghouse ficou indignado com o absurdo e apontou a desumanidade do ato patrocinado por Edison. Tesla fez diversas demonstrações públicas para provar a segurança da corrente alternada. Mas, àquela altura, já estava claro que o dono da General Electric faria qualquer coisa, inclusive as mais cruéis e desonrosas, para prejudicar seu concorrente.

O lance seguinte foi ainda mais dramático. Ao ouvir falar da execução da elefanta Topsy, o comissário encarregado das execuções de pena de morte procurou Edison dizendo que a morte na forca não condizia com os tempos modernos e pediu a ele que criasse um método tão eficiente quanto o usado com o paquiderme. Edison não hesitou: inventou a cadeira elétrica e certificou-se de que ela usaria motores Westinghouse acionados por corrente alternada. Westinghouse fez de tudo para mudar o método de execução com o argumento de que seria cruel – obviamente o fato de ser uma péssima propaganda para a corrente alternada pesou bastante. A controvérsia se arrastou por 14 meses.

No final, ocorreu a execução por cadeira elétrica. Foi um desastre. William Kemmler, o primeiro condenado a morrer por esse método, foi exposto a um sofrimento indizível porque a carga utilizada, de mil volts, não foi suficiente para matá-lo. Médicos e comissários assistiram a tudo. O condenado só morreu quando aumentaram a carga para dois mil volts. Os jornalistas designados para a cobertura descreveram a crueldade nos jornais. Era mais um vítima da guerra das correntes, a primeira humana.

A batalha seguinte foi para iluminar Chicago durante a feira mundial que celebraria os 400 anos de descoberta do novo mundo por Colombo, em 1492. Edison mandou sua oferta certo de que ganharia. Mas Westinghouse mandou uma proposta US$ 500 mil mais barata e ganhou o contrato. O problema era que ele ainda não havia consultado o banco.

Na verdade, Westinghouse estava à beira da falência, devia US$ 12 milhões a Tesla em *royalties* sobre seu trabalho. Explicou a situação ao sérvio, que rasgou o contrato. O esforço foi hercúleo, mas Chicago foi iluminada com 250 mil lâmpadas fabricadas em apenas cinco meses. Mais de 30 milhões de pessoas visitaram o mar de luzes produzidos por Westinghouse e Tesla.

Outra batalha que Westinghouse venceu foi o contrato para desenvolver a usina hidroelétrica de Niagara Falls e os equipamentos para distribuir essa energia. Graças à possibilidade de ser transmitida a grandes distâncias, a corrente alternada acabou sendo adotada como padrão nos Estados Unidos. Em 15 de novembro de 1896, a usina foi inaugurada. Finalmente, a guerra estava ganha por Tesla e Westinghouse.

O sucesso na usina fez com que a Westinghouse Motor Company se agigantasse, chegando a ter 50 mil funcionários. Mas a quebra da Bolsa de Nova York em 1907 fez que os bancos cortassem os créditos de Westinghouse, que ficou com uma dívida de US$ 74 milhões e teve de entregar o controle da empresa. Edison, por outro lado, já tinha outras invenções gerando dinheiro. Dentro de sua estratégia de diversificação, na Primeira Guerra Mundial tornou-se fornecedor da indústria naval. Morreu em 1931, mas antes admitiu que havia errado ao não aceitar a corrente alternada.

Assim como na época em que a eletricidade era uma novidade que gerava fascínio e medo pelas maravilhas e riscos que poderia trazer, a chegada da tecnologia digital provocou encantamento e temor nas pessoas. Mas, enquanto a luz elétrica levou décadas para se tornar ubíqua, a tecnologia digital passou a frequentar todos os lares e bolsos em pouco mais de 15 anos.

Nos anos 1990 era preciso "entrar na internet". Hoje, a disponibilidade de uma rede wi-fi é considerada algo natural e automático, que sequer merece ser celebrada. Ninguém mais diz "como o Starbucks é legal por oferecer wi-fi", o que se ouve é "tal lugar é mesquinho, nem rede wi-fi oferece". Ao estar em um ambiente em que ela não existe, a reação é de desaprovação porque, na era pós-digital, a gente só nota a internet quando ela falta.

Assim como tivemos a era da eletricidade e da pós-eletricidade, estamos agora nessa fase transitória da era digital para a pós-digital. Em vez de Edisons e Westinghouses, temos os Pages e Zucherbergs não apenas preparando suas empresas para o que vem por aí, mas criando o futuro – o deles e nosso. Facebook e Google são empresas de armas digitais que se guiam por uma alma digital genuína, com uma visão exponencial do futuro e sem medo de errar, experimentando o novo e desafiando os paradigmas que até hoje ainda regem nossa visão gerencial desde os tempos de Taylor e Fayol.

Ambas são apenas a camada mais exposta de uma nova geração de empreendedores que entenderam a premissa básica dos novos tempos: **quando a tecnologia entra no cenário dos negócios, a primeira providência é abrir a mente para ampliar sua capacidade de aprender, desaprender e reaprender.**

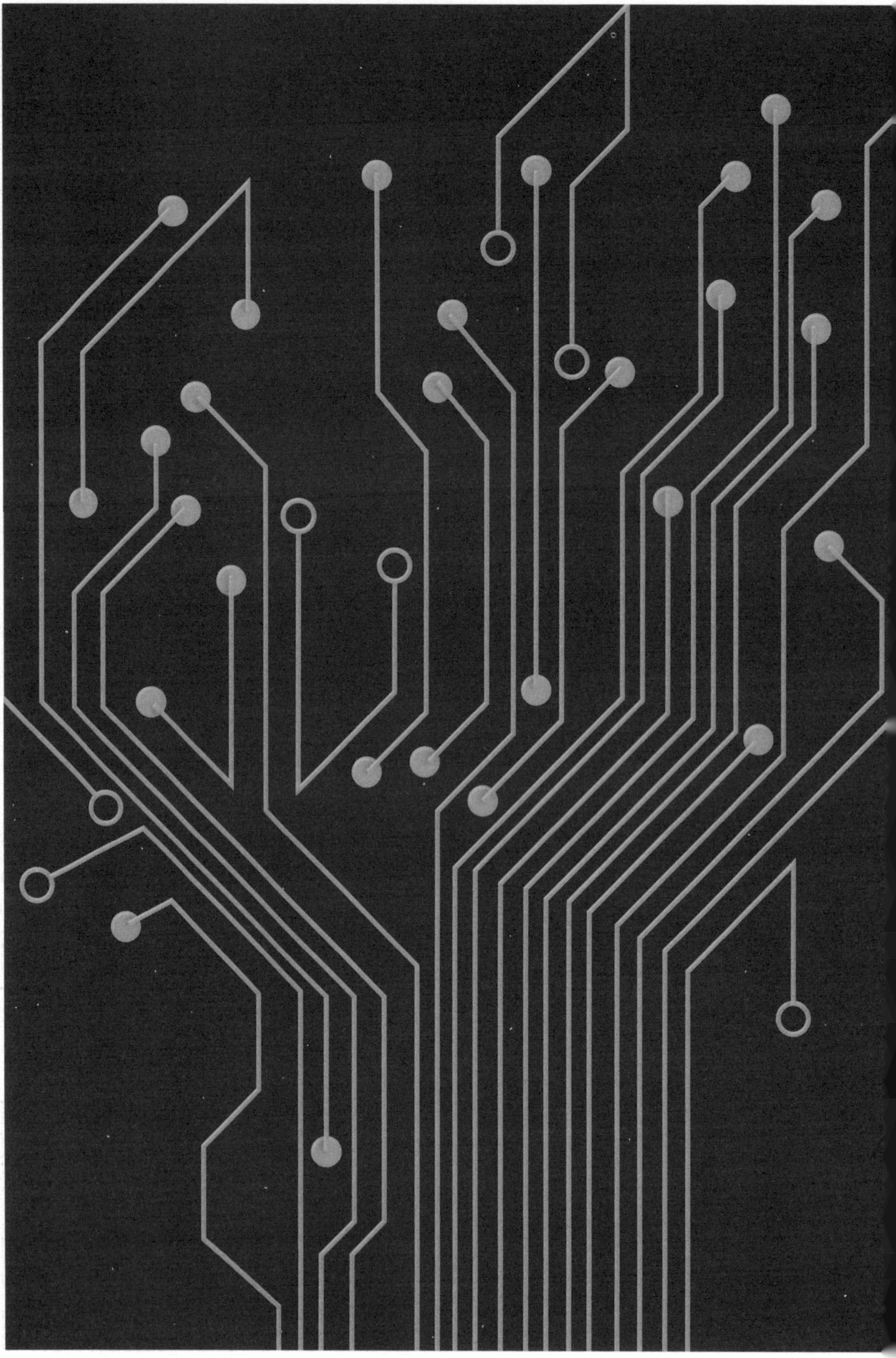

2

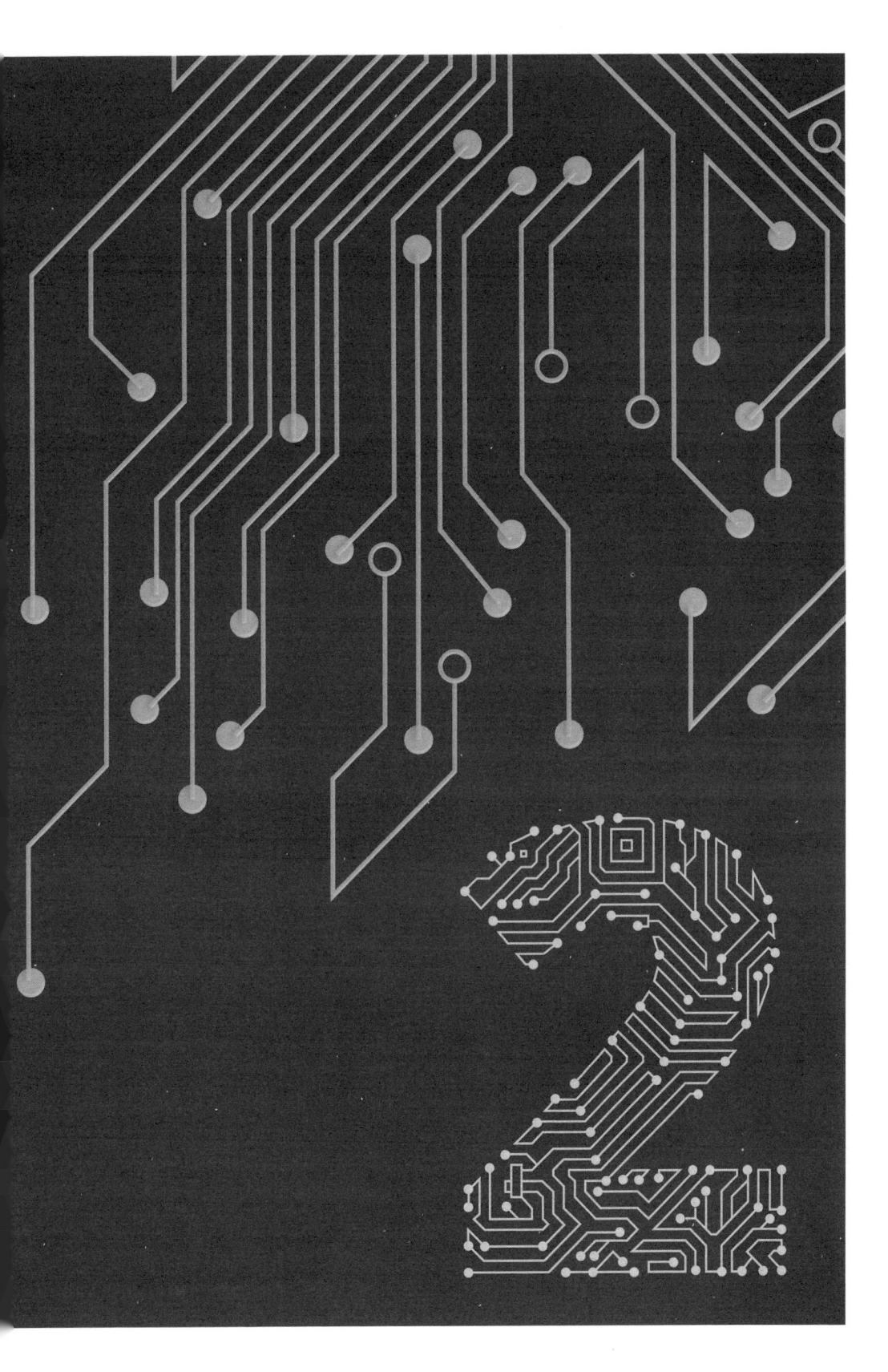

introdução

Paradigmas estilhaçados

Vestido simples, ligeiramente desbotado, mas suficientemente digno para ir trabalhar. O cabelo estava ajeitado, mas com aqueles fiozinhos rebeldes perto da raiz típicos dos cabelos ondulados em climas quentes e úmidos, e a maquiagem se resumia a um batom. Quem olhava a moça comum sentada no bonde não tinha como imaginar que era dela a voz que ouviriam na novela do rádio dentro de alguns minutos. A era do rádio foi mágica. De repente uma caixa era capaz de trazer o mundo para sua sala. Vozes lindas transmitindo notícias, comentários, ficção. As pessoas imaginavam que as sedutoras vozes femininas pertenciam a belas mulheres e que os graves dos locutores vinham de homens altos, fortes e simpáticos.

Mas a televisão chegou trazendo a imagem e isso mudou tudo. Gente comum de voz bonita já não era mais suficiente para alcançar a popularidade. Era preciso ter o sorriso perfeito, o penteado admirável, o olhar infalível. O novo veículo de comunicação exigia investimento em figurino, cenário, tecnologia, câmeras – enfim, a novidade obrigou quem viveu a transição a desenvolver uma nova linguagem. A era da televisão demandou novas atitudes e as prioridades mudaram. Uma imagem passou a valer mais que mil sons.

O mais importante quando se participa de uma mudança de era é uma revisão completa das nossas crenças e paradigmas.

Alguém disse que você é o que come, outros disseram que você é o que veste. Na verdade, você é aquilo em que crê. O conjunto de crenças de uma pessoa determina sua forma de agir. Mas o tempo tem o poder de mudar tudo. O certo de ontem é o errado de amanhã e o que determina a evolução são as novas capacidades que a humanidade adquire. Quando as transmissões só tinham som, havia um corpo de necessidades que geraram uma série de condutas. A chegada da imagem obrigou os profissionais do novo veículo a rever sua lista de prioridades e criar novas regras, estabelecendo novos paradigmas.

A chegada da era pós-digital, por sua onipresença, obriga todos os segmentos produtivos a se ajustarem. Mas esse ajuste só será efetivo e eficiente se as convicções tradicionais forem desfeitas, os rituais antigos esquecidos e os velhos paradigmas, estilhaçados.

Profundamente impregnados no processo de trabalho das mais diversas áreas, os antigos paradigmas são especialmente prejudiciais aos profissionais de gestão, marketing e comunicação, responsáveis por fazer a interface entre a empresa e seu target. Pior que ter uma cabeça contaminada por conceitos que já não valem mais, é não perceber que seu público já está na era pós-digital.

Fica cada vez mais claro que, enquanto as empresas e anunciantes estão subindo o edifício dessa nova era pela escada, os consumidores estão subindo pelo elevador. E essa defasagem está se ampliando. Por isso, além de reciclar lixo e matéria-prima, precisamos ir além e reciclar ideias, conceitos e paradigmas. Ser sustentável é isso.

Na verdade, tudo o que aprendemos em nosso dia a dia profissional carece de revisão para continuar válido e permanecer existindo. Verdades consideradas absolutas como "o cliente tem sempre razão" ou "o ótimo é inimigo do bom" acabaram assumindo um papel de postulado absoluto e irretorquível no mundo dos negócios e são repetidas como se estivessem escritas nas tábuas da lei.

Nos capítulos seguintes vamos nos dedicar a rever alguns destes paradigmas que ainda norteiam as decisões empresariais. Precisamos questionar os conceitos arraigados dentro de cada um de nós e reavaliar sua importância e pertinência. Antes de subir nesse edifício pós-digital, precisamos construi-lo. E a única maneira de fazer isso é revisando os alicerces de nosso edifício anterior de crenças e postulados. Afinal, são eles que impedem nossa passagem para os novos tempos.

Tamanho é documento?

Uma visão significativa sempre antecede uma realização significativa.

Foi com um misto de alegria e preocupação que, do alto do seu Land Rover, o sujeito de meia-idade viu um carro sair de uma vaga bem pertinho da agência bancária que pretendia visitar. Analisou rapidamente a vaga. Era apertada para a dimensão de seu veículo, mas era a única que havia nas imediações. Assim, enquanto esperava o sinal abrir planejava quantas manobras teria de fazer para se encaixar naquele espaço. Era bom motorista e se orgulhava disso, mas o carro grande, pesado e de traseira quadrada não tinha sido projetado para esse tipo de situação. Sabia que interromperia o tráfego na via por alguns momentos, o pessoal ia reclamar, mas ele ia dar o seu jeito.

Enquanto pensava tudo isso, um Mini Cooper veio da outra rua aproveitando o sinal ainda verde para ele e, com apenas uma manobra e sem a menor cerimônia, ocupou a vaga. Quando o sinal abriu, o condutor do carro pequeno já estava dentro do banco, e o proprietário do SUV se viu diante do prejuízo – de tempo e combustível – de dar mais uma volta no quarteirão ou de simplesmente desistir da ida ao banco.

Antes, ser grande implicava em segurança e poder. Na era pós-digital isso mudou ou até se inverteu. Num mundo em que as coisas fluem com grande rapidez, mudando comportamentos e desenhando novos hábitos, a necessidade de se adaptar instantaneamente é indiscutível. Mas, para as organizações de grande porte, esse tipo de agilidade é difícil de conseguir.

Modelos de gestão intensamente verticalizados provocam processos decisórios atomizados e burocratizados e políticas internas que tolhem a criatividade. São chefias inseguras que engavetam projetos ousados, gerências subservientes, diretores vaidosos e negativistas, vice-presidentes acomodados e presidentes pouco questionadores, formando um círculo vicioso que impede a inovação e adaptabilidade de uma organização. Assim, quanto maior e mais hierarquizada for uma empresa, maior será o perigo.

O exemplo clássico é o naufrágio do Titanic, grande demais para desviar a tempo do iceberg. O comando até foi avisado de que o desastre aconteceria e fez o melhor que pode para evitá-lo, mas não houve tempo para que as manobras de mudança de curso fossem efetivas a ponto de evitar a tragédia.

Muitas empresas grandes perecem pelo mesmo motivo: até enxergam o problema, mas não conseguem agir rápido e desaparecem. Das empresas listadas pela revista *Fortune* entre as 500 maiores dos Estados Unidos em 1955, apenas 67, ou 13%, ainda existiam em 2011[1]. Fusões, aquisições, encolhimento e falência causaram o sumiço de diversas empresas[2]. Diante desse tipo de comparativo, o economista e professor da Universidade de Yale, Richard N. Foster[3], aponta em seu livro *Creative Destruction*[4] que, há meio século, a expectativa de vida de uma grande empresa era de 75 anos. Hoje é de 15 anos e continua a declinar. O problema é que o hábito de enxergar tamanho como solução ainda persiste. Na verdade, a era pós-digital trouxe a inversão dessa premissa: **a capacidade das empresas de adaptar processos para os novos tempos é tão maior quanto menor for sua estrutura.**

Todo mundo costuma celebrar o crescimento de uma empresa. Se um amigo tinha uma empresa que ocupava dois andares do prédio e agora passa a ter três, é sinal de maior faturamento e mais poder. Mas todas essas premissas estão baseadas numa realidade analógica. No mundo virtual é a agilidade que conta. Antes o tamanho ditava o poder e a capacidade da empresa. Nos dias atuais, ocorre o contrário: é o ritmo da empresa que determina seu alcance e valor de mercado.

Com apenas cinco anos de atividade e 55 empregados, o WhatsApp foi comprado por US$ 19 bilhões pelo Facebook em fevereiro de 2014[5]. Esse valor ultrapassa o valor de mercado de gigantes internacionais, como a fabricante de alumínio Alcoa[6], que está presente em 30 países, emprega 60 mil pessoas e tinha valor estimado em US$ 12,2 bilhões na mesma época.

Para quem acha que a falta de charme de produzir metais poderia explicar o valor menor da Alcoa em relação ao WhatsApp, uma análise do valor de outras empresas deixa clara mudança de dinâmica do cenário empresarial.

De acordo com o site da Nasdaq, na época da venda do WhatsApp, o valor de mercado da American Airlines, empresa aérea fundada em 1930, que tem a segunda maior malha aérea do planeta com quase 172 destinos operados, mais de 600 aeronaves e cerca de 60 mil funcionários, era de US$ 12,3 bilhões. Com 120 anos de história inspirando um estilo de vida único, a fabricante de motocicletas Harley-Davidson foi avaliada na mesma ocasião por US$ 14,1 bilhões. Símbolo de luxo, a joalheria Tiffany & Co, fundada em 1837 e presente em 22 países, estava na faixa dos US$ 11,4 bilhões, de acordo com a Nasdaq.

E não pensem os mais céticos que esse valor alcançado pelo WhatsApp seria o prenúncio de uma nova bolha da internet como aquela de 2001 que derrubou drasticamente o mercado de ações. Os volumes de capital investidos hoje nas empresas digitais, tanto em investimentos diretos quanto por meio de IPOs, não chegam nem à metade do que havia naquele período que tanto marcou o cenário econômico. Não se trata, portanto, de uma insanidade temporária que às vezes assola o mercado[7].

Para os analistas do setor, o que faz a fabricante de aplicativos valer tanto é sua capacidade de alcançar milhões de pessoas em apenas dois anos. O próprio Mark Zuckerberg disse isso dias depois de fechar o negócio durante um palestra no Mobile World Congress, em Barcelona, em fevereiro de 2014: "Quase meio bilhão de pessoas já adoram usar WhatsApp para mandar mensagens, e é o aplicativo que mais engajamento alcançou, de longe, no mobile"[8]. Com apenas 55 funcionários, a empresa WhatsApp atende a quase 500 milhões de usuários a partir de sua sede na cidade californiana de Mountain View que, com 74 mil habitantes, é considerada uma das maiores do Vale do Silício (fica a apenas 15 minutos de Palo Alto) e abriga a sede ou escritórios de empresas como Google, Yahoo!, Mozilla e várias divisões da Microsoft.

Esse é um exemplo radical da nova era no mundo dos negócios. Vale notar que a relação entre a rapidez da empresa em reagir aos estímulos do mercado costuma ser inversamente proporcional a seu tamanho. A explicação para isso tem a ver com o fato de que, em uma empresa pequena, quem decide está mais próximo dos clientes e da área de pesquisa e desenvolvimento. Há menos níveis hierárquicos, e o núcleo da empresa está mais próximo das suas bordas. Conforme a empresa vai se expandindo e inchando, o centro decisório vai se afastando dos clientes.

Algumas empresas tentam reduzir essa distância. Nos anos 1990, quando a companhia aérea brasileira TAM teve seu mais acelerado crescimento – passou a operar nacionalmente a partir de 1996 –, seu fundador, o comandante Rolim Amaro, criou uma linha direta para permitir que os passageiros pudessem dizer o que pensavam dos serviços da companhia. Outro hábito dele e dos executivos do alto escalão da empresa era ir para o aeroporto, na área de check-in, nas salas de embarque ou na porta das aeronaves para conversar diretamente com os viajantes. Essa era um tentativa clara de encurtar esse espaço entre o núcleo da empresa e o mercado.

Mas a disseminação da internet mudou totalmente a relação entre o tamanho de uma empresa e seu alcance e passou a permitir que empresas de todos os tamanhos tenham a mesma oportunidade no ciberespaço.

Por exemplo, na virada do milênio, se uma empresa quisesse vender seus produtos no exterior, teria de fazer um registro na Cacex (Carteira de Comércio Exterior do Banco do Brasil), ir a feiras e exposições para conseguir representantes nos países em que desejasse atuar, fazer ações de relações públicas, contatos com a imprensa, enfim, fazer um grande investimento de tempo e recursos para chegar a outros mercados. Quando tudo isso dava certo, o pedido de um grande varejista era feito, e a empresa se via com problemas para atender à quantidade demandada pois para isso teria que fazer um grande aporte de capital.

A internet trouxe outras possibilidades para quem quer vender internacionalmente. **O mundo pós-digital deu às pequenas empresas um alcance inédito na história do capitalismo industrial.**

Nesse milênio, um casal de empreendedores e uma equipe de apenas cinco costureiras consegue produzir e vender biquínis para 70 países por meio de pedidos pela internet, fabricando e comercializando tudo de casa. Cria um site em inglês, gera links patrocinados no Google, envia os pedidos por Sedex diretamente aos compradores e está competindo com outras empresas estabelecidas no mundo inteiro. Como os pedidos são feitos no varejo, é possível organizar o processo produtivo e crescer (ou não) de forma orgânica, sem a necessidade de saltos (ou sobressaltos) muito grandes. Isso sem falar no aumento da lucratividade, porque não há ganhos dos distribuidores ou intermediários.

O que se vê hoje é um enorme questionamento sobre a dimensão das empresas sob a luz das teorias de Ronald Coase[9], ganhador do prêmio Nobel de Economia em 1991, que tratam dos fenômenos de custos decrescentes de transação. Para Coase, em seu famoso postulado "A Natureza da Firma", as empresas foram criadas para reduzir os custos de transação. Se as empresas não existissem e alguém quisesse comprar uma mesa, por exemplo, gastaria um enorme volume de tempo e dinheiro em negociações individualizadas com fornecedores de pregos, madeira, o artesão, o transportador etc. Em vez disso, a empresa provê o produto final com custos decrescentes de transação por meio da centralização desses ofícios. E, quanto maior a firma, menor seria o custo de transação. Mas, hoje em dia, estamos assistindo a uma revolução da logística e distribuição graças ao universo criado pela internet, que permite transações cada vez mais rápidas e baratas independente da dimensão das empresas envolvidas. Isso coloca novas luzes na questão da dimensão empresarial e vai exigir de todos nós uma revisão completa do paradigma de que tamanho é documento.

Convém ressaltar, também, que a mudança não ocorreu só no setor industrial. Na área de mídia, só havia um caminho para criar uma rádio: obter uma concessão pública. Depois disso, era investir em equipamentos caros como transmissores, antenas, gaiola de Faraday. Depois de tudo pronto, o concessionário ficava circunscrito ao alcance do sinal. Hoje, em alguns cliques é possível criar uma rádio na internet que fala com o mundo inteiro. O criador só entra com a competência de gerar conteúdo suficientemente interessante para atrair o internauta ou ouvinte.

Ao quebrar o paradigma de que tamanho é documento, o gestor é obrigado a deixar de usar a limitação tangível e física como álibi para sua falta de visão. Na era pós-digital, basta ter algo diferente, original e relevante para vender. A qualquer um é possível ganhar o mundo.

Com mais de 300 clientes espalhados pelo planeta, o designer egípcio Karim Rashid[10], nascido em 1960, é um exemplo do alcance que é possível ter no mundo pós-digital. Entre seus clientes há empresas tão diferentes quanto Coca-Cola e Veuve Clicquot, Disney e Estée Lauder, Cristofle e Melissa, e a lista de prêmios que seus trabalhos conquistam todos os anos é impressionante. Tudo isso, entretanto, é feito de um escritório em Nova York onde trabalham menos de 20 pessoas. "Envolvo-me pessoalmente com os projetos que desenvolvo. O bom design reúne muitos elementos – tanto objetivos, como função e material, como subjetivos como estética, beleza, fluidez – e para chegar a ele tenho que me sentir em contato com o fabricante e com público a que se destina", contou o designer em uma entrevista recente.

"Devemos estar conscientes e sintonizados com o mundo neste momento. Se a natureza humana é viver no passado, mudar o mundo é mudar a natureza humana", diz Rashid, que defende a atualidade em todos os aspectos e por isso se tornou uma espécie de pop star do design com alcance planetário.

Mas, a beleza da era pós-digital é que a empresa de Rashid poderia estar sediada em qualquer outro lugar do planeta e ser igualmente bem-sucedida. Se, em vez de Manhattan, o designer optasse por estabelecer a sede de sua empresa na ilha de Guam ou em Bora

Bora, o impacto do seu trabalho seria exatamente o mesmo; a procura por seus clientes continuaria igual e sua rotina de trabalho não mudaria muito. Isso porque a era pós-digital libertou os empresários das amarras da geografia. A tradicional interpretação dos versos "If you can make it there, you can make it anywhere", da canção *New York, New York,* que se tornou um hino na voz de Frank Sinatra, ganhou um novo significado.

Se antes vencer na cidade grande permitia que automaticamente alguém se tornasse vencedor em qualquer lugar, hoje, com a era pós-digital, é possível vencer em escala global partindo de qualquer lugar.

Não existem mais cidades ou cidadãos de segunda classe. O que existe é a vitória das boas propostas, da criatividade e da eficiência. Estar em uma grande cidade ou numa pequena comunidade do interior não determina mais os limites do potencial de mercado. Alguém no interior do Piauí ou em Londres tem a mesma capacidade competitiva no que se refere a acesso ou alcance de seu produto – o que faz diferença é a visão, o conhecimento e a ambição. As velhas regras já não mais se aplicam nesses novos tempos.

Por milênios, desde os tempos dos romanos, o promontório conhecido como Cabo Finisterra, no extremo da região da Galícia, na Espanha, foi considerado exatamente o fim do mundo. Para sinalizar isso, os romanos construíram lá a Torre de Hércules, considerado o único farol da era dos imperadores ainda em funcionamento – obviamente reformado constantemente ao longo dos milênios. É um local impressionante pela sensação de isolamento que se tem ao chegar lá e que tive a oportunidade de visitar quando percorri o Caminho de Santiago há alguns anos. Em volta desse acidente geográfico, se desenvolveu La Coruña. Hoje com 260 mil habitantes, a cidade passou séculos na lista dos locais mais improváveis no planeta para prosperar. Durante praticamente todo o século 20, os galegos saíram de sua terra natal para tentar a vida em outros lugares. Hoje, no entanto, La Coruña é a sede da Inditex, a maior empresa do setor de vestuário no mundo e dona da marca Zara, além de outras sete.

Fundada nesse "fim de mundo" em 1975, a Zara[11] se desenvolveu sobre uma série de conceitos extremamente alinhados com o que hoje sabemos ser a era pós-digital. A despeito de sua localização distante dos centros brilhantes do mundo da moda, a empresa foi adiante graças a um sistema produtivo ágil e descentralizado e sempre muito ligado nos desejos da consumidora. Em menos de trinta anos, a empresa se tornou líder mundial em varejo de roupas. E, mesmo depois de ter dominado o planeta, Amancio Ortega, fundador da Zara, decidiu continuar morando em sua cidade de origem e manteve a sede em La Coruña. Em 2012, 2013 e 2014, a fortuna pessoal de Ortega, que tem 60% das ações da Inditex, o coloca na posição de terceiro homem mais rico (atrás de Bill Gates e Carlos Slim Helu), com patrimônio de US$ 63,5 bilhões, segundo a revista *Forbes*[12].

Hoje, vemos a Zara como uma gigante, mas é preciso lembrar que ela nasceu do zero – Ortega mandava as primeira peças serem costuradas na casa da sogra e de outras costureiras amigas dela antes de montar uma fábrica – e só se sustentou porque sua forma de operar foi na contramão de muito do que o mercado preconizava. Enquanto boa parte das grandes em varejo mandam suas coleções para serem costuradas na Ásia, Ortega não quis perder tempo com a viagem e produzia em sua cidade natal para poder chegar primeiro às clientes. A estratégia da agilidade compensou sua falta de tamanho no começo e hoje seu desafio é manter a agilidade a despeito do tamanho global.

Hoje o mercado é o mundo. O que determina o tamanho de sua organização é o tamanho de sua ambição e de sua

visão. Nada mais. Um bom exemplo nacional de gestor com visão mais abrangente que a dos demais profissionais do mercado potencial ao seu redor é o mineiro Tallis Gomes: com menos de 25 anos foi o criador da empresa Easy Taxi que, por meio de um aplicativo, facilita a conexão entre motoristas e passageiros de taxi. Tallis começou a trabalhar vendendo celulares em pequenas cidades de Minas Gerais. Após duas ou três rápidas incursões empreendedoras, lançou a nova empresa no mercado do Rio de Janeiro, mas já com ambição global, logo depois de ganhar uma competição entre *startups*[13]. A Easy Taxi teve início em 2011 e se expandiu para 162 cidades de 30 países, onde opera com mais de 120 mil taxistas. Para fazer frente a essa expansão, Tallis recebeu aportes de fundos internacionais acima de R$ 65 milhões. Essa é mais uma prova de que tamanho não é documento, de que o mundo digital abre novas perspectivas aos empreendedores e permite a cada um de nós pensar grande, independente de nossa origem, região ou volume de capital disponível.

O filósofo holandês Fred Polak, conhecido por sua principal obra *A Imagem do Futuro*[14], dedicou grande parte de sua vida ao estudo da imaginação como determinante do futuro. Entre suas inúmeras contribuições no campo da gestão empresarial e administração pública, desenvolveu um estudo minucioso sobre a importância da visão na determinação do destino dos povos. Para isso, Polak estudou todas as grandes civilizações que dominaram o mundo desde os egípcios, passando pela Grécia, por Roma, pela época dos grandes navegadores, pelo império britânico e até pelos Estados Unidos para buscar uma verdade sobre a hegemonia das culturas e o poderio resultante.

O que ele procurava descobrir era: um país ficava grande e dominante porque seu povo tinha uma visão grandiosa de si mesmo ou, ao contrário, o povo passava a ter essa visão por causa do crescimento do país? A grande questão era se uma visão significativa determinava uma realização significativa ou vice-versa. E em suas considerações desse estudo, Polak concluiu que a visão vinha sempre antes. O resultado era que nações que pensavam grande e tinham uma visão positiva de seu futuro ficaram grandes e nunca o contrário. Por isso, a visão era como o estandarte que seguia na frente das tropas, era ela que definia a motivação e a determinação para a vitória.

Se levarmos esse aprendizado para o mundo corporativo, podemos afirmar que o que importa não é o tamanho da empresa e sim o tamanho da visão. É a nossa capacidade de antever o resultado que acaba, de alguma maneira, contribuindo para que ele aconteça. Em resumo, contrariando a máxima de São Tomé, na gestão de negócios, é preciso crer para ver. E num mundo pós-digital, onde não existem mais barreiras de tamanho da empresa ou do mercado, onde companhias de qualquer tamanho disputam a atenção dos consumidores em pé de igualdade, visão é o que faz a diferença entre o Circo Garcia e o Cirque du Soleil. Ambos são circos, têm palhaços, trabalham debaixo de uma lona, mas são muito diferentes tanto na performance quanto no resultado e capacidade de evoluir através dos tempos.

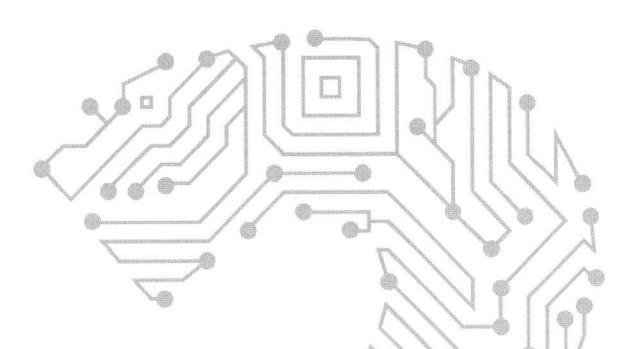

O cliente tem sempre razão?

Cliente não sabe mais o que quer porque não sabe mais o que pode querer.

Era um bistrô simpático em uma concorrida cidade turística no sul da França – daqueles que aparecem nos filmes. Sentar-se lá e assistir o mundo passar na rua de paralelepípedos está entre os grandes prazeres possíveis nesse planeta para quem se diverte em observar as pessoas. Basta abrir os olhos para ver romance, comédia, drama e até uma certa dose de suspense.

Um casal com forte sotaque americano em uma mesa próxima começa a fazer o seu pedido. Como nenhum dos dois entendia uma palavra sequer do menu escrito em francês, resolveram pedir o que lhes deu na cabeça. Em algum momento, foi mencionado molho de salada estilo *ranch*. O garçon foi categórico ao dizer que só serviam o que estava no menu e que não faziam substituições. Com isso, praticamente sugeriu aos clientes que fossem embora dali. Ao mesmo tempo, o *maître* dispensava um grupo que não havia feito reserva e que tinha chegado perto da hora de fechamento.

Na França, donos de restaurante e chefs de cozinha acreditam que a grande maioria dos turistas não conhece a culinária do país, que seus pedidos de alterações descaracterizam os pratos e são um desrespeito à cultura gastronômica e, portanto, à identidade nacional. O que em outros lugares é uma prerrogativa do freguês, na terra de Auguste Escoffier, pai da gastronomia moderna, e Paul Bocuse, um de seus evangelistas, é uma ofensa equivalente a tentar mudar a letra da *Marselhesa* e tocá-la em ritmo de funk. Lá, eles sabem que o cliente não sabe o que quer.

Por mais irritante que esse tipo de atitude possa ser, não há como negar que eles estão certos. **Na grande maioria das vezes, os clientes não sabem o que desejam simplesmente por ignorarem o que esse produto ou serviço desconhecido pode fazer por eles.** Por isso, em vez de preparar *T-bones* com purê de batata para agradar aos clientes, os bistrôs preferem seguir propondo suas *coquilles* Saint-Jacques, seus *escargots* e seus *magrets* de *canard* para divulgar a cultura gastronômica francesa.

Eles sabem que o cliente não sabe o que quer e, a despeito de um certo mau humor, insistem em mostrar aos ignorantes seus produtos e suas variantes, em catequizar paladares ainda muito limitados, em tentar aumentar a paleta de sensações gustativas das pessoas. Tudo isso acontece a partir da consciência de que o cliente não tem razão porque não tem informação. E, em um mundo em que tudo muda muito rápido, isso é ainda mais verdade.

Entretanto, de todas as situações em que um cliente pode exercer sua prerrogativa de não ter razão, as pesquisas de intenção de compra são as que oferecem maior risco. Para começo de conversa, pesquisa geralmente parte da noção da realidade atual e tem pouca chance de oferecer boas alternativas de resposta para cenários futuros. Em sua grande maioria trabalham com o "ser", e não com o "pode ser".

Henry Ford dizia que se tivesse perguntado para as pessoas o que queriam, a resposta seria: cavalos mais rápidos. Se ele seguisse esse pedido, hoje teríamos cavalos correndo a 400 km/h e comendo apenas 1 kg de feno por ano e isso seria considerado alta tecnologia . O fato é que, quando se trabalha com inovação, não dá para questionar quem não sabe que aquilo é possível ou que utilidade pode ter.

Um exemplo recente é o iPad. Para quem já tinha um laptop e um celular, o produto poderia soar redundante. Hoje, muita gente que jurou que o equipamento era irrelevante admite considerá-lo indispensável. Em termos de usos recreativos e educacionais, o tablet traz agilidade, conforto e ludicidade para a relação com o equipamento. O iPad está para o laptop como a raposa está para o cão. É da mesma família, mas muito mais leve e ágil. Só que antes de ter a experiência com o equipamento, o consumidor não tem condições de avaliar a novidade.

Na verdade, os equipamentos da era pós-digital acabam tendo suas funções ampliadas pelo uso que seus proprietários pós-digitais dão a eles. A proposta do fabricante é apenas o começo. Esse roteiro percorrido pelo iPad não é exceção. Na verdade, é a nova regra. Hoje é melhor surpreender o público com uma inovação criada por uma equipe que pensa a evolução do que ir em busca de desejos difusos revelados por pesquisas que não têm como trazer resultados suficientemente claros para orientar lançamentos. Muitas pesquisas demonstram rejeição a novidades, não porque as propostas sejam ruins, mas porque o consumidor já está exausto de tantas opções. Além disso, ter de aprender novas formas de manuseio e gestão de mais um equipamento apavora.

Quando o sujeito acorda cedo e descobre que a despensa e a geladeira estão desfalcadas, a solução é correr para o supermercado e comprar itens para o café da manhã da família. Diante da gôndola em que estão expostos os tipos de café começa o sufoco: forte, extraforte, suave, gourmet, descafeinado, brasileiro, colombiano, com sabor, embalado a vácuo, em sachês e instantâneo. Na hora de comprar o leite, as questões continuam: integral, semidesnatado, desnatado, sem lactose, em caixinha, em pó, em garrafas de vidro em estilo retrô. Na hora da manteiga, com sal ou sem sal – ufa! Essa foi fácil. Mas tem a francesa, a artesanal, a tradicional. O momento do iogurte gera maior tensão: integral, desnatado, com sabor, sem sabor, tradicional ou grego, enriquecido com vitaminas, com agente biológicos ativos, tamanho individual, potes para família ou bandejinhas com seis unidades. Enfim, quando a pessoa senta à mesa, já desbravou uma selva de opções e tomou dezenas de decisões de consumo literalmente antes do café da manhã.

Uma coisa é clara: todo o esforço das marcas e empresas oferecendo cada vez mais formatos, modelos, quantidades e opções de sabor, textura, embalagem e ingredientes está gerando nos consumidores uma síndrome perversa conhecida como Paradoxo da Escolha[15]. Esse problema, identificado pelo psicólogo Barry Schwartz[16] em seu livro de mesmo nome, tem sido um grande desafio para as empresas que se guiam pela busca incessante de satisfazer o consumidor, ofertando cada vez mais opções.

Segundo ele, o crescimento assustador do universo de escolhas tornou-se, paradoxalmente, um problema e não uma solução. Apesar de teoricamente a multiplicidade de variáveis melhorar nossa qualidade de vida, as escolhas inteligentes se tornam cada vez mais difíceis e exigem muito de nós. Isso acaba se tornando mais agudo por duas outras incógnitas da mesma equação: a propaganda e o ponto de venda. Por isso, hoje nossos clientes são muito mais informados, exigentes, apressados... e muito mais inseguros! Os consumidores estão perdidos numa espécie de Triângulo das Bermudas formado por três vértices perversos que se autoalimentam: propaganda minimalista, produtos variados e varejo cada vez mais no modelo autosserviço.

Primeiramente, a propaganda atual é, em sua grande maioria, minimalista. Pode ser impactante, criativa e esteticamente refinada, mas não se preocupa em esclarecer características e atributos dos produtos. O intuito dessas mensagens publicitárias é somente reforçar a marca e gerar desejo ao mexer com o senso estético e aspiracional do consumidor, maravilhando-o com sua criatividade e ineditismo de abordagem. Não há, na propaganda minimalista, preocupação didática que auxilie o consumidor na compreensão das vantagens diferenciais daquele produto, das qualidades de seus ingredientes ou das opções de uso.

Um exemplo clássico desse tipo de minimalismo foi a campanha de lançamento do iPod em 2003, que consistia em silhuetas em preto dançando em frente a fundos de cores vibrantes e com o aparelho em branco. O texto piscava em telas coloridas. Num frame, o nome do aparelho, no outro apenas "Mac or PC". Não explicou que o aparelho funcionava com um botão único nem detalhes dos sistemas de downloads de música, apenas falou da compatibilidade do aparelho, informação fundamental àquela altura. Coerente com seu tempo, a comunicação desse lançamento foi um marco. Mas, um lançamento atual como as Smartbands, da Sony, ou o Google Glass exigem explicações mais detalhadas. E se formos para outras áreas de consumo, como cosméticos ou alimentos, a obsessão pela formação de imagem de marca e a pouca atenção aos aspectos didáticos ou explicativos persiste. **Partimos do princípio que nossa missão na comunicação é marcar presença e gerar impacto, cabendo ao consumidor o trabalho de descobrir qual a razão de nossa existência.**

O segundo vértice desse triângulo é a crescente quantidade de opções oferecidas por cada marca ou produto, com características muitas vezes ininteligíveis e tecnologias inovadoras que ainda são um mistério para o consumidor. Para muita gente, a diferença entre um liquidificador e um processador permanece uma charada, por exemplo.

Diferenças mais sutis, como aquelas entre modelos de um mesmo aparelho também ficam nebulosas para simples mortais. E duvido que alguém seja capaz de identificar as qualidades e principais atributos de cada substância exibida nos frascos de shampoo: urucum, cupuaçu, açaí, oliva, café verde, óleo de argan, óleo de abacate, verbena, aloe vera, ômega 3, oxiredux, fosfolipídeos, creatina, queratina, silício, ceramida, polímero de celulose, proteína de trigo e mais, muito mais.

Isso sem contar com a criatividade dos gerentes de produto que decidem inovar na embalagem e lançam toda uma linha com nomes exóticos para desespero dos consumidores que buscam apenas e simplesmente um shampoo para cabelos oleosos: citric fresh, guaraná active, anti sponge, camadas destacadas, ondas definidas, cachos comportados, liso extremo e liso perfeito. Ou seja, está cada vez mais difícil optar, por mais que o consumidor se esforce em fazer uma compra inteligente. Há, ainda, outros fabricantes que, munidos de criatividade desprovida de nexo aparente, criam conceitos que fundem a cabeça de qualquer um. Um bom exemplo disso é a linha de azeites de oliva que apresentam em sua embalagem como diferencial de produto a frase: "colheita ao luar", significando que as azeitonas foram colhidas durante a noite e isso interfere no produto final. Pode ser que tecnicamente até faça sentido, mas deveria vir com um curso sobre propriedades organolépticas na compra de cada lata de azeite. **Para nós, pobres mortais, fica sempre a dúvida se o que adquirimos era o mais adequado para nossas necessidades.**

No campo dos produtos eletrônicos não é diferente. Hoje, na internet, é possível encontrar dezenas de comparativos entre modelos de iPhone, derivados justamente da confusão que as novidades provocam nos consumidores. Se não houvesse a variável de custo, certamente as pessoas simplesmente comprariam o mais completo, mas diante da realidade orçamentária de cada um, a opção tem de ser feita de acordo com a utilidade de cada função, e é nesse ponto que a consultoria especializada se faz necessária. Mas isso não ocorre somente com bens duráveis ou de complexidade tecnológica.

E aí vem o terceiro ponto de *agravamento* do fenômeno, o autosserviço. Nesse tipo de varejo, a pessoa está cada vez mais sozinha na hora da compra. A única relação que o comprador tem é com a embalagem do produto e a única interação humana é na hora de passar no caixa. É muito pouco para tomar uma decisão importante. Levar um produto para casa representa o início de uma relação com ele. Não aproveitá-lo não é sustentável.

O varejo de autosserviço tem o grande mérito de deixar o consumidor à vontade em seu processo de escolha, oferecendo inúmeras alternativas e múltiplas opções. Só que toda a cadeia de marketing anterior ao ato da compra tem sido pobre em informações que efetivamente auxiliem o comprador a tomar uma decisão. Hoje, tudo é mais complexo, múltiplo e variado, exigindo um conhecimento ou experiência de consumo que a grande maioria não possui. O resultado dessa baixa preocupação da cadeia de marketing com o esforço didático de ajudar os consumidores no processo de decisão gera um fenômeno crescente e preocupante: a transferência da influência decisorial das marcas para os amigos do Facebook.

A combinação desses três eixos de incerteza – uma propaganda que informa pouco, a ampliação das opções de formatos, funções, modelos e ingredientes dos produtos e um ponto de venda sem interação – provoca a substituição da missão do marketing das empresas pelo amigo das redes sociais. É ele que acaba indicando que produto comprar, para onde vale a pena viajar, em que restaurante comer. **Os profissionais de marketing estão entregando para os contatos virtuais o comando de uma missão consultiva que é parte fundamental de seu trabalho.**

Um terráqueo que porventura deseje comprar uma impressora passa por um verdadeiro calvário de ignorância e insegurança. Tudo começa no anúncio de revista que mostra a foto de uma linda mulher jogando tinta numa parede. Embaixo, um slogan vago do tipo "toda a energia das cores".

Sem ter aprendido nada com o anúncio, o interessado vai até a loja e pergunta sobre impressoras ao vendedor que, solícito, indica uma prateleira com dezenas de opções. O material impresso na gôndola oferece informações que são inteligíveis apenas ao iniciados, como quantidade de DPIs, opções de cabos e entradas wireless, cartuchos multivariáveis ou jato de tinta etc. Isso tudo vai dando um certo desespero no consumidor, porque a propaganda não o informou, há cada vez mais opções e o ponto de venda multiplica a quantidade de decisões que precisam ser tomadas. A dúvida persiste e, nas várias etapas do caminho, ninguém ofereceu um insight sequer.

O vendedor, o fabricante, o anunciante, todos têm o dever de cumprir sua missão consultiva. Afinal, tal qual uma criança, o consumidor só começa a ter capacidade de decisão ou a raciocinar sobre um produto quando tem informações sobre ele. Como vai saber o que esperar e, principalmente, desenvolver sua capacidade de optar por esta ou aquela marca, este ou aquele modelo, formato, função, se não tem informação alguma para isso? Na ignorância, nunca terá plena segurança de sua decisão de compra. E apelará para seus amigos na recomendação do que comprar.

Por causa de toda essa insegurança, precisamos voltar ao que éramos antes da propaganda de massa minimalista. Voltar ao tempo em que as pessoas tinham um diálogo direto e *insightful* com quem produzia o produto. Quando entravam no sapateiro tinham uma conversa com o artesão sobre o tipo de sapato que precisavam, o modelo que mais gostavam, o tipo de couro mais adequado etc. Hoje o diálogo foi substituído pelo monólogo, a parceria, pelo isolamento, e a certeza, pela dúvida.

Vai ser preciso recuperar alguns elos perdidos pelo caminho do consumo. No começo do século 20, a propaganda era didática. Explicava o que era o produto, quais eram seus diferenciais, como atuava, como e quando deveria ser utilizado. Tudo vinha explicado. Muitas vezes, havia desenhos ensinando o modo de usar, quadro a quadro como em um gibi.

Na loja de produtos eletrônicos, se o atendente tivesse perguntado ao comprador se a impressora era para uso na empresa ou em casa, se usaria mais cores ou PB e se o lugar em que ficaria a máquina era grande ou pequeno, seria mais fácil reduzir o número de opções entre as 50. Assim, a compra se efetivaria com mais segurança, e o índice de satisfação do cliente seria infinitamente maior.

Entre os mais claros exemplos de omissão por parte das grandes corporações estão os tutoriais de maquiagem na internet. Muitos são produzidos por adolescentes que se esmeram em repetir o que veem nas revistas com os produtos que estão no mercado e em dividir seu conhecimento com outras pessoas. Muitas vezes, desse tipo de experimentação, surgem novas formas de aplicar os produtos. O interessante é que nem mesmo os milhões gastos pelas gigantes dos cosméticos em pesquisas foram capazes de antecipar esse movimento, típico da era pós-digital. Nos tempos em que a tecnologia é ubíqua, qualquer espaço deixado em aberto acaba sendo preenchido. As consumidoras não pediram tutoriais, mas abraçaram essa proposta com entusiasmo quando partiu de outras consumidoras.

Nessa relação, os fabricantes foram reduzidos ao papel de figurantes, a despeito de investirem enormes montantes em pesquisa e desenvolvimento, em campanhas publicitárias com lindos anúncios e no relacionamento com a imprensa especializada. O esquecimento de ensinar a consumidora como usar um produto custou o protagonismo na relação com as internautas. Na verdade, essa ponta ficou solta porque as empresas ainda não entenderam que, na era pós-digital, marcas têm de assumir um papel didático. Em períodos de grandes mudanças, pessoas têm dificuldade de saber o que querem porque não sabem o que podem querer.

A imprensa especializada que, por definição, deveria sempre buscar inovação, também falha por apego a seus velhos rituais editoriais. Mostram tendências de moda e lançamentos em páginas lindamente diagramadas, mas ignoram o fato de que o público pós-digital exige interatividade e deixam de mostrar como utilizar as novidades. Aí, meninas de 16 anos explicam tudo em seus tutoriais, atuando como consultoras, e se tornam formadoras de opinião sobre os produtos, roubando a cena.

A propaganda nasceu para facilitar e encorajar as decisões de consumo, mas acabou evoluindo e alterando sua missão para gerar influência perceptual e formação de imagem. Isso não seria um problema se não houvesse tanto desconhecimento entre público e produtos. Há gente nova entrando nos diferentes nichos de mercado e produtos novos sendo lançados o tempo todo, ou seja, há sempre um déficit de informação.

Por exemplo, um bebê nasceu em uma família que sabia tudo sobre vinhos, queijos finos, carnes, produtos de beleza e limpeza, mas ninguém sabia como funcionam as fraldas, os bicos de mamadeira e as loções. Recorrer à vovó não resolve porque antigamente não existiam fraldas com *flocgel*. A única fonte de informação para essas pessoas é a comunicação institucional via embalagem ou publicidade. Para fazer o trabalho junto ao consumidor não é possível ser lacônico.

Nos mercados emergentes há milhões de pessoas ganhando melhor e consumindo mais, que estão fazendo upgrades em seus padrões de consumo. Hoje temos 40 milhões de novos consumidores no Brasil. Países como Rússia, Índia, China, África do Sul e outros emergentes vivem o mesmo fenômeno. Só que, em escala mundial, podemos perceber consumidores perdidos, sem receber apoio didático algum. Na verdade, todos os consumidores estão desinformados porque os produtos evoluem e ninguém consegue se manter atualizado.

A publicidade se desviou do rumo de consultora porque houve uma época em que os produtos eram muito parecidos entre si, quando não eram simplesmente idênticos. Assim, na disputa pelo consumidor, só a marca fazia diferença e era isso o que tinha que aparecer na propaganda. Não foi errado, foi o que a realidade da época exigia. Isso perdurou por 30 anos e durante esse tempo fazia sentido. As pesquisas de *top of mind* eram esperadas com sofreguidão pelo mercado, porque era o que, de fato, importava naquele ponto. Afinal, eram os mesmos consumidores e os mesmos produtos. Quando houve a explosão no número de consumidores e nas variações dos produtos, a necessidade de informar reapareceu.

Essa função de consultor pode ser exercida pelo contato pessoal da força de vendas, pela propaganda, pela embalagem, pelo site na internet, pelas redes sociais, por meio de *advertorials, documercials* e até pelo roteiro de um curta inserido no YouTube. As oportunidades existem, apenas falta atitude para aproveitá-las.

Tradicionalmente se dizia que é no ponto de venda que 80% das decisões de compra são tomadas. Hoje, isso mudou porque o consumidor pós-digital pesquisa modelos e preços na internet antes de entrar na loja. No entanto, quando busca o atendimento presencial, ele quer que isso faça diferença. Por isso, a força de vendas tem de ser treinada para fazer as perguntas certas e conduzir o cliente ao produto que vai lhe satisfazer. Nas lojas, até a disposição do mostruário deve seguir essa lógica, agrupando os modelos de produtos de acordo com funções e características comuns. Dar ao consumidor a possibilidade de manuseio, descrever as habilidades de cada produto e fazer a comparação entre similares, ou seja, uma missão consultiva bem-realizada, dá ao comprador mais convicção na compra.

Mas os recursos da era pós-digital, quando bem-aproveitados, permitem que o consumidor obtenha a consultoria necessária sem uma interface presencial. Geralmente a descoberta sobre um produto inovador se dá por meio de uma mensagem publicitária. Um belo dia, a pessoa está vendo TV e, *bam!*, assiste um comercial que mostra um celular com uma câmera ultrapoderosa, que tira fotos até debaixo da água, literalmente. O comercial mostra como isso funciona e instiga o espectador a virar internauta e procurar informação sobre o modelo na internet.

Ao explorar o site da marca, descobre mais detalhes, funções e interfaces, inclusive que o celular pode se comunicar com uma pulseira que registra movimentos e faz um diário de atividades. Mas, confiar apenas no que diz o fabricante é um pouco arriscado. Afinal, atualizando o ditado das vovós, a internet aceita tudo. Então, o caminho é procurar nas redes sociais o que outros consumidores estão dizendo sobre o produto, saber prós e contras, obter dicas de funcionamento, conhecer os problemas de manutenção e agilidade do conserto em caso de quebra. Enfim, consultar quem já experimentou o produto.

Inconformado e ainda incerto sobre a necessidade de investir em um novo *gadget*, ele liga para o serviço de atendimento telefônico da fabricante para saber mais. No final do atendimento, depois de várias dúvidas discutidas, sente a necessidade de tocar no equipamento e vai para a loja ver com os próprios olhos a definição da tela, sentir se o tamanho é confortável e compará-lo com outros da mesma categoria.

Ao longo do processo, o consumidor exigiu informação e, a cada novo dado, outras perguntas surgiam. Durante todo o processo, a missão consultiva uniu fabricante, agência de publicidade, redes sociais e varejista no processo de concretizar a venda do aparelho. Essa é uma situação típica de cliente que sabe que quer comprar algo especial, mas que não sabe exatamente descrever o que quer. Ele espera ser informado, surpreendido, esclarecido e ensinado sobre o que fazer com essa inovação. Ele não demanda, interage. Sua exigência é no campo da informação, da consultoria. Mas a boa notícia é que, na era pós-digital, a missão consultiva pode ser exercida a custos otimizados.

Para Patrick Trucker, author de *The Naked Future*[17], a adequação na interação entre as pessoas tende a evoluir positivamente na próxima década. "Quando o custo de coletar informação em cada interação cair a zero, os insights que teremos da nossa atividade vão alterar a forma que nos relacionamos com outras pessoas, com instituições e o próprio futuro. Nós nos tornaremos muito mais conscientes das consequências de nossas ações e adaptaremos nosso comportamento de forma mais rápida e inteligente", afirmou em suas previsões para 2025 numa pesquisa realizada pelo Pew Research Center.

Uma forma de imaginar esse futuro próximo é mostrada na cena do filme *Minority Report* em que o personagem de Tom Cruise entra em um loja de roupas e é reconhecido pelo scanner. A partir desse reconhecimento, passa a existir uma relação direta, individualizada e consultiva com o cliente ou consumidor. Esse tipo de tecnologia que aparece no filme de 2002 – inspirado no conto homônimo de 1956 – está muito perto de nós e já é comum no mundo do e-commerce, que guarda detalhes sobre suas compras mais recentes e apresenta sugestões.

Os varejistas precisam se sintonizar com a era pós-digital para otimizar suas possibilidades de venda e garantir que suas portas continuarão abertas.

Clientes podem ser diferentes. Não importa a classe social ou o nível de formação do consumidor: a missão consultiva por parte das marcas deve ser prioritária. Os formatos podem mudar, os mercados e os produtos podem variar, mas a dedicação a essa missão precisa permear todas as nossas ações.

O segredo é a alma do negócio?

Nos sistemas colaborativos,
o todo é sempre maior que
a soma das partes.

A questão do logotipo era importante, estratégica e merecia total atenção. A criação da nova marca seria uma guinada radical naquele negócio. Para o dono da empresa, pessoa de grande conhecimento mas de reduzida visão, o assunto deveria ser tratado com discrição para a concorrência não tomar conhecimento. E, claro, precisava de uma agência de design para realizar o trabalho. Mas, na pequena cidade onde morava, não havia empresas de criação especializadas nesse ofício. Precisaria, então, contatar alguma agência distante, aguardar a visita desse profissional à sua cidade, passar o briefing e esperar várias semanas para receber as opções de ilustração e conceito. Havia, ainda, a questão do preço e o baixo valor alocado no orçamento para essa despesa.

Preocupado com a distância do fornecedor, os custos extras de deslocamento e a demora na finalização do trabalho, o gestor resolveu escutar a sugestão exótica de um dos jovens do escritório e tentar uma solução diferente: utilizar uma rede colaborativa virtual internacional que permitia a qualquer interessado colocar seu briefing na internet, definir o valor que estava disposto a pagar e aguardar que um profissional, que poderia estar em qualquer parte do mundo, aceitasse fazer aquele trabalho, criando a marca e seu desenvolvimento pictórico. O processo foi simples: escreveu o resumo do que precisava num formulário, definiu o valor que pagaria caso aprovasse o trabalho e apertou o *send*.

Dias depois, dezenas, centenas de opções de marca chegavam a seu computador. Eram enviadas por artistas, estudantes e diretores de arte de países tão distantes quanto Singapura e Dinamarca, mas também havia muito material enviado da Argentina e de várias cidades mais próximas do Brasil. Foi até difícil escolher pela quantidade de opções. Além dos vários materiais que não pareciam adequados para atender àquele desafio, havia coisas muito boas, grandes sacadas, belos traços, sugestões inusitadas de nomes e uma qualidade criativa muito razoável.

Quem enviava tinha dedicado tempo para aquela tarefa específica em busca da remuneração, ou então eram pessoas que exercitavam sua criatividade com o objetivo de criar seu portfólio. Mas a grande maioria era de profissionais que já haviam criado, em algum lugar do mundo, marcas para aquele tipo de empresa. E das dezenas que haviam desenvolvido, apenas uma ou outra foi aproveitada em seu país de origem. O resto estava lá esquecido no fundo da gaveta ou do HD do computador. Foi só resgatar e enviar para tentar ganhar o dinheiro oferecido e reciclar aquelas ideias. O custo foi uma fração do orçamento inicial. Nesse momento, o dono da empresa percebeu que o modo de construir relações entre empresas tinha mudado e que as velhas fórmulas cheias de segredos e rituais tradicionais haviam se transformado em redes colaborativas em que a criatividade e a agilidade acabavam se tornando a verdadeira alma do negócio.

Na era pós-digital, a sociedade em rede acabou criando um novo tipo de inteligência, também em rede, chamado *exteligência*. A inteligência está dentro das nossas cabeças, enquanto a *exteligência* é todo esse capital cultural humano ao nosso redor, disponível e acessível a hora que quisermos e ao toque de um botão. Cada um de nós é parte dessa rede e pode acessá-la a qualquer momento. E agora, no mundo profissional, essa é a tônica dos negócios.

O crescimento dos sistemas colaborativos – como a rede de designers e criadores de logomarcas – não deve ser considerado novidade no mundo pós-digital já que a internet nasceu justamente da necessidade que os cientistas sentiam de trocar informações e, portanto, de colaborar, de trabalhar juntos sem que seus orçamentos fossem consumidos por tarifas telefônicas internacionais ou custos de envios de fax (o papel custava caríssimo) ou ainda sem ter de ficar a mercê dos correios.

Chega a ser irônico pensar que os primeiros esforços para a criação de redes de computadores ocorreram nos anos 1960, em plena guerra fria, justamente para proteger informações militares sigilosas. A ideia era descentralizar e compartilhar para que, no caso de ataque de uma potência inimiga – a União Soviética –, os segredos dos Estados Unidos não fossem revelados, deixando o país vulnerável. Para isso era preciso criar uma rede, e foi o que a ARPA (Advanced Research Projects Agency) fez, batizando-a de ARPANet. A rede militar entrou em funcionamento em 1969, mesmo ano em que o homem pisou na Lua pela primeira vez.

Mas tudo que é em rede não permanece restrito por muito tempo, e o conceito foi parar no mundo acadêmico. Em 29 de outubro do mesmo ano, o primeiro e-mail da história foi transmitido pelo professor Leonard Kleinrock da UCLA (Universidade da Califórnia, em Los Angeles) para o Stanford Research Institute.

A mensagem era "*login*", mas o computador do laboratório de Stanford travou antes de receber o "g". Foram apenas duas letras, mas elas significaram um grande passo para a humanidade.

Nesse ponto da história da ciência, nos anos 1970, a importância de trocar informações já fazia parte da cultura dos cientistas que, por séculos, costumavam se encastelar até concluir suas invenções. Só se pode especular as razões para essa mudança de atitude. Mas várias circunstâncias convergiam para que o compartilhamento de informação passasse a ser visto como básico na ciência. A complexidade crescente dos assuntos a serem pesquisados e das invenções a serem desenvolvidas exigia trabalho em grupos multidisciplinares. A corrida para conquista do espaço, que estava no auge naquele momento, mostrou a importância da coordenação de diversas especialidades por meio da estrutura da Nasa (National Aeronautics and Space Agency).

O espírito contestador e libertário da contracultura, que teve seu ápice no ambiente universitário naquela época, também participou da valorização dos comportamentos que implicavam em compartilhamento de informações. De acordo com sociólogo espanhol Manuel Castells, considerado uma das maiores autoridades mundiais na analise dos efeitos da tecnologia na sociedade, economia e política, "a internet é, acima de tudo, uma criação cultural".

Como muitos desses cientistas desenvolviam suas pesquisas junto a universidades e também lecionavam nessas instituições, a nova forma de comunicação foi se espalhando pelo mundo acadêmico ao longo da década de 1980 como ferramenta de intercâmbio e também como ponte social entre os cientistas. Foi só em 1992 que o físico e cientista da computação britânico Tim Berners-Lee, então trabalhando no CERN (Conseil Européen pour la Recherche Nucléaire), criou a World Wide Web, versão acessível e comercialmente viável da rede, a partir da união de alguns dos seus trabalhos anteriores, como a ideia de hipertexto, a construção do primeiro site e de desenvolvimento de outras fontes.

Em 1994, fundou o W3C (World Wide Web Consortium) no MIT (Massachussetts Institute of Technology), composto por empresas que estavam dispostas a criar normas e recomendações para melhorar a qualidade da rede. Por razões ideológicas, Berners-Lee deixou sua ideia disponível livremente, sem patente ou royalties e, seguindo essa filosofia, o W3C optou pelo caminho de não cobrar pelas inovações e permitir que qualquer pessoa pudesse adotá-la sem custos.

Por tudo isso, Berners-Lee foi condecorado Cavaleiro da Rainha (do Reino Unido) e ganhou o título de *sir*. Em 2004, ganhou o Millenium Technology Prize, que inclui um prêmio em dinheiro de um milhão de euros. E continua incansável em sua luta por uma internet livre de barreiras e politicamente neutra.

O desejo de disseminação de seus criadores fez que a web avançasse rapidamente. Em 1994, um *login* na rede e um endereço de e-mail eram privilégios reservados apenas aos pesquisadores dos cursos de pós-graduação e, para acessar o sistema, era preciso usar um dos computadores da universidade. Em 1996, ter um e-mail já era uma realidade em toda parte. Ao ganhar o mundo, a internet manteve sua fidelidade aos conceitos de colaboração, compartilhamento, descentralização e gratuidade e contagiou o planeta com sua vocação inicial de permitir que as pessoas trabalhassem juntas, colaborassem no sentido mais literal. Com o tempo, essas tendências se depuraram, evoluíram e ganharam ubiquidade na era pós-digital.

Hoje, graças à velocidade de conexão e à potência dos processadores, a rede mundial de computadores faz que as distâncias físicas desapareçam e torna eficiente a troca entre pessoas que trabalham num mesmo projeto à distância – estejam elas separadas por uma divisória de compensado ou por continentes e oceanos.

A riqueza da troca, a facilidade da colaboração e do desenvolvimento de relacionamentos sociais típicos do mundo pós-digital colocaram em cheque as atitudes individualistas. Não é que todo projeto tenha de ser exposto em detalhes para a concorrência, mas o fato é que o número de pessoas envolvidas nos projetos nos dias de hoje não combina com o nível de segredo e individualismo que (paradoxalmente) costumava permear as ações corporativas.

A relação entre segredo e individualismo é intrínseca. Há uma história (lenda ou anedota) que conta que certa vez um sujeito disse a Tancredo Neves (político nascido em Minas Gerais, presidente eleito, mas nunca empossado, famoso por sua inteligência e diplomacia) em tom conspiratório: "Dr. Tancredo, tenho um segredo que preciso contar para o senhor...". Nesse ponto, o político teria interrompido seu interlocutor com o pedido: "Não me conte, não. Se o senhor, que é dono do segredo, não está aguentando mantê-lo, não sou eu quem vai conseguir". A lógica da resposta é clara. Não há segredo quando há muita gente envolvida. Como a internet é um lugar de compartilhamento, o individualismo não tem espaço. É impertinente, impopular e improdutivo.

Em contrapartida, a web é o ambiente perfeito para que uns ajudem os outros em prol do bem comum. Os sistemas colaborativos permitem que vários profissionais atuem em um determinado projeto ou situação, desenvolvendo uma autoria conjunta. Essa forma de trabalhar, entretanto, só se tornou viável depois de saltos evolutivos bastante recentes. Nos anos 1970, a tecnologia de processamento de dados começou a alcançar as grandes empresas e, conforme a complexidade dos sistemas aumentou, já eram chamados de sistemas de informação nos anos 1980. A internet e os softwares que permitem atualizações constantes transformaram o cenário e hoje se fala em sistemas de comunicação – vale lembrar que, em sua origem, a palavra comunicação significa *comunicare*, ou seja, o ato de tornar as coisas comuns, no sentido de compartilhadas.

Boa parte dos softwares que usamos hoje são resultado de colaboração. O processo evolutivo do Microsoft Windows, por exemplo, se baseou nos feedbacks dos usuários de versões beta. As melhorias nos aparelhos iPhone, da Apple, têm como fonte as descobertas dos usuários reportadas à empresa. Essa forma de produzir acabou por se tornar uma filosofia que se expressa por meio de mudanças de mentalidade e estilo de vida. Hoje, tudo é colaborativo.

Um dos exemplos mais claros deste tipo de atitude mental viabilizada pela tecnologia é o aplicativo Waze[18], cuja função, segundo declaração dos criadores, é contribuir para o bem comum nas ruas e estradas. Sua filosofia é que, ao conectar os motoristas uns com os outros, será possível criar comunidades locais que podem colaborar para melhorar a qualidade do trânsito no dia a dia. O aplicativo permite contribuir de diversas formas com as informações sobre tráfego. Ao informar o destino para onde se está indo, o aplicativo já usa essas informações para estabelecer parâmetros de fluxo de tráfego e tempo de chegada. Mas o usuário pode ser ainda mais ativo e informar coisas que vê pelo caminho, como buracos e acidentes, para ajudar quem pretende usar aquela rota: se devem evitá-la ou, no mínimo, se preparar para o que vão enfrentar. Além disso, por trás dos mapas, existem editores online que avaliam os dados em suas áreas e fazem atualizações instantâneas.

Enquanto isso, o 99Taxis, o Easy Taxi e o Taxibeat são alguns exemplos de aplicativos nacionais que alteraram completamente o cenário da relação taxista/passageiro, tornado inúteis as centrais de atendimento e facilitando muito a vida de quem precisa se locomover na cidade com rapidez e segurança.

O próprio fato de hoje existir um aplicativo para cada situação é efeito da atitude colaborativa típica da era pós-digital. Em 2008, Steve Jobs fez algo que para o mundo dos negócios soou ousado, mas que era totalmente natural no contexto da internet. Ele abriu o iTunes para aplicativos feitos fora da Apple e criou a App Store. O modelo de negócio era simples: a Apple ficava com 30% do valor do aplicativo, independente do preço que o desenvolvedor decidisse cobrar por ele. A abertura foi um sucesso. Em seis meses, mais de 50 mil novos aplicativos surgiram nas "prateleiras" da loja.

Para a Apple, por maior e mais poderosa que seja como desenvolvedora, seria impossível alcançar um número tão grande em tão pouco tempo e com propostas tão específicas. Hoje mais de um milhão de aplicativos estão disponíveis na App Store, deixando clara a força e capacidade generativa dos modelos colaborativos. Essa abertura para desenvolvedores de fora da empresa trouxe enorme riqueza para a plataforma, agradou os usuários e deu asas para a criatividade dos programadores. Na internet não há espaço para restrições.

Trata-se, na verdade, de um caso típico de revisão de paradigmas a partir de um fato incontrolável. Quando os iPhones foram lançados, imediatamente *hackers* do mundo inteiro, inclusive do Brasil, liderados por nosso amigo Breno Masi, começaram a desvendar o sistema e desenvolver softwares para o aparelho. Ao perceber que a luta para evitar os *jailbrakers* seria inglória, a Apple inverteu a lógica e passou a promover e incentivar, agora sob seu controle, o desenvolvimento colaborativo de aplicativos. Uma decisão que mudou a história dos smartphones e da própria Apple.

A beleza dos sistemas colaborativos é que eles organizam as contribuições, fazendo que o todo seja sempre maior que a soma das partes. Trabalhando em grupo, cada colaborador desenvolve melhor compreensão do problema e pode contribuir criativamente para o processo. O interessante é que cada contribuição criativa reage com a contribuição criativa gerada por outra pessoa e, juntas, essas ideias catalisam novas sacadas e inspiram mais contribuições de outras fontes.

No mundo pós-digital, um mais um geralmente é igual a três porque os sistemas colaborativos na maior parte das vezes também são generativos, ou seja, apresentam uma exponencial capacidade de conectar pessoas e estimulá-las a criar novos valores, ideias e realizações.

A tradição do jazz de realizar *jam sessions* é um exemplo de sistema generativo. O fraseado de um músico com seu instrumento se mistura ao som original de outro músico em outro instrumento para criar algo novo e inédito. A mesma mecânica ocorre no teatro de improviso quando cada ator fala um texto e deixa um gancho para o próximo desenvolver. O resultado da apresentação é sempre novo e inédito porque as deixas são aproveitadas criativamente sem roteiro prévio.

Entretanto, a mais perfeita tradução da mecânica do sistema generativo é a própria linguagem. O linguista do MIT (Massachussetts Institute of Technology), Noam Chomsky[19], considera a gramática um sistema generativo. Segundo ele, a partir de um conjunto de regras e fonemas foi possível desenvolver um rico, variado e crescente sistema de linguagem que conecta todos nós e nos permite vivenciar emoções e sensações, criando assim, coisas novas e surpreendentes.

"Generatividade é a capacidade de um sistema de produzir mudanças não antecipadas por meio de contribuições não filtradas de públicos amplos e variados", explica Jonathan Zittrain, professor de Direito da Internet em Harvard e uma das maiores autoridades mundiais em assuntos relativos à intercessão da internet com o mundo jurídico, incluindo questões sobre propriedade intelectual, censura, filtragem para controle de conteúdo e segurança nos computadores.

Se pela definição o conceito de generatividade parece ainda etéreo e estranho, ele fica bem mais consistente e familiar quando reconhecemos suas características: viralidade, adaptabilidade, acessibilidade, facilidade e transferibilidade. Em outras palavras, o sistema precisa permitir que algo se espalhe rapidamente por meio da viralidade; deve se adaptar conforme se distribui e atinge um espectro maior de públicos e culturas; ser acessível a qualquer um e em qualquer lugar; ter processos simples que permitam a participação indistinta de todos e ainda permitir que as contribuições se transfiram de um para outro.

As pessoas não se dão conta, mas quando um grupo de amigos comenta uma festa no Facebook é como se estivessem escrevendo um conto, só que por meio da colaboração, e cada contribuição faz a situação ficar maior, diferente, gera novos rumos, dá viradas na história. Conforme os posts vão viralizando, o relato vai se adaptando à visão de cada um dos relatores, já que eles têm acesso ao conteúdo, facilidade de acrescentar sua visão e de transferir tudo para quem não esteve lá. Sim, a fofoca é um sistema generativo, afinal, quem conta um conto aumenta um ponto.

A internet é a mais incrível ferramenta de generatividade já criada pelo homem porque permite a geração espontânea de conteúdo autoral, bidirecional e multidirecional. E as redes sociais acabam se transformando no grande cenário em que essa generatividade digital acontece, por sua ubiquidade, facilidade de uso e, por estar também no celular, oferece grande mobilidade.

Graças à generatividade, a Wikipédia se transformou na versão 2.0 da biblioteca de Alexandria, onde todo o conhecimento humano estava reunido entre os séculos 3 a.C e 5 d.C. A diferença é que, em vez de ser um investimento literalmente faraônico, a Wikipédia se desenvolveu por meio de colaboração. Na verdade, seu conceito foi uma evolução de algo que surgiu antes na internet. A primeira iniciativa de trazer uma biblioteca para o mundo digital ocorreu em 1993, quando a Microsoft lançou a enciclopédia Encarta em CD-Rom ao custo de mil dólares. O desenvolvimento da internet e a manutenção do espírito libertário fez que em 1999 surgisse a GNE, espaço em que qualquer pessoa poderia publicar suas opiniões sobre qualquer assunto.

Essa ideia serviu de base para outra e, em 2000, Jimmy Wales investiu um pouco do dinheiro que havia ganho com um site de busca de conteúdo erótico, o Bomis, lançado em 1996, e criou a Nupedia, a primeira enciclopédia generativa da web. A Wikipédia foi o estágio evolutivo seguinte e se tornou um instrumento fundamental de difusão da cultura e do conhecimento. Além disso, o fato de ser livre permite que mais informação passe a fazer parte da rede. Por exemplo, se um filho dedicado quiser escrever sobre a biografia de sua mãe, que ganhou um concurso de miss nos anos 1960, ele poderá incluir essa informação, que ficaria sem registro caso houvesse restrições à adição de novas páginas. Na Wikipédia, a geração, a ordem e o controle são pulverizados e a própria comunidade que colabora também controla.

A internet foi desenvolvida em camadas: primeiro vieram as redes, depois os protocolos, aí vieram os aplicativos, os conteúdos e o social. Os três primeiros criaram a plataforma, o conteúdo foi gerado espontaneamente, e o social fez, que esse sistema generativo explodisse em dimensão e alcance.

A Wikipédia é, assim, um exemplo do que ocorre com os sistemas generativos em geral: permitem que regras para seu funcionamento sejam definidas, mas não o conteúdo que será inserido. Isso contraria o parâmetro que vem orientando a mídia no último século, porque sistemas generativos não admitem editores e centralização de poder. Não há filtros antecipados nem limites temáticos ou dimensionais.

As páginas e sites em que os usuários escrevem sua avaliação de um produto são, também, um bom exemplo dessa liberdade. Muitas vezes chega-se a essas avaliações por meio dos sites dos fabricantes e nelas existem relatos de problemas e críticas ao próprio fabricante. Essa situação seria impensável há pouco mais de vinte anos. Naquele ponto, a produção de conteúdo – de uma mera informação até uma crítica – era completamente controlada para que nada negativo jamais fosse veiculado. Graças ao desenvolvimento e popularização dos blogs e da presença de ferramentas de busca como o Google, as pessoas puderam se expressar e ser descobertas por audiências muito além do seu círculo de influência no mundo físico.

Isso permite fenômenos como a blogueira Tavi Gevinson[20] que, aos 13 anos, já havia se transformado em referência de moda e estilo para milhões de leitores, seguidores e consumidores de seus produtos. Graças à generatividade da internet, estamos participando do fim dos limites. Ela traz a possibilidade de se expressar e virar mídia, influenciar pessoas em qualquer ponto do planeta, interagir com o conteúdo de qualquer veículo, ir tão fundo num assunto quanto se queira, consultar qualquer biblioteca nos quatro cantos do mundo. E isso tudo está apenas a pouco cliques de distância.

Os blogs ou páginas em redes sociais são expressões da generatividade libertária, que permite que as pessoas possam se expressar sem restrições, granjeando fama e prestígio de forma completamente independente e paralela às oportunidades que a mídia oferece seletivamente.

Na era pós-digital, as ferramentas de busca como Google, Yahoo! e Bing são os verdadeiros instrumentos de valorização e incentivo da popularidade. Os conteúdos mais visitados ganham prioridade na lista, o que só tem o efeito de exacerbar a visitação e o consumo desses conteúdos. Nesse sentido, a tecnologia tem sido um grande estimulador de generatividade que leva à inovação. E vale lembrar que a nobre arte da inovação vai além de criar e inclui copiar, transformar e combinar.

A generatividade permite que trabalhos inovadores sobre questões bastante importantes se desenvolvam com uma agilidade inédita. Isso ocorre em todos os setores da atividade humana, mas especialmente em quatro grandes áreas: educação, saúde, controle e gestão.

No setor de educação, os sistemas generativos estão provocando uma mudança importante: da aquisição de conhecimento para a criação de conhecimento, ao permitir a colaboração entre professores e alunos de diversas áreas e instituições. Algumas das melhores universidades do mundo, como as norte-americanas Yale, MIT e Stanford oferecem cursos pela internet que incluem as contribuições dos alunos de forma colaborativa e generativa, criando mais conhecimento.

Mas o exemplo mais ilustrativo da generatividade na educação é o surgimento e evolução dos MOOCs, acrônimo da sigla em inglês *Massive Open Online Course*. Segundo a definição da Wikipédia, é um tipo de curso aberto na web (por meio de ferramentas das web 2.0 ou de redes sociais) que visa oferecer, para um grande número de alunos, a oportunidade de ampliar seus conhecimentos num processo de coprodução. Mais que simples cursos online, os MOOCs são uma progressão dos ideais de educação aberta e democrática com capacidade de atingir milhões simultaneamente. Embora o envolvimento de cada indivíduo possa ser semelhante ao de um curso em uma faculdade ou universidade, os MOOCs normalmente não exigem pré-requisitos, mas também não oferecem certificados de participação reconhecidos pelo MEC. É um conceito novo, aberto, participativo e generativo.

No setor de saúde, a revolução trazida pelos sistemas generativos tem potencial extraordinário e pode, além de trazer mais qualidade de vida, efetivamente salvar vidas e ainda reduzir os custos dos sistemas de saúde. Em vez de ajudar na cura, esses sistemas vão ajudar na prevenção e ir além, permitindo que os médicos possam predizer quais doenças uma pessoa tem maior tendência a desenvolver.

É o que faz a equipe da empresa 23 and Me[21], que oferece um mapeamento genético, apontando quais doenças esse indivíduo tem maior chance de desenvolver. A partir dessa informação, é possível planejar suas estratégias de prevenção e, eventualmente, relaxar com cuidados preventivos em outras áreas. Até aí, o que há de generativo? Nada, já que o diagnóstico feito a partir do DNA isoladamente só tem impacto para quem o faz.

Mas o sistema generativo entra nessa história porque, a partir do conjunto de milhões de diagnósticos individuais sobre incidência potencial de doenças e seus respectivos cruzamentos com hábitos e comportamentos sociais, é possível construir novos conhecimentos e descobrir influências inesperadas que contribuem para a melhoria de saúde e redução de riscos de toda a comunidade. Com isso, desenvolve-se uma verdadeira rede social orientada para a saúde de seus membros, daí o mapeamento se torna um excelente exemplo de sistema generativo.

Foram exames como esses que fizeram que a atriz Angelina Jolie optasse por extrair as duas mamas devido à alta probabilidade de desenvolver câncer. O cruzamento de informações sobre mulheres com mesmo problema e seu estilo de vida demonstrou que essa seria uma tendência muito difícil de reverter. Em outros casos nem tão radicais, a simples informação de que hábitos alimentares ou comportamentos contribuíram para que outros membros da comunidade tenham controlado sintomas de doenças semelhantes ajuda a todos na alteração do seu estilo de vida. Atualmente a 23 and Me possui milhões de pessoas em seu banco de dados e, por meio de algoritmos e constante interação com seus membros, desenvolve um banco de fatos que tem colaborado muito para a descoberta de solução para problemas de saúde de toda a coletividade.

Enquanto isso, no mundo da gestão, a mudança principal trazida pelos sistemas generativos é a passagem da *closed source* para a *open source*. Ou seja, de empresas que só vendem o estoque de que dispõe a empresas que tem estoques abertos e flexíveis para atender à demanda. Por exemplo, se alguém quer alugar um carro por algumas horas numa locadora internacional, dessas de rede, terá que pagar a diária toda e ainda se deslocar até a loja mais próxima para pegar ou entregar o carro ou terá de pagar mais caro pelo serviço de delivery ou pick-up.

Com locadoras com conceito de *open source*, como a ZipCar[22], é tudo diferente. Nesse modelo de negócio, a locadora não possui carros nem tem pátios ou lojas. Só faz a intermediação entre proprietários particulares de automóveis e as pessoas que querem usá-los, indicando onde estão e cuidando das questões burocráticas, como seguro e pagamento.

O funcionamento é simples: o dono do carro diz onde ele estará e por quanto tempo estará livre. Digamos que esse dono trabalhe no centro da cidade das 9h às 19h, de segunda a sexta. Durante todo esse tempo, o veículo fica ocioso. Ao colocá-lo para alugar, o carro pode contribuir com o orçamento da família pagando as próprias despesas ou mesmo gerando lucro. Para alguém que está no centro da cidade pertinho do carro, precisando apenas utilizá-lo por algumas horas, a solução também é perfeita porque o processo de locação é mais fácil e rápido, sempre feito pelo celular.

Além da ZipCar, há outras com a mesma filosofia no mercado norte-americano como GetAround[23] que em sua propaganda garante que quem disponibiliza o carro para aluguel ganha mil dólares em três meses. Já a WhipCar[24], na Grã-Bretanha, estima os ganhos anuais dos locadores em mais de mil libras. A base do controle de estoque dessas empresas são as informações trazidas pelos locadores sobre onde os veículos estão estacionados.

Em São Francisco, um aplicativo de caronas está transformando o transporte em paquera, unindo pessoas que precisam ir para o mesmo destino e gostam de ampliar sua rede de relações. É o Lyft[25] que oferece seguro de US$ 1 milhão contra acidentes de qualquer tipo e transforma sua ida cotidiana ao trabalho numa oportunidade de conhecer amigos e talvez até um novo amor.

O conceito de que cada um tem suas coisas e que ninguém deve mexer nelas é anacrônico. Em sociedades rurais, em que cada unidade produzia o que precisava para sobreviver e limitava as trocas ao necessário, o individualismo encontrou um terreno fértil. Mas, na vida em rede, ele se tornou uma erva daninha que só tende a deixar quem a ele se apega no acostamento das estradas do mundo pós-digital.

Várias novas formas de consumir indicam claramente uma mudança de comportamento que une a colaboração e a sustentabilidade num mesmo guarda-chuva proporcionado pela tecnologia.

Aliás, por que construir mais garagens – algo que exige espaço e consome recursos – se as garagens de prédios muitas vezes ficam ociosas metade do dia? Assim, surgiu um aplicativo que lista as garagens livres num determinado período. Com isso, se durante o período da tarde a vaga sempre está livre, outras pessoas podem utilizar aquele espaço.

Pegue, por exemplo, uma cidade como São Paulo, onde edifícios comerciais convivem lado a lado com edifícios residenciais.

Nos edifícios comerciais, a garagem fica cheia durante o dia e vazia durante a noite. Já nos residenciais, é o inverso. Ficam às moscas durante o dia e apinhadas de veículos durante a noite. E aí fica a pergunta: por que não compartilhamos os espaços? A resposta é: porque não pensamos assim. Porque não entendemos as áreas comuns como bens comuns que precisam ser otimizadas em seu uso para que realmente possamos nos considerar uma sociedade sustentável.

Na era pós-digital estão surgindo empresas no mundo inteiro como a JustPark[26], cujo objetivo principal é exatamente esse: coordenar a utilização segura e responsável dos espaços vazios ou ociosos de estacionamentos das grandes cidades. Eles criam novos esquemas de segurança e controle permitindo que condomínios tenham renda extra e ofereçam mais espaço e conforto a seus usuários. Essa é uma visão ecológica e racional da vida nas metrópoles que começa agora a ser entendida e valorizada por seus habitantes.

A agilidade dos sistemas de compartilhamento baseados em informações pela internet está incomodando algumas categorias. Em 11 de junho de 2014, os motoristas de táxi londrinos fizeram um protesto contra o aplicativo Uber[27], que coloca usuários de smartphones em contato com motoristas interessados em dar uma "carona". Não por acaso, o serviço nasceu em San Francisco, a metrópole mais próxima ao Vale do Silício e que tem sido fonte de boa parte da inovação tecnológica e comportamental desde os anos 1960.

Hoje, o aplicativo já funciona em 38 cidades, inclusive o Rio de Janeiro, e está em fase experimental em São Paulo. A corrida não é mais barata que a do táxi, chega a ser 20% mais cara, mas existe o fator agilidade, que pode colocar um carro para o destino desejado em sua frente em pouco tempo. A cobrança é feita por meio do cartão de crédito cadastrado no aplicativo. O Uber só aceita motoristas que já tenham comprovada experiência profissional, determina alguns modelos de carros e oferece seguro.

Tanto profissionalismo despertou a ira dos motoristas dos famosos taxis pretos de Londres, para quem o aplicativo promove uma concorrência desleal. Apesar disso, não há como negar que a tecnologia e a sensação de compartilhamento seduzem as pessoas. Graças ao sistema de *sharing* foi possível multiplicar a frota numa proporção que seria antieconômica para qualquer empresa. Por isso, serviços como esse continuam a crescer. Com menos de cinco anos em atividade, o Uber já vale cerca de 10 bilhões de libras ou US$ 18,2 bilhões ou pouco mais de R$ 40 bilhões – valor de mercado superior ao da tradicional locadora Hertz Global Holdings e Avis Budget Group, que estão no mercado há décadas.

Um dos maiores fenômenos nesse sentido é o Airbnb, um serviço que coloca em contato pessoas que desejam hospedagem com outras que têm um quarto disponível ou que não se importam de sair de suas casas para dar lugar a um estranho pagante. Funciona em diversas cidades e tudo é feito e controlado pelo site. Em termos corporativos, a Airbnb entende as casas dos associados como um imenso estoque de camas subutilizadas e prontas para integrar o mercado de hospedagem.

A beleza disso é que não é preciso fazer investimentos monumentais para a construção de hotéis. É só otimizar o que já existe. Nada mais sustentável. **São empresas como a ZipCar e a Airbnb que transformam capital em meio circulante, dando liquidez a bens privados, fechados ou exclusivos.**

As vantagens desse sistema vão desde a possibilidade concreta e pragmática de escolher a localização mais conveniente numa determinada cidade até razões mais etéreas como ter sensação de pertencimento ou mesmo se sentir vivendo outra história de vida. É quase como ter um *Second Life* na vida real, por tempo pré-determinado.

Estrelado por Kate Winslet e Cameron Diaz, a comédia romântica *O Amor Não Tira Férias* mostra o que aconteceu na vida de uma britânica e uma americana de Los Angeles quando resolvem trocar de casa por meio de um site. Peripécias cinematográficas à parte, o filme mostra bem como numa situação dessas não há como manter segredos.

De fato, a era pós-digital nos mostra que hoje se está um passo adiante do compartilhar e do colaborar, estamos na era em que esses verbos desembocam na generatividade, ou seja, na atividade de gerar. Num mundo como esse, não há lugar para segredos. A alma do negócio é interagir e criar conteúdos e situações novas e melhores. **Lutamos durante séculos por nossa independência. Nossa luta agora é aprender a viver na era da interdependência. Empresas ainda não pensam assim, mas vão ter de pensar!**

O ótimo é inimigo do bom?

Se partirmos do princípio que sempre podemos melhorar qualquer coisa, a questão é: quando parar de buscar o ótimo e passar a aceitar o suficientemente bom?

Óleo no fundo da panela, milho, fogo e alguns segundos depois o som espetacular da pipoca estourando. Para pipoca, não existe gradação. Ou é milho ou é sucesso. Já o risoto é bem mais complicado. Se sair do fogo cedo demais, fica duro e intragável, mas se ficar muito tempo cozinhando vira uma papa insuportável. Descobrir o ponto certo, o momento exato de tirar do fogo, é o desafio. E a coisa fica ainda mais difícil porque mesmo sem a chama acesa, o processo de cozimento do arroz continua por mais algum tempo por causa do próprio calor da panela. Nessas horas em que a angústia da incerteza aperta, dá uma certa saudade da facilidade da pipoca... Mas, quem abre um bom vinho para acompanhar milho estourado?

Saber o momento certo de fazer as coisas é a grande charada do mundo dos negócios. Muitas vezes, o prazo é o que define a qualidade do trabalho. Shakespeare produziu muito porque tinha dívidas e prazos apertados a cumprir. Ninguém sabe se estava 100% satisfeito com seus textos. Mas, mesmo que não estivesse, tinha participação societária no The Globe, e o teatro vivia de estreias e novas peças. Então ele não poderia se dar ao luxo do perfeccionismo.

Steve Jobs também não. Quando o iPhone 1 foi lançado, o fundador da Apple sabia que o produto estava longe de ser perfeito. A bateria durava muito pouco, a tela ainda não tinha grande definição, o aparelho não realizava multitarefas e a câmera não chegava a ser poderosa. Mas já era mais do que tudo que havia no mercado e trazia inovações importantes como a tela sensível ao toque. Os diferenciais eram suficientemente bons para encantar os consumidores de tecnologia. Nesse ponto, o projeto já somava US$ 150 milhões investidos em 30 meses, em total segredo. Considerando todas essas variáveis, era hora de tirar a panela do fogo e esperar que o calor do lançamento completasse o cozimento.

A decisão foi sábia e, já na rua, o iPhone foi testado pelos usuários e seus inputs puderam ser incluídos nas versões posteriores, construindo a competência do iPhone atual. Afinal, o consumidor só sabe o que quer a partir da experiência de ter o produto na mão, não de uma pesquisa teórica. Obviamente, enquanto tudo isso acontecia, a empresa ganhava milhões em vendas. Muita gente acha que a Apple é um exemplo definitivo de empresa que produz baseada na perfeição. Na verdade é uma empresa com grande competência de definir o suficientemente bom.

Por isso, o conceito de suficientemente bom ou *good enough* é tão importante no mundo dos negócios. Só que lições aprendidas ao longo de toda a vida nos levam a desconsiderar a arte do suficientemente bom. Por exemplo, quando a criança chega em casa com 9,5 no boletim, vem a pergunta: "Então, por que não tirou

10?". Se chegou em segundo, devia ter conseguido chegar em primeiro. Esse tipo de cobrança impõe a obrigação de só aceitar a perfeição, o ótimo, e impede que desenvolvamos a sensibilidade para identificar o suficientemente bom.

Esperar apenas o ótimo, o perfeito, pode significar o fracasso. Talvez o exemplo mais eloquente da falta de noção de *good enough* seja, mais uma vez, Nikola Tesla, que, além de inventor da corrente elétrica alternada (que se tornou padrão no mundo), fez protótipos do rádio e uma série de outros inventos, incluindo ideias sobre a tecnologia sem fio. Em diversos de seus inventos, por entender que precisavam de aperfeiçoamento, Tesla não os patenteava.

No caso do rádio, por exemplo, Guglielmo Marconi tomou a frente, patenteou e trabalhou no sentido de popularizar seu produto. Acabou ganhando o Prêmio Nobel em 1909. Em 1946, a Suprema Corte dos Estados Unidos, país para onde Tesla escolheu imigrar e que adotou como pátria, decidiu que as afirmações de Marconi de jamais ter lido as patentes de Tesla eram falsas. Tarde demais, Tesla[28] havia morrido meses antes, isolado e empobrecido num quarto de hotel em Nova York. O fim melancólico desse perfeccionista traz uma lição importante: o ótimo é, no fundo, o suficientemente bom.

Empresas de sucesso são aquelas com capacidade de desenvolver uma boa compreensão do suficientemente bom. Essa sabedoria se mostra necessária porque o mesmo remédio pode curar ou matar, tudo depende da dose. **Gestão atual nada mais é que a capacidade de discernir sobre o que é suficientemente bom ou não.** Se for além, perde oportunidades. Se ficar aquém, o fracasso é certo – exatamente como no ponto do risoto. Principalmente na era pós-digital quando a velocidade das mudanças é tão grande.

Existem muitas empresas de sucesso que demonstram claramente ter a visão correta do suficientemente bom. A Rede Globo, por exemplo, não esperou que todos seus telespectadores tivessem smartphones e fossem hábeis no uso de aplicativos para propor a votação por meio de aplicativos de celular em seus programas que requerem a participação do público. Esse tipo de aposta também foi feita nos primeiros programas interativos, nas votações pela internet e na utilização de redes sociais. Eles sabiam que nem todo mundo poderia participar, mas não quiseram abrir mão da liderança na utilização desses métodos. Afinal, estar na vanguarda é um valor importante para a marca Rede Globo. Graças a essa capacidade de entender o suficientemente bom e dentro de um padrão de exigência alto, a rede de televisão abocanha perto de 70% da verba publicitária circulante da TV no Brasil há décadas.

E os exemplos se sucedem. O McDonald's pode não ser considerado o melhor hambúrguer do mundo, mas é suficientemente bom para garantir o sucesso histórico dessa cadeia de fast-food. Os livros de Paulo Coelho[29] podem não ser ótimos em termos literários, mas são suficientemente bons para transformá-lo numa celebridade em escala planetária, vendendo milhões de exemplares, possuidor do título de único escritor vivo mais traduzido que Shakespeare – suas 30 obras ganharam traduções em 80 línguas[30] –, e para fazê-lo um imortal na Academia Brasileira de Letras. E assim por diante.

A natureza é o grande exemplo do suficientemente bom e devemos nos inspirar nela para entender o conceito de *good enough* em mais profundidade. Um antílope não corre 100 km/h a mais que seu predador. Corre apenas 5 km/h a mais, o suficiente para fugir. Para ter uma velocidade maior, teria que despender uma dose de energia extra e não encontraria suporte para isso. Na floresta, não encontramos árvores com o dobro do tamanho das outras. Elas sobem até uma altura suficientemente boa para alcançar o sol e fazer fotossíntese. Há nas florestas uma enorme uniformidade fruto da lei do esforço necessário.

Existem cinco fatores principais que norteiam o conceito do *good enough*:

1. Custo de oportunidade: o que você pode estar perdendo no prazo em que está desenvolvendo um produto ou decidindo sobre um lançamento.
2. Prazo de validade: por quanto tempo aquilo vai ter utilidade e o necessário investimento para avaliação do retorno.
3. Ambiente concorrencial: como está a dinâmica do cenário competitivo, especialmente a velocidade dos seus concorrentes.
4. Impacto tecnológico: a dose de obsolescência e o tempo até o produto se tornar inútil.
5. Momentum organizacional: até que ponto sua empresa é aberta para o novo, valoriza a inovação e pode atuar com velocidade e arriscar um lançamento.

Além de todas as sutilezas inerentes a essa dinâmica de descobrir o que é suficientemente bom, há ainda a questão da mutação das condições de mercado, cada vez mais rápida no mundo pós-digital.

Ou seja, apresentar um produto antes que o mercado esteja pronto para ele é um problema, mas esperar demais pode permitir que os concorrentes ajam mais rápido e seu lançamento chegue atrasado. Ou seja, não dá para finalizar o risoto antes da chegada dos convidados, mas também não podemos deixar para prepará-lo muito tarde, para não correr o risco de as pessoas se empanturrarem com os aperitivos e acabarem dispensando o prato principal.

Se por um lado a era pós-digital vem aumentando a velocidade dos lançamentos a ponto de dificultar bastante a definição do momento certo de realizá-los, por outro ela abre uma importante janela para as empresas: a possibilidade de atualização constante dos seus produtos, algo inédito na história econômica da humanidade.

Houve uma quebra de paradigmas fundamental quando se criou pela primeira vez a separação de dois mundos: o software e o hardware. Mais que um modelo de negócio típico do mundo da tecnologia, essa separação gerou uma nova forma de pensar e ver o mundo. Antes, os produtos que nos rodeavam nasciam e morriam fazendo exatamente as mesmas funções que lhes foram atribuídas em sua origem. Uma geladeira ou televisão têm as funções imutáveis durante toda sua vida útil. E o mesmo se aplica ao automóvel, ao espremedor de laranja e ao aspirador de pó.

Ao adquirir qualquer um desses objetos, já sabemos de antemão o que esperar deles durante toda sua existência. Com a separação entre software e hardware, o destino imutável das máquinas se alterou para sempre.

Um iPhone pode, além de telefonar, oferecer jogos, fazer a função de bússola e descobrir quem está tocando determinada música somente pelo som ambiente. Essas novas habilidades (ou aplicativos) vão se somando às características iniciais e aumentando seu repertório de funções. Essa visão de que o imutável pode ser alterado e ampliado foi, sem dúvida, a maior transformação da relação homem/máquina e alterou para sempre os modelos de negócio.

Enquanto a parte física do produto permanece a mesma, sua "mente" vai mudando conforme o software vai sendo atualizado e os aplicativos instalados. Essa possibilidade de um equipamento se tornar mais sábio conforme o tempo passa representa uma revolução no mundo das máquinas. Quando a humanidade tinha como parceiros de trabalho cães, cavalos e bois, era até certo ponto normal ensiná-los a fazer coisas novas ao longo de sua vida útil. Obviamente havia limitações – vide a expressão "você não ensina truques novos para cachorro velho" – mas, no geral, a possibilidade de aprendizado coincidia com a capacidade do animal de trabalhar.

Quando trocamos os assistentes biológicos por máquinas, a coisa mudou. A vida útil do produto era determinada pela durabilidade de suas partes e pela possibilidade de serem superados por novos modelos. Hoje, graças aos softwares atualizáveis, as máquinas da era pós-digital são capazes de sempre aprender novos truques. A possibilidade de realizar *updates* resolve a questão do *good enough* na medida em que qualquer equipamento atualizável vai estar *as good as it gets* naquele momento. Ou seja, sua performance sempre estará no ápice, e ele jamais passará muito tempo desatualizado em relação a outros modelos. Seu destino estará ligado à sua capacidade de armazenar novas informações e ser o melhor que puder ser ou, pelo menos, suficientemente bom para ser competitivo.

Esse é um conceito poderoso, seja do ponto de vista cultural ou comercial. E obriga o gestor a entender que, daqui para frente, nada mais é imutável e que tudo tem de ser melhorado constantemente.

Um automóvel contemporâneo já é, de certa maneira, *upgradable*, vide os diagnósticos, atualizações e reprogramações eletrônicas. Entretanto, não se vê as montadoras se apropriando dessa habilidade. Sem mudar estruturalmente a engenharia do automóvel, vários modelos incluíram formas de interface com os celulares, seja para permitir que os usuários falem enquanto dirigem (uma realidade que não há multa que resolva) ou que tenham acesso a aplicativos dos aparelhos.

Não estamos falando de revoluções de produto, de engenharia, mas de utilizar o poder da comunicação para construir e potencializar uma mensagem que já está no DNA de todo o setor e que certamente inspiraria outros setores a trabalharem no sistema de pequenas melhorias apresentadas e incorporadas aos produtos conforme forem ocorrendo.

Já vivemos numa era em que a indústria automobilística teria de se apropriar de alguns usos e costumes do setor de TI (tecnologia da informação) e pensar em upgrades em vez de revisões; manuais eletrônicos atualizáveis; compartilhamento de informações; download das informações do computador de bordo que pudessem fazer os modelos de anos anteriores continuarem a evoluir em termos de eletrônica, algo como "modelo 2013, motor 2.0 e versão 1.3". Isso significaria ter um carro modelo 2013, com um motor de 2000 cilindradas e já com três upgrades a partir de sua saída da fábrica. Isso poderia significar a adição de uma luz de ré ou novas músicas no seu kit multimídia ou qualquer outra melhoria adicionada na revisão (agora chamada de upgrade).

O que era perfeito num mundo estável, deixa de ser perfeito num mundo mutante. O objetivo é chegar ao máximo de evolução dentro daquele tempo e espaço. O interessante é que, se o consumidor percebe que eventuais erros são frutos do desejo de acertar, a tendência é que ele perdoe a empresa se ela se esforçar em arrumar as coisas rapidamente. Pouco depois do lançamento do iPhone 4, descobriu-se que tinha um defeito estrutural que derrubava as ligações dependendo do jeito que o usuário segurasse o aparelho. Assim que tomou ciência da situação, a empresa ofereceu aos compradoress uma capinha que isolaria o defeito e manteria o sinal – novamente deu para sentir a fina noção de suficientemente bom da empresa.

A busca pela perfeição pode nos impedir de sermos bons o bastante e, no novo ecossistema digital, isso é ainda mais verdade. Enfim, o ótimo não é inimigo do bom. E, na era pós-digital, essa será a nova dinâmica do mercado.

Agora que já revisamos alguns dos paradigmas mais arraigados do universo corporativo e identificamos os principais pontos de inflexão que estão alterando relações, repensando conceitos e revolucionando o cenário competitivo, é hora de nos aprofundarmos mais nas questões relevantes para a migração rumo à era pós-digital.

Na Parte III, estão descritas as seis principais características desse novo momento do mundo e como cada um de nós pode se preparar para ele. Vamos agora mergulhar de verdade na era pós-digital, analisando tudo o que precisa ser revisado no cenário competitivo, no ambiente organizacional, no marketing das empresas e na comunicação com os vários públicos de nosso interesse. Os desafios são grandes e as oportunidades maiores ainda. Apertem os cintos que lá vamos nós...

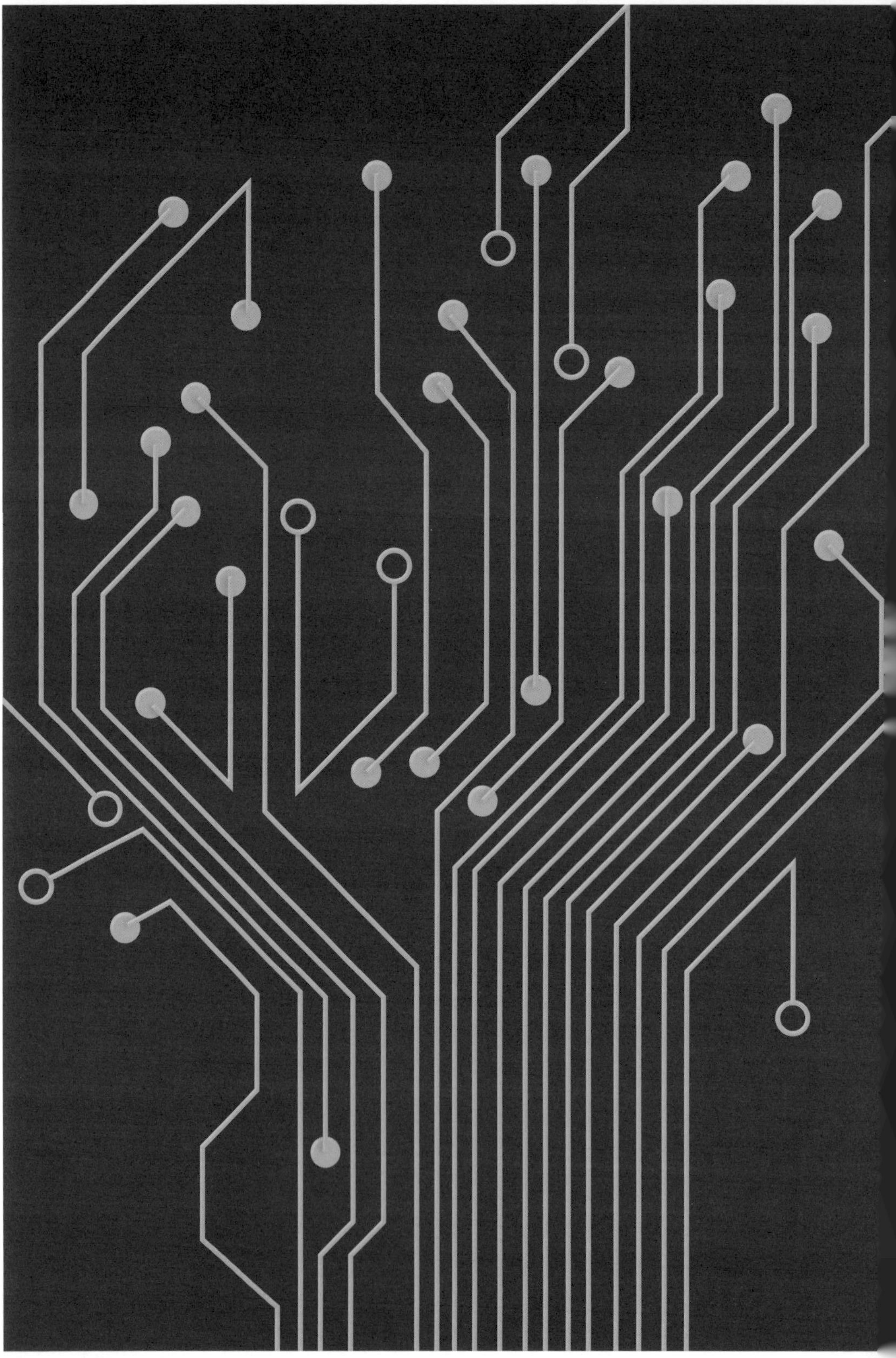

3

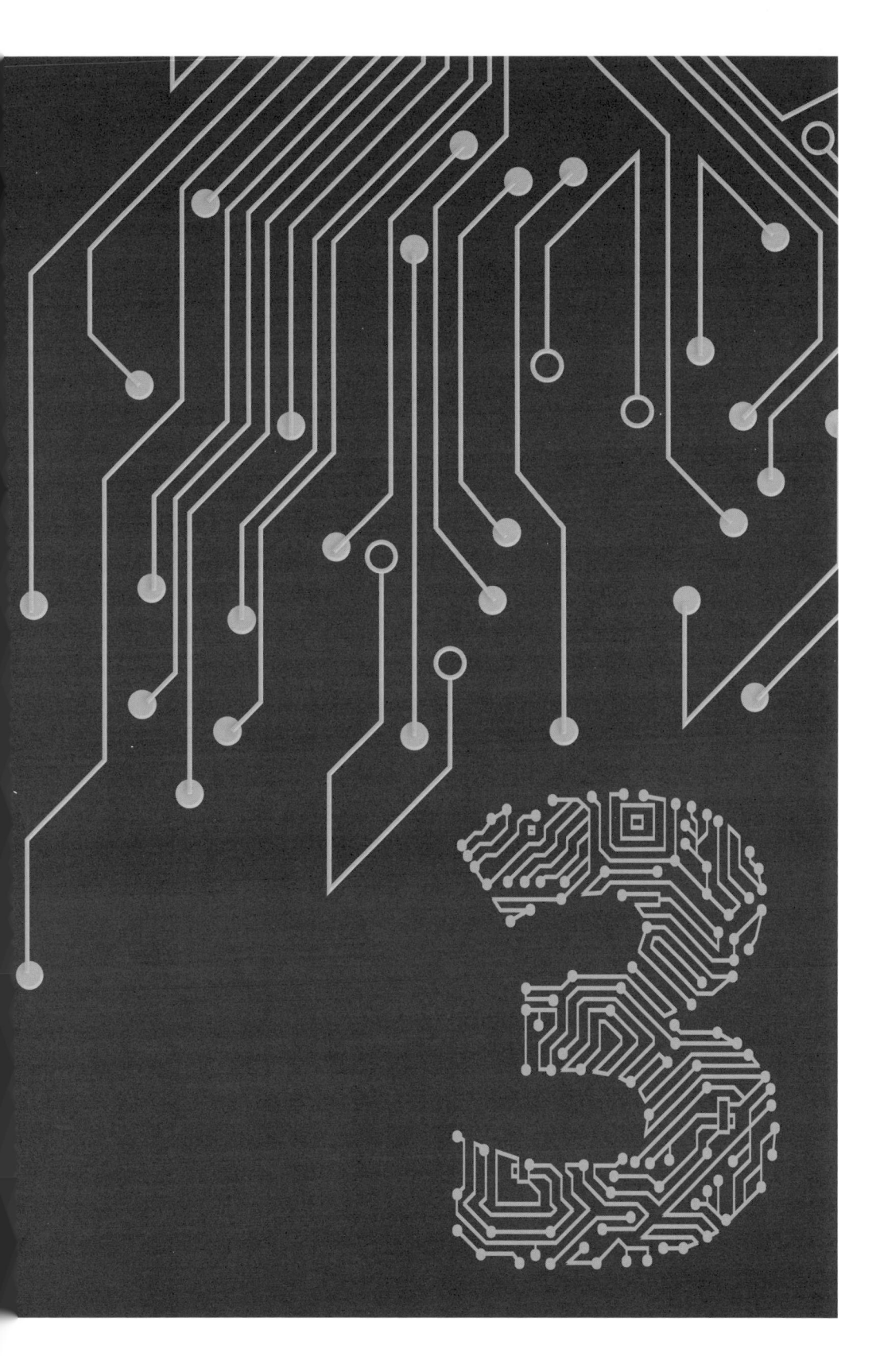

introdução

Um novo começo

As montanhas flutuantes vinham rapidamente em direção à praia e bastava um rápido olhar para saber que aquela não seria uma manhã como as outras. Era 22 de abril de 1500 e, daquele dia em diante, todas as certezas seriam questionadas. Para os sujeitos nus, depilados e pintados que estavam na praia, aquele bando de homens cabeludos, barbudos e fétidos era verdadeiramente assustador. Entre os comandados por Pedro Álvares Cabral e os índios tupis, não parecia haver qualquer ponto de conexão além da curiosidade que um povo tinha em relação ao outro.

Foi nessa hora que a tecnologia exerceu sua função de ponte. Os portugueses mostraram aos índios coisas que eles jamais imaginaram poder existir e uma delas realmente causou fascínio: os espelhos. Para os índios, o artefato era mágico e sua capacidade de mostrar uma imagem dinâmica era deslumbrante. Rapidamente a posse de um daqueles instrumentos fascinantes se tornou um diferencial de poder – não só entre descobridores e nativos, mas também entre os próprios indígenas.

O fato é que as novas tecnologias tendem a provocar uma mistura de medo e excitação que fascina e muda comportamentos, hábitos e eixos de poder. E isso se repete sempre que humanidade dá um salto tecnológico. Aconteceu com o fogo, a pedra, o metal, a roda, a bússola, o vapor, a eletricidade, os motores a explosão, a fusão atômica e, mais recentemente, com a tecnologia digital. Toda vez que um salto desses ocorre, os ficcionistas se esbaldam ao explorar a excitação e o medo que decorre dessas invenções.

Entre 1816 e 1817, a jovem inglesa Mary Shelley, com apenas 19 anos, escreveu a história de Victor Frankenstein, um cientista que manipulou as ciências naturais e ousou utilizar a eletricidade dos raios para dar vida a um monstro. Além de inaugurar um gênero literário e criar um personagem que vem povoando a cultura popular há cerca de 200 anos, a jovem soube expressar com clareza o fascínio e o terror que a ciência e a tecnologia provocam. Na esteira do personagem de Shelley, outros cientistas malucos surgiram na ficção. Os heróis da Marvel, como o Homem-Aranha, Hulk e Homem de Ferro, e da DC Comics, como Superman e Batman, estão sempre lutando contra vilões que são cientistas do mal ou extraterrestres – novamente bebendo da inesgotável fonte da combinação de medo e excitação que as inovações tecnológicas do começo do século 20 geraram. Eles continuam em alta porque o catalisador do seu fascínio continua válido na ficção.

Na vida real, entretanto, depois de algum tempo as novidades tecnológicas são banalizadas e incorporadas ao cotidiano. O rádio já teve muito glamour, do mesmo modo que as máquinas de escrever e os telefones. O fim desse charme especial tem a ver com o que a ciência chama de relatividade: tudo só pode ser considerado em relação a um determinado referencial – exceto pela velocidade da luz, que Einstein provou ser constante. Na verdade, segundo o cientista, o que se vê é o passado. A luz das estrelas foi emitida há muito tempo e só agora chegou até nossas retinas. O mesmo ocorre com os objetos mais cotidianos. Tudo pertence ao passado. Só parecem presentes porque a distância entre quem vê e os objetos vistos é muito pequena e isso torna o lapso de tempo imperceptível.

Por isso, quando uma tecnologia nova chega, impacta a geração que conheceu o mundo antes dela mas, para os índios que já nasceram em ocas onde havia espelhos, ela já estava absorvida. Essa geração de nativos pode ser chamada de pós-espelhos. Da mesma forma, como a tecnologia dos bits e bytes já faz parte do dia a dia, podemos dizer que vivemos na era pós-digital.

O termo pós-digital foi usado pioneiramente em 1999 pelo publicitário Russell Davies durante uma conferência na Inglaterra. Mas o conceito foi lançado pela primeira vez pelo norte-americano Nicholas Negroponte[1], fundador e presidente emérito do Media Lab do MIT (Massachusetts Institute of Technology) e uma das maiores autoridades do planeta na integração entre humanos e computadores. Nos anos 1980, defendeu que muitas tecnologias presas por fios, como os telefones, se tornariam sem fio, enquanto outros aparelhos que usavam transmissões pelo ar, como os televisores, se tornariam ligadas a cabos. Era o prenúncio da TV a cabo e do celular.

Hoje sabemos que suas previsões tendem a se confirmar. Autor do best-seller *Being Digital*, de 1995, livro escrito a partir das colunas que publicava na revista *Wired*, Negroponte antecipou a expansão das tecnologias sem fio, a integração entre entretenimento, informação e interatividade e de uma nova geração de negócios decorrente da realidade digital. Filho de um armador grego e irmão do ex-secretário de estado norte-americano, John Negroponte, Nicholas é também um investidor-anjo que coleciona sucessos. Entre suas apostas estão a própria revista *Wired*, o *Zagat's Guide* e o Skype. Este último, por sinal, se tornou um sucesso porque faz o contrário do que o mercado preconizava: torna as conversas em longa distância baratas ou gratuitas, numa total subversão do modelo tradicional que preconizava que esse tipo de luxo deveria custar caro, muito caro. Aliás, a alteração vetorial é um dos indícios mais claros de que já estamos vivendo uma nova realidade.

Na era pós-digital, tudo se inverteu e simplesmente não há mais o que seja regra. Isso é um problema para quem tirava suas manchetes e slogans da tênue relação entre a normalidade e a novidade. Hoje, o que se vê em cada vez mais setores é a inversão dos fatores. Antes, o cinema criava personagens que se transformavam em games, hoje os games criam personagens que viram filmes como *Lara Croft, Super Mario Bros, Street Fighter, Doom*.

Há pouco tempo, a internet repercutia o que saía na imprensa. Atualmente a imprensa publica ou cobre o que sai na internet. Na verdade, os internautas acabam funcionando como repórteres e levam as situações ao conhecimento das redações.

Antes, os artistas perdiam dinheiro com a internet, hoje ganham dinheiro de forma independente com ela. Em menos de dois anos no YouTube, um grupo de comediantes brasileiros criou o canal Porta dos Fundos[2] e se tornou fenômeno. Há vídeos que já ultrapassaram 10 milhões de visualizações. E, no total, seus esquetes já foram assistidos quase um bilhão de vezes. Depois do sucesso na web, o grupo lançou DVD, camisetas e até um livro. A alteração vetorial é evidente.

Mas as inversões vão além. **O mundo pós-digital criou uma nova equação das distâncias.** Enquanto é possível falar com pessoas em qualquer lugar do planeta, não é raro mandar mensagens de texto para o colega da mesa ao lado. O fato é que no passado a distância distanciava e a proximidade aproximava. Na realidade pós-digital, ocorre exatamente o contrário: a distância aproxima e a proximidade distancia.

Outra mudança ocorreu nos custos. **Tudo que era grátis está ficando pago e tudo que era pago, está ficando grátis.** Antes pagávamos por jornal e tínhamos a TV grátis. Agora pagamos pela TV por meio da assinatura e temos um monte de jornais e revistas grátis. Não faz muito tempo que os especialistas em comunicação juravam que o futuro do setor estava na convergência e na multimídia. Agora está mais do que claro que o caminho é o da divergência e da unimídia.

Além disso, a regra de transmissão da informação mudou de unidirecional para multidirecional. A recepção não é mais passiva, é interativa – tanto no mundo da informação quanto no da publicidade e do entretenimento. Alguém já disse que, quando estão na frente da televisão, as pessoas preferem interagir com a geladeira. E quando estão na frente do computador, gostam de interagir com ele e estão aprendendo a fazer isso cada vez mais rápido.

Antes as pessoas assistiam a programas de calouros e esperavam o que os jurados tinham a dizer; depois, passaram a telefonar escolhendo seus favoritos; hoje, a votação ocorre por meio de aplicativos instalados em seus smartphones que, graças a interfaces com redes sociais, mostra a foto de quem votou e ainda permite que o espectador faça comentários sobre o que está vendo e ouvindo. Ou seja, de uma postura passiva, o público ganhou uma dose de protagonismo nunca vista. E essas potencialidades, esse empoderamento do público é transversal aos determinismos de classe social e origem.

Dados da União Internacional de Telecomunicações (UIT)[3] indicam que até o final de 2014 o número de celulares no mundo deve empatar com número de habitantes, atingindo os 7 bilhões. A diferença entre os países ricos e os demais, em vários estágios de desenvolvimento, é bem menor que em outros setores. O relatório da UIT afirma que a penetração de celulares chegará a 90% nos mercados emergentes, contra mais de 120% nas economias ricas, nas quais muita gente tem mais de um celular. A maior restrição a essa tecnologia está na África, onde 30% da população ainda não tem acesso. Mas, se a comparação for feita com a velocidade de disseminação de outras tecnologias de comunicação ao longo da história, temos o celular como um fenômeno autêntico. A expansão dos celulares nos últimos dez anos fez o número de aparelhos se multiplicarem também por dez.

Outra prova de que a era pós-digital é uma realidade global é a tendência, apontada pelo mesmo relatório, de que esse mercado está chegando à saturação, o que demonstra a onipresença e transversalidade dessa tecnologia.

De acordo com a UIT, o uso da internet nos celulares vem crescendo rápido, especialmente nos países emergentes, cujo índice de crescimento será cerca de duas vezes maior que nos mercados mais consolidados. A previsão para 2014 era de que, enquanto o crescimento da internet no celular ficaria em torno de 11% no primeiro mundo, nos países emergentes atingiria 26%. Mas isso parece ser só o começo. Na China os dados indicaram recentemente que pela primeira vez o acesso à internet via mobile ultrapassou o realizado via desktop ou laptop[4].

O futuro é portátil

Unidades vendidas no mundo, por ano
(em milhares de unidades)

● PCs ○ Smartphones e tablets

Fonte: Enders Analisys.

Benedict Evans[5], americano especialista no mercado de smartphones, indica que já existem em uso no planeta cerca de 1,6 bilhão de aparelhos móveis com Android ou iOS. E que em poucos anos esse número deve dobrar. Quando isso ocorrer, metade da população mundial vai estar conectada à internet por meio de seu smartphone.

No Brasil, o número de linhas de celulares já se igualou ao número de brasileiros. Segundo a Agência Nacional de Telecomunicações[6] (Anatel) o número de linhas ativas no país chegou a 273 milhões em 2014, mais do que os 200 milhões de habitantes que o IBGE (Instituto Brasileiro de Geografia e Estatística) estima como o total da população brasileira. E a troca de celulares comuns por smartphones está sendo feita numa velocidade maior que a da média mundial.

E é bom lembrar que o smartphone só existe desde 2007, quando o iPhone praticamente lançou essa nova categoria de aparelhos móveis. Ou seja, em apenas sete anos alcançou e ultrapassou largamente o primeiro bilhão de aparelhos, enquanto a TV, por exemplo, demorou mais de 60 anos para conseguir atingir os mesmos números.

Por isso, os gestores devem perceber que a mídia digital não é apenas um novo canal de comunicação e sim um novo ambiente de relação com os consumidores. Há um componente de envolvimento e engajamento que muda tudo. **É a diferença entre fazer sexo e fazer amor, em que a mecânica pode parecer igual, mas o engajamento é totalmente outro.** As trocas são mais intensas e cheias de significado, a importância dos sentimentos de cada um dos envolvidos é muito maior, o individualismo não é visto com bons olhos nem deve ter espaço para existir. Nesse tipo de relação, o conhecimento do outro e o respeito por seus desejos e aspirações é o ponto de partida. Não existe mais o "compre isso" ou o "faça aquilo" descontextualizado. No mundo do engajamento, as propostas são definidas pelo feedback obtido de ações anteriores.

Assim, os profissionais de marketing passam a ter a obrigação de atuar com os pés no futuro e os olhos no presente, e não o contrário como sempre se pregou. Cabe a esses profissionais estarem lá na frente, liderando e puxando suas empresas rumo ao futuro. Com tudo mudando rapidamente, é preciso correr para não sair do lugar. É preciso se mexer para se manter perene. Na verdade, uma análise rápida mostra claramente que aquilo que considerávamos presente já virou passado, e o que era futuro já é presente.

Na era pós-digital, os arquivos foram para a nuvem e os programas pesados viraram aplicativos. Ninguém mais se preocupa em se conectar porque todos estão sempre na rede. Não existe mais o universo do online e do offline, tudo faz parte da mesma

Digital	Pós-digital
Files	Clouds
Programs	Apps
Connect	Always-on
Interface	Surface
Participation	Sharing/Making
Metadata	Metacontent
Medium	Platform
Experience	Engagement
Syndication	Push notification
Privacy	Personal Cloud
Plaintext	Cryptography
Responsive	Anticipatory
Tracing	Tracking
Surfing	Reading

Fonte: Digital/Post-Digital by David M. Berry.

realidade *onoff* porque as ações no mundo físico estão intimamente ligadas aos eventos do mundo virtual.

A intimidade com a rede se tornou tamanha que hoje a navegação não mais se faz por meio de uma interface, um intermediário – o mouse –, e sim diretamente com os dedos sobre a tela, de forma mais orgânica, natural e lúdica. Antigamente, o consumidor poderia participar, mas dentro de limites. Poderia acompanhar os reportes de tráfego, mas não conseguia contribuir com o que estava vendo. Hoje é possível compartilhar sua visão e ainda acrescentar conteúdo, literalmente produzindo a informação que vai chegar aos outros, como no Waze.

O metadado virou metaconteúdo. A habilidade do mundo virtual de contar tudo o que ocorre nele como visitas e compartilhamentos está evoluindo de um monte de informação crua e descontextualizada para se tornar conteúdo relevante. As antigas mídias passam a ser vistas como plataformas, com suas características próprias e regras de engajamento peculiares a partir das quais se pode criar.

O que antes era uma experiência, hoje é engajamento. Por isso, a distribuição unilateral, sindicalizada de informação evoluiu para um sistema de escolha de conteúdo e aviso sobre atualizações, o *push notification*. Assim, quando algo dentro das áreas de interesse de um indivíduo acontece, ele será sempre avisado. Na era pós-digital, o que antes era visto como área privativa e ficava fixa na memória de um equipamento físico se tornou *personal cloud*, ou nuvem pessoal, que permite ao internauta ter segurança e acesso fácil de qualquer lugar a seus documentos, independentemente de tê-los em uma mídia física. Nesse contexto, os textos simples passam a ser criptografados para garantir a segurança.

Na era digital, a web era reativa, respondia a estímulos. **Na era pós-digital a internet aprendeu a se antecipar e sugerir**

coisas que possam ser relevantes, considerando os hábitos de navegação e interesses dos internautas. Assim, o processo de seguir o usuário (*tracing*) evoluiu para o de acompanhá-lo o tempo todo (*tracking*), o que aumenta a relevância dos assuntos propostos pela web a partir de algoritmos que reconhecem os padrões de navegação de um indivíduo. Assim, na era digital, o que antes era *surfing* se tornou leitura efetiva dos conteúdos.

Basta comparar para ver que a era pós-digital está mais do que instalada no comportamento das pessoas e esse salto evolutivo ajudou a separar os clientes em três públicos-alvo: os turistas digitais, os imigrantes digitais e os nativos digitais – que, aliás, estão chegando ao poder.

Hoje, os que têm medo das mudanças são mais velhos e têm menos anos de educação formal. Já os amigos da novidade tendem a ser mais jovens e a ter maior escolaridade. Para eles, a combinação de informação (jornalística ou publicitária), entretenimento e tecnologia é natural; é o que movimenta o mercado, o que determina os vencedores e perdedores da corrida pelo consumidor e, consequentemente, a perenidade das marcas e empresas.

Uma das questões que os pioneiros na compreensão do mundo digital sempre apontam é que a tecnologia dos computadores tende a ser tão intensamente absorvida pelas pessoas que, para muitos, ela já é como a eletricidade: a gente só nota quando falta. **Fica cada vez mais claro que não dá para construir um edifício na era pós-digital sobre o alicerce do mundo analógico.** As organizações precisam não apenas dominar as armas digitais, mas também adquirir uma alma digital. E, para que isso ocorra em comunicação, é preciso adotar uma postura pós-digital, que leve em conta todas as premissas alteradas pelo mundo dos computadores. A chegada da era pós-digital não representa o fim do digital, pelo contrário, representa sua completa onipresença, ubiquidade e trivialidade – ou seja, o fim da era da excitação e do medo. **Agora, deixamos de nos impressionar pela tecnologia e passamos a nos surpreender pelo que ela proporciona.** Afinal, tecnologia é tudo o que nasceu depois de nós.

A partir de agora, em gestão, inovação, comunicação e em tudo mais, será preciso jogar com as grandes tendências da era pós-digital: efemeridade, mutualidade, multiplicidade, sincronicidade, complexidade e tensionalidade. Estamos vivendo um momento de *tesarac*, de mudança de era, em que as regras antigas já não valem mais e as novas ainda não foram estabelecidas. É um momento de caos em todas as áreas do conhecimento humano, mas também de grandes oportunidades para quem compreender como será o novo mundo. **A melhor maneira de lidar com o futuro é inventá-lo.** Os espelhinhos não impressionam mais. E isso muda tudo.

Efemeridade

A perenidade num mundo efêmero é tão maior quanto for a efemeridade de sua forma de agir.

Diante do guarda-roupa, as incertezas se empilham e as perguntas deixam a mente mais confusa que uma gaveta de meias. Afinal, o que está na moda? A gravata mais estreita ou a mais larga? A saia abaixo ou acima do joelho? O jeans com pernas ajustadas ou largas? A camisa listrada, xadrez ou lisa? O essencial é estar vestido, mas estar vestido de acordo com as mais recentes tendências de moda tem o seu valor porque transmite atualidade. Quem não se mostra atual nos dias de hoje, automaticamente se coloca em uma posição de fragilidade.

Num mundo cada vez mais intensamente *updated* e informado, demonstrar ignorância sobre as notícias recentes não contribui para o sucesso. No entanto, a rapidez que as coisas mudam implanta em cada um de nós uma incerteza constante. O jeito é correr para internet, olhar os sites favoritos e voltar para o guarda-roupa com as questões respondidas. Mesmo que isso signifique deixar a "camisa da sorte" no cabide por algum tempo. O certo é que a insegurança faz parte da vida de quem vive em um mundo onde a efemeridade é perene. Por isso, devemos reconfigurar nosso modelo mental se quisermos viver nesse universo pós-digital. **Precisamos adquirir um senso se impermanência e imaterialidade.**

Vivemos a era das relações fugazes. No mundo digital, tudo é mais efêmero e reflete a realidade social. O ciclo de formação e popularização dos fatos, notícias e tendências está cada vez mais curto. A sensação de fugacidade do tempo, cantada em prosa e verso na literatura, chega a seu paroxismo na era pós-digital, que tem na efemeridade, na curta duração de tudo, uma das suas mais marcantes características.

Um dos exemplos mais claros desse modo de viver em que tudo passa rápido é a proposta do aplicativo Snapchat[7], que permite o envio de fotos visíveis por apenas 10 segundos depois de abertas. Essa fugacidade das imagens fascina especialmente os jovens entre 13 e 25 anos, nascidos, portanto, a partir de 1990 e já considerados nativos digitais, gente que não tem o mínimo apego ao que já foi visto e que considera o efêmero o estado natural das coisas.

Na virada para 2014, o aplicativo já contabilizava 400 milhões de mensagens por dia e seu maior atrativo é justamente o fato de as fotos desaparecerem em segundos. Isso faz que as pessoas tenham a liberdade de mandar fotos sem ter de pensar nas consequências. Fotos que permanecem, tornam-se documentos e podem virar objeto de julgamento de outras pessoas, dos pais, dos professores, dos gestores e de futuros contratantes. Mas, se elas se dissolvem no limbo digital, não há crime, pecado ou castigo. Especialmente no mundo digital de hoje, em que tudo é compartilhado rapidamente e que a privacidade é algo cada vez mais raro, a efemeridade dessas mensagens com fotos é uma proteção muito bem-vinda – especialmente pela geração dos nativos digitais, que cresceram ouvindo histórias de fotos pessoais que vazaram para a rede e geraram aborrecimentos por conta disso.

Além disso, a fugacidade das imagens faz que o receptor se sinta até certo ponto envaidecido pelo privilégio de ver o que não poderá mais ser visto depois. Funciona como nos filmes do agente 007, quando o briefing vai para James Bond com a observação *"For your eyes only"*. Na verdade, a mecânica do Snapchat lembra o seriado *Agente 86*, comédia de sucesso dos anos 1960 em que o agente Maxwell Smart, ao receber as mensagens com suas missões, era advertido que elas se autodestruiriam em cinco segundos, o que as tornava ainda mais preciosas. E o mesmo artifício pode ser observado na franquia *Missão Impossível,* estrelada por Tom Cruise. A curta duração da imagem tem o efeito de exigir atenção total do receptor. Não adianta olhar de relance e deixar para ver detalhes depois, a atenção é momentânea, mas total.

Outro aplicativo que demonstra com clareza a diferença entre o mundo digital e a era pós-digital é o Waze, já citado anteriormente, porque inclui a efemeridade em sua forma de operar e, ao incorporar a inconstância dos cenários do tráfego, propõe novas rotas e atua como parceiro do motorista. O GPS, ao contrário, é um artefato típico da era digital: traz facilidades, mas atua de forma linear, sem considerar as mudanças rápidas na situação do trânsito. A relação com o GPS é constante. O motorista digita o local onde está, o destino para onde vai e, nos aparelhos mais desenvolvidos, consegue escolher se vai usar o caminho mais curto ou o mais cênico, por grandes avenidas ou o que utiliza vias locais. Uma vez que tudo isso está decidido, engata a primeira marcha e segue. Se o motorista se distrai e perde uma entrada ou vê alguma situação complicada, como uma rua em obras por exemplo, que o obriga a mudar de rota, certamente ouvirá a voz do GPS dizer *rerouting*, ou "recalculando a rota", num tom que sempre soa como reprovação.

Já o Waze, criação pós-digital, tem outra atitude. O aplicativo é proativo e alinhado com a efemeridade que caracteriza o tráfego. Se os *reports* de outros condutores indicam que há um problema mais adiante na rota sugerida, o aplicativo já recalcula o caminho e sugere a mudança para o motorista. Nada de bronca. Só parceria. Isso porque sua dinâmica de operação reflete a realidade da movimentação do tráfego nas grandes cidades, sempre imprevisível, efêmera. O aplicativo entende que chegar a algum lugar é só parte do problema. A solução inclui chegar no menor tempo possível e com o mínimo de aborrecimento.

Saber lidar com a velocidade das mudanças é uma das mais importantes armas para quem quer estabelecer uma relação produtiva com a efemeridade, característica constante da era pós-digital. A geração que nasceu online entende perfeitamente essa fluidez que os fatos se encadeiam em períodos curtos. De acordo com o empresário, blogueiro, autor de best-sellers e articulista James Altucher[8], a filosofia dos jovens se baseia na efemeridade. "O passado e o futuro não existem. São lembranças e especulações", afirma Altucher, que desenvolve várias atividades simultaneamente.

E a sensação do "faça antes que acabe" vai além das mensagens instantâneas do mundo virtual e se tornou uma influência decisiva no mundo corporativo. Empresas que sabem lidar com a efemeridade tem se mostrado mais bem-sucedidas que a média quando comparadas a seus pares.

Mesmo setores que viviam de ciclos, como a moda, vem sendo fortemente impactados pela efemeridade. No século 20 a moda era definida por duas coleções anuais – primavera-verão e outono-inverno – e as tendências apresentadas pelos estilistas levavam pelo menos três meses para chegar às vitrines dos principais centros internacionais, como Paris, Londres, Milão e Nova York. No resto do planeta, ainda demorariam mais. Até os anos 2000, levavam quase dois anos para chegar ao Brasil.

Hoje isso mudou e muito. Criado por empresas que perceberam que as consumidoras não queriam esperar, o fenômeno do *fast fashion* mudou o cenário do mercado de moda e fez de marcas como Zara, Top Shop, Forever 21, H&M e Mango potências mundiais. Seu sucesso está na habilidade de incorporar em seus processos produtivos o rápido ritmo dos lançamentos dos estilistas e a voracidade do desejo das consumidoras por peças que reflitam os conceitos desses lançamentos.

A maior em faturamento e número de lojas é a marca espanhola Zara, que pertence à holding Inditex. Ela já possui mais de seis mil lojas pelo planeta e está completamente ajustada à realidade pós-digital. Prova disso é que superou sua localização periférica, quebrando o paradigma de que "tamanho é documento", conforme vimos em capítulo anterior. Mas é em sua capacidade de compreender a efemeridade e trabalhar em parceria com essa característica da era pós-digital que a torna um exemplo emblemático.

Graças a uma engrenagem ajustada com precisão, as lojas da marca recebem duas remessas de novas mercadoria por semana. Mas o truque é: a quantidade de produto é pequena porque parte da estratégia da marca é não se comprometer com estoques grandes. A consumidora sabe que tem de se decidir rápido porque são poucas peças. Assim, como as peças têm custo relativamente baixo, não pensam duas vezes e compram.

Para chegar a essa resposta rápida, conforme já abordado no Capítulo 1 da Parte 1, o criador da Zara, Amancio Ortega, correu um risco importante: para que as roupas chegassem logo nas lojas, elas teriam de ser feitas em local próximo delas, ou seja, na Espanha. Isso significava custos trabalhistas altos já em 1975, quando Ortega abriu sua primeira loja, e esses custos nunca diminuíram. Para atender à demanda voraz por novidades, não dava para esperar que as peças fossem feitas na Ásia e passassem semanas em containers viajando pelo planeta. O imediatismo do desejo das consumidoras é um fato que empresa sempre teve como premissa. As aspirações de moda femininas são voláteis, pode sumir no ar rapidamente se não encontrarem uma estrutura em que possam se condensar.

O papel da loja de *fast fashion* é justamente estar lá, com o modelo pronto, na hora que bate o desejo de comprá-lo. Esse desejo é algo efêmero, pode simplesmente desaparecer ou ser substituído. Por isso, a empresa não podia perder tempo. Se para agir de acordo com a efemeridade dos impulsos femininos de compra era preciso ir na contramão do mercado que, com a globalização, buscava custos de mão de obra cada vez menores, que assim fosse feito. No tempo de produção e na agilidade da chegada da mercadoria, a geografia importa. Na absorção de informação de moda, nem tanto.

Até hoje boa parte do que é consumido nas lojas europeias da rede é produzido em sua cidade de origem, La Coruña, na Galícia. Outro dos diferenciais da marca que combinam muito bem com a era pós-digital é a capacidade de responder aos feedbacks de sua clientela. Se uma determinada peça é bem-recebida ou se os clientes sugerem mudanças no modelo, a empresa tem condição de ajustar a modelagem para atender a essas demandas. E mesmo que isso ocorra em outro continente, as peças novas devem chegar em até três semanas.

Ao estabelecer esse ritmo frenético mundo afora – a marca está em 85 países –, a Zara fez todo o mercado de vestuário adotar um ritmo mais acelerado. Até as marcas que não estão exatamente na categoria de *fast fashion* por apresentarem preços mais altos também passaram a alimentar suas lojas com novidades mais frequentes do que só no lançamento da estação.

Essa fome por novas estéticas se repete em outras áreas e faz que o ciclo de criação, adoção e abandono de produtos culturais se torne cada vez mais rápido. Faris Yakob, publicitário especialista em estratégia de comunicação (atualmente lidera esse departamento na McCann-Erickson em New York) e que escreve sobre marcas, mídia, comunicação e tecnologia, define esse período entre surgimento e morte de uma obra de latência cultural.

Yakob explica que existe uma correlação entre o tempo suficiente para se distribuir algo e o período necessário para que isso comece a fazer efeito, tornando-se relevante e interessante. Aponta que, quando as canções eram distribuídas por meio de partituras, a popularidade desses trabalhos era mais duradoura. O tempo que levava entre a composição e a disseminação era longo e as pessoas passavam mais tempo com aquela música em seu repertório. "Quando surgiu o gramofone, esse período diminuiu rapidamente. Graças à proliferação dos modos de cópia e distribuição atuais, hoje esse período está dramaticamente diminuído", observa Yakob em um dos seus artigos.

O publicitário cita um estudo recente de Jonah Berger, da Universidade da Pennsylvania, Gaël Le Mens, de Stanford, e Pompeu Fabra, da Universidade de Barcelona[9], que investigou porque as coisas se tornam impopulares. O artigo mostra que, quanto mais veloz é a obsorção de um produto cultural, mais rapidamente ele deixa de agradar, e ainda faz uma comparação da mecânica observada pelos acadêmicos com a atividade de jogar pelo computador.

Em qualquer atividade em rede no computador, o termo que descreve o intervalo entre uma causa e seu efeito é chamado de latência. Quanto menor a latência, mais rápido o computador responde e mais rapidamente se pode ver os efeitos e responder a eles.

Conforme as tecnologias de comunicação se tornam mais rápidas e distribuídas em larga escala, a latência cultural vai diminuindo.

Antigamente, a velocidade que as pessoas se moviam era a mesma velocidade que a informação viajava – como indica o caso do sujeito que correu a maratona nos tempos gregos. Houve um tempo em que as notícias vinham a cavalo, na garupa. Assim, a velocidade que as mensagens podiam atravessar as distâncias determinava a latência cultural, o que significa que as coisas mudavam mais lentamente. Hoje, um e-mail viaja na velocidade da luz e isso fez que as coisas passassem a mudar mais rápido. Mas, por mais de uma década, o e-mail ainda era algo limitado ao desktop. Agora, todo mundo tem acesso a tudo o tempo todo graças à tecnologia móvel do celular. "Com isso, a latência cultural está beirando o zero, pelo menos nas partes mais conectadas do planeta", segundo Yakob.

Ele ainda afirma que os ínfimos períodos de latência cultural trarão efeitos interessantes porque criam respostas mais rápidas, em *loops* – ou seja, a informação, assim que é entregue, gera ao mesmo tempo um efeito e uma causa subsequente, que cria outros efeitos. A histeria com a febre suína e os protestos marcados pelos Twitter que desencadearam a primavera árabe são exemplos disso. Num tempo em que a latência cultural é tão baixa quanto nos dias de hoje, a taxa de disseminação da notícia é tão importante quanto a informação em si. Nessa fase em que tudo muda tão rápido é fundamental que a publicidade ganhe ritmo para acompanhar esse mundo conectado. Como diz Yakob: "Mais coisas precisam ser criadas, com maior frequência, para que as marcas se mantenham tão visíveis quanto há alguns anos".

Com a crescente e veloz penetração da tecnologia de comunicação, a latência cultural vem diminuindo rapidamente. E isso se deve, em grande parte, à expansão das redes sociais, que ampliou geometricamente a velocidade de distribuição de informação. "Notícias chegam às primeiras páginas de revistas e jornais e desaparecem com velocidade nunca vista. Tudo fica saturado e velho mais rápido, gerando uma redução da latência cultural que chega quase a zero", observa Yakob.

As redes sociais fizeram que o tradicional processo de boca a boca ganhasse, literalmente, a velocidade da luz. Por isso, o sucesso de um lançamento cinematográfico atualmente é determinado pela bilheteria de seu primeiro fim de semana em cartaz. Nesse período, os primeiros a ver o filme já fizeram suas avaliações e as divulgaram nas redes sociais. A crítica sobre o filme, que antes ocorria no refeitório da empresa enquanto se tomava um cafezinho, agora ocorre online. Ou seja, com a velocidade que a informação se espalha, o tempo de latência entre a experiência e o comentário se reduziu a poucos minutos e atinge muito mais gente.

A redução dos períodos de latência cultural e a resultante efemeridade é também uma grande influenciadora do planejamento de comunicação das agências de propaganda. A Grey Brasil, agência que presido, se apresenta ao mercado como uma agência pós-digital e tem no seu planejamento estratégico um dos grandes pilares desse posicionamento.

O Grupo Grey, pertencente ao Grupo WPP, uma das grandes redes de comunicação do mundo com mais de 170 escritórios, desenvolveu uma forma inédita de planejar comunicação baseada nas características mais importantes da pós-digitalidade: efemeridade, multiplicidade e sincronicidade. Sua ferramenta mais conhecida é o Shift, uma maneira de desenvolver projetos de comunicação com base não apenas no destino, mas também na trajetória. Ou seja, para uma marca, tão importante quanto saber aonde quer chegar, é definir o caminho até lá. E, principalmente, entender que a efemeridade do mercado atua nesse trajeto, alterando constantemente essa rota. Por isso, faz parte da análise não somente o caminho mais adequado, como todas as alternativas possíveis em caso de alterações circunstanciais do ambiente mercadológico.

Em resumo, trata-se do esforço de sincronia entre cenários possíveis e as ações de comunicação resultantes, que já ficam planejadas e definidas para serem aplicadas simultaneamente ao *shift* da dinâmica do mercado. Uma visão equilibrada entre a estratégia do destino e as alterações táticas da jornada, uma espécie de comportamento Waze no ofício de planejar comunicação.

Transpondo essa realidade mutante, efêmera e acessível para o mundo da tecnologia da informação, vemos que essas características estão alinhadas com o que prega a Lei de Moore: a cada 18 meses, os chips dobrariam sua capacidade de processamento pelo mesmo custo de produção. Formulada em 1965 pelo então presidente da Intel, Gordon E. Moore, a regra não dá sinais de que será desmentida. E parece ter influenciado praticamente todos os outros setores da vida moderna.

Essa engrenagem rápida e voraz se repete também na vida empresarial. Nas duas últimas décadas, o ciclo de surgimento, disseminação e desaparecimento das marcas tem sido frenético. No final dos anos 1990, o mundo digital tinha *players* de peso como America Online, Altavista, Lycos e Netscape, que simplesmente desapareceram ou se tornaram irrelevantes. Por volta de meados dos anos 2000, redes sociais como Myspace e Orkut atraiam milhões. Hoje, são como cidades-fantasma do Velho Oeste. Muito já se fala sobre o fim do Facebook, a maior rede social da atualidade que, já prevendo a necessidade de se reinventar, comprou o WhatsApp e tentou comprar o Snapchat. Oriundas da realidade efêmera da era pós-digital, ferramentas e redes sociais sabem que estão fadadas a desaparecer e que só estenderão sua validade se evoluírem continuamente, criando novas propostas para usuários que se entediam cada vez mais rápido.

A visão fugaz da realidade tem afetado muito o comportamento das novas gerações, que passam a não ter mais compromisso com suas escolhas. Quem há um ano achava o Facebook o máximo, hoje ignora essa rede social e vive no WhatsApp, o que só faz com que se especule qual será o aplicativo do ano que vem. Pode ser o Pinterest, o Vine ou algum outro do qual nunca se ouviu falar e que vai se disseminar com a velocidade de um raio se oferecer diferenciais de conveniência, facilidade de uso e baixo custo.

Nesse cenário mutável, fazer comunicação é como atirar em um pato em pleno voo. Para acertar é preciso mirar onde ele vai estar. Se a mira for feita no ponto em que ele está agora, erraremos o alvo. Na vida empresarial, isso significa sempre estar atento para corrigir o rumo das ações constantemente, para chegar ao resultado almejado. É como estar em uma corrida de Fórmula 1: antes da largada, todos os pilotos têm sua estratégia definida a partir do acerto do carro, da posição no *grid* e das necessidades em termos de troca de pneus e reabastecimento. Mas, ao longo da corrida, os fatos novos vão surgindo como chuva, problemas mecânicos, retardatários, penalidades etc. A capacidade das equipes e dos pilotos de regirem rapidamente e tomarem as decisões certas sobre o momento de parar no box (ou não) é o que vai definir o resultado final.

Estar no mundo dos negócios é como estar numa corrida ou, no mínimo, numa *freeway* ou avenida de alta velocidade. Para entrar, é preciso acelerar. Quem entra devagar corre o risco de ser atropelado. E saber a hora certa de sair é tão importante quanto o momento exato para entrar. A aceleração também é decisiva nessa hora porque é preciso ser rápido para não ser atingido por trás.

No mundo pós-digital, não entrar é melhor do que entrar atrasado. O timing das ações pode representar grandes lucros, mas erros de avaliação podem representar prejuízos imensos porque o consumidor é cada vez mais volátil. Se o público não percebe inovação num lançamento, vai ignorá-lo e todo o investimento feito em seu desenvolvimento vai pelo ralo.

Absorver tecnologias e evoluir a partir delas faz parte da condição humana. Durante conferência do Carnegie Council em 2010, o cofundador da revista *Wired*, Kevin Kelly[10], falou sobre a importância da tecnologia para a humanidade e de nossa total dependência das coisas que criamos. Kelly apontou um estudo realizado no Peru que comparou por meio de scanners a atividade cerebral de pessoas analfabetas e pessoas que tiveram 15 ou 20 anos de educação formal e descobriu que efetivamente o cérebro das pessoas que frequentaram a escola funcionava de forma diferente: "Do mesmo modo, se você fica cinco ou dez horas diante do computador, isso também deve mudar a maneira de seu cérebro trabalhar. E isso continuará a acontecer", disse Kelly. E destacou: "somos dependentes da tecnologia do alfabeto", chamando atenção para um fato que está tão disseminado na realidade que ninguém repara. **A simbiose do ser humano com a tecnologia já é tão grande que raramente é percebida.** E mais do que isso, provoca uma evolução na nossa espécie sem que sequer tenhamos consciência disso.

O editor executivo da *Wired* lembrou que o fato de a humanidade ter desenvolvido a tecnologia de cozinhar permitiu que, graças a esse estômago externo, pudéssemos ter mais energia para outras atividades e também modificou nossas mandíbulas, que se tornaram estruturas mais delicadas. "Se toda a tecnologia desaparecesse do planeta, a humanidade duraria apenas seis semanas", afirmou. Por outro lado, Kelly destacou que a sobreposição de tecnologias é o que leva à evolução da sociedade.

O fato é que, ao serem absorvidas, essas tecnologias provocam mutações no estilo de vida e na visão de mundo das pessoas, especialmente da geração que não as vê como novidades porque nasceram depois do seu surgimento. Os nativos digitais, aquela geração que já nasceu com acesso à internet, querem cada vez mais liberdade para mudar o rumo e alterar a direção de suas vidas, tanto no plano pessoal quanto no profissional. Para as gerações anteriores, o que envolvia compromissos para longo prazo ou mesmo para a vida toda, para os jovens envolve um período indeterminado que será definido por seu próprio entusiasmo ou enfado com cada situação, seja ela relacionada a questões práticas, filosóficas ou afetivas.

Os nativos digitais vivem a efemeridade de forma holística. Apesar de estarem sempre conectados, raramente tentam absorver um tema em profundidade. Talvez por essa superficialidade, mudam de opinião com rapidez e frequência proporcionais ao liga-e-desliga do celular. Suas decisões costumam estar envoltas em interrogações, como se a vida fosse um eterno teste de múltipla escolha. De acordo com o filósofo polonês Zygmunt Bauman[11], considerado um dos principais pensadores sobre as questões ligadas à pós-modernidade e a liberdade que a acompanha, a engrenagem do estilo de vida da era pós-digital está empurrando a geração dos nativos digitais a "trocar de amores, amizades, marcas, aplicativos e aspirações como quem troca de tênis, numa sucessão de reinícios com finais rápidos e indolores".

A facilidade de pular de uma relação digital para outra se torna ainda maior graças à portabilidade, à possibilidade de levar todos os contatos digitais de um ambiente para outro por meio de um único clique. Na era pós-digital, a efemeridade inspira a portabilidade, que a serve tornando as mudanças rápidas e fáceis.

Antes, mudar de hardware, de telefone celular, por exemplo, era um pesadelo. Na mudança, todas as informações se perderiam se não fossem copiadas uma a uma. Isso desestimulava a adesão às novidades. Como qualquer tipo de conservadorismo é incompatível com o caráter efêmero da nossa era, surgiu a portabilidade. O conceito de ter todos os conhecimentos e preferências prontos para usar, mesmo que sua base de hardware ou de software mude, é muito poderoso e sedutor. É como ter uma mochila virtual sempre às costas onde quer que você vá. Isso traz liberdade e segurança para pular de ambiente em ambiente e dá uma dimensão ainda mais profunda ao mundo pós-digital. É a existência desse pacote de informações e dados sempre constante que permite que as pessoas possam agir de acordo com a efemeridade, que possam enjoar e mudar sem consequências, sem perdas, só com a satisfação de ter algo melhor para lhe servir.

A portabilidade surge, assim, como fenômeno resultante e causal da efemeridade. Novamente, o que existe é um movimento circular e ascendente em que a efemeridade inspira a portabilidade, que permite que a efemeridade exerça seu efeito de mudança, de impulso de migração e lhe serve no processo de troca de ambiente, até que tudo isso se repita. A portabilidade nos permite agir de forma efêmera sem o ônus da perda.

No mundo corporativo, a questão da portabilidade tem efeitos devastadores e pode ser uma atenuante, um parceiro ou um algoz da efemeridade, dependendo da forma que a empresa se relaciona com ela. A possibilidade de portar tudo o que personaliza a relação do consumidor com um determinado aparelho, serviço ou marca pode acelerar as possibilidades de evolução da companhia que pretende conquistá-lo.

Estamos hoje num mundo efêmero em que as marcas estão ficando ultrapassadas porque elas não estão agindo de maneira efêmera para continuarem perenes. Se o consumidor está a 100 km/h numa estrada, a marca tem que estar, pelo menos, no mesmo ritmo. O que leva à questão da velocidade relativa: se você está numa estrada a 100 km/h e o carro ao seu lado também está a 100 km/h, ele parece estar parado. Para andar mais rápido que você, ele não precisa ir a 200km/h, basta ir a 105 km/h e em pouco tempo você vai perdê-lo de vista.

Na era pós-digital, velocidade implica agir de forma efêmera em todas as suas atividades justamente para não ficar para trás e se distanciar do seu público-alvo até que ele suma no horizonte. Porque o consumidor não para, está sempre acelerando para alcançar a próxima novidade. Por isso, as empresas não podem se apegar a rituais permanentes ou antigas premissas. A perenidade de uma marca num mundo efêmero é tão maior quanto for a efemeridade de sua forma de agir.

O problema é que essa volatilidade do mercado deixa os gestores confusos, já que isso não faz parte dos rituais empresariais que aprenderam. No mundo pré-digital, os ciclos de vida dos produtos eram mais longos, o que permitia estudar, pesquisar e avaliar o próximo lançamento com todo o tempo do mundo. Esse ritmo era mais condescendente com as estruturas empresariais que se movem lentamente. Mas isso mudou.

Hoje em dia, escrever um plano estratégico para cinco anos e lê-lo um ano depois é como reler carta de amor de ex-esposa. A reação é sempre "onde eu estava com a cabeça quando eu escrevi isso?!". O fato é que planos e expectativas do passado geralmente se mostram inadequados para o presente porque as condições mudaram. Como hoje os cenários estão em constante movimento, as perspectivas devem ser alteradas no mesmo ritmo.

É mais ou menos como olhar uma menina de onze anos de idade e determinar que ela será modelo aos dezesseis. A ação dos hormônios da adolescente transformará sua aparência numa velocidade alucinante. Surgem espinhas, que podem ou não desaparecer.

Ela cresce, mas talvez não o suficiente para as passarelas. Ao ganhar corpo, pode passar das medidas que estão em voga. Seu nariz pode crescer demais ou a necessidade de aparelho nos dentes ficar evidente. Enfim, tudo pode acontecer nessa fase de mudança intensa.

Mas, mesmo se nada disso acontece e sua pele permanece perfeita, sua altura e peso sejam compatíveis com as exigências da profissão de modelo e seus traços fiquem harmônicos, a jovem pode simplesmente desprezar a oportunidade de ser modelo e preferir dedicar seu tempo a estudos de algoritmos. Ou seja, a chance de o planejado e o efetivado serem completamente diferentes num período de cinco anos é enorme nos dias de hoje.

Entretanto, não é porque as coisas são efêmeras que a visão estratégica deve ser abandonada. Pelo contrário. **A efemeridade faz a estratégia ser ainda mais necessária.** E o mais surpreendente é que a dialética entre temporário e perene é das mais antigas na história da humanidade.

Estratégico é quem levanta voo sabendo para onde está indo e vai corrigindo o rumo conforme o vento o desvia da rota. Isso exige ajustes constantes, atenção permanente, dá muito mais trabalho navegar assim. Já quem se deixa levar ao sabor do vento é tático. Ajusta seu voo conforme as mudanças de vento, tem pouca atenção aos sistemas de navegação e pode até alcançar uma velocidade maior com menos gasto de combustível, mas não sabe onde vai chegar. O tático é aquele mais preocupado com o fim do mês do que com o fim do mundo, mais preocupado com o bônus anual do que em manter a empresa ativa em 10 anos. Enfim, o mundo pós-digital é para os estratégicos.

Na realidade pós-digital em que vivemos, as tentações para se desviar dos objetivos pré-estabelecidos se multiplicaram. Além disso, numa época em que o efêmero é inevitável, as pessoas passam a ver apenas a função e se esquecem da missão.

No universo da gestão empresarial, a função pode variar sempre, mas a missão deve ser mais estável. Tudo depende de como o gestor pilota as três mais importantes forças que atuam no destino de sua empresa e que tem a capacidade de defini-lo: função, missão e visão. A função pode se alterar constantemente; já a missão pode mudar raramente. Mas a visão nunca.

Tomemos como exemplo o mundo da publicidade. A função é fazer a melhor propaganda possível, ser convincente, criar mecanismos para persuadir as pessoas a adquirir produtos ou serviços, estar constantemente avaliando as ferramentas mais otimizadas para atingir os consumidores. A missão é criar imagem positiva daquela marca, gerar reconhecimento pela diferenciação, vender cada vez mais e ganhar mercado. Já a visão é ter consciência que o consumidor não quer comprar nada a princípio e, por isso, o publicitário tem de criar ou estimular as razões que farão o consumidor ter desejo dessa aquisição por meio de um excepcional esforço de persuasão.

Ou seja, a escolha da forma de fazer a propaganda e de gerar uma imagem positiva para a marca pode variar, o que não pode mudar é o objetivo de gerar vendas, de fazer a empresa crescer e ampliar sua importância no mercado. Então, o publicitário não pode perder o foco e achar que todo mundo compra porque quer comprar. Por isso, dentro da agência, os profissionais devem estar engajados nessa visão de maneira profunda e interiorizada.

Outra abordagem distorcida que existe nesse setor se relaciona à figura do anunciante. Isso é uma ficção inventada por publicitários. É uma miopia chamar de anunciante a empresa que paga pela publicidade. Ela não é anunciante porque, na verdade, não quer anunciar, não corresponde à sua missão nem é sua principal preocupação. Para ele, anunciar é uma circunstância, uma necessidade – algo até incomodo, algumas vezes. Quem valoriza a propaganda como solução é o publicitário e o veículo. Para eles isso é uma constante.

Para a empresa que possui uma marca, a publicidade é importante, mas não faz parte de seus objetivos principais. Chamá-lo de anunciante seria o mesmo que cunhá-lo como "embalante" porque compra embalagem para seus produtos, ou então "transportante" porque usa caminhões na movimentação de seus estoques.

Um bom exemplo de dinâmica entre função, missão e visão na era pós-digital é o Google. A ferramenta de busca começou com o objetivo de conectar pessoas, de facilitar o acesso a coisas e conceitos que lhes interessavam, a saber mais sobre doenças e curas, lugares e formas de chegar lá, integrando pessoas e suas ideias. Enfim, a visão era de, em última análise, conectar pessoas por meio de informação. Como foi considerado muito etéreo para os investidores, o plano de negócios foi reescrito e passou a descrever uma ferramenta que auxiliaria as pessoas a encontrar informações sobre tudo, assumindo o papel de facilitador dos negócios. Com essa abordagem mais comercial, o investimento veio. A despeito dessa adaptação de discurso que alterou a missão da empresa, a visão se manteve inalterada e o Google nunca perdeu o foco de conectar pessoas. A missão foi alterada, mas a visão de colocar o usuário como prioridade se mantém.

No decálogo *Dez verdades sobre o Google*[12], o primeiro mandamento é "concentre-se no usuário e tudo o mais virá". O desenvolvimento desse conceito de priorização à experiência do usuário se expressa no cuidado em servir quem conta com a ferramenta e jamais atrapalhar a experiência com alguma meta interna da empresa. Por isso, a filosofia é manter a interface da página inicial limpa e simples e facilitar para que as páginas carreguem instantaneamente.

O Google afirma que "o posicionamento nos resultados de pesquisa nunca foi vendido a ninguém e a publicidade não apenas é marcada como tal, mas oferece também conteúdo relevante e não é uma distração". Ou seja, o foco na visão da empresa é firme. Por isso, a tradição no Google é, diante de qualquer novo projeto, investigar o que o usuário pode ganhar em sua relação com a ferramenta, o quanto isso pode ser útil ou agradável para ele. Por isso, o mantra lá é que o aproveitamento da ferramenta como mídia para veiculação publicitária não pode atrapalhar a relação com o usuário. Ou seja, a visão se mantém como norte das operações.

A efemeridade também está na raiz do ideário do Google. "Rápido é melhor que devagar", é um dos seus mantras e, embora ele se relacione à eficiência no tempo de latência de cada busca, é também um indicativo do quanto a efemeridade está integrada aos negócios da era pós-digital, tanto que chega a se misturar com o DNA da operação. A era pós-digital é definida pela incorporação de seus conceitos à vida cotidiana, e o conceito de efemeridade também perpassa a relação das pessoas com o acesso ao mundo virtual. **A dissolução das fronteiras entre online e offline, entre real e virtual é um dos aspectos em que a efemeridade se expressa no mundo pós-digital de forma mais eloquente**. Não há mais distinção na cabeça do consumidor.

Na década de 1990, quando a internet era ainda uma novidade, as pessoas separavam sua forma de interagir no mundo físico, offline, com sua vida online. As coisas eram simples: ou a pessoa estava online ou offline. Conforme a disseminação da rede mundial avançou e as formas de acessá-la se multiplicaram, as pessoas passaram a somar suas vidas on e offline. Hoje, as interfaces entre o mundo físico e o virtual são tantas e tão intensas, que essas fronteiras se diluíram e já não há mais distinção na cabeça do consumidor entre on e off. Vivemos na era do *onoff*.

No ponto de venda, onde tradicionalmente se dizia que 80% das decisões de compra são feitas, o consumidor agora pode, por meio de seu celular, saber mais sobre o produto que está diante dele, participar de promoções ou ver as avaliações que outros consumidores fizeram. Ou seja, sua decisão foi tomada na loja, mas o caminho para chegar até ela foi feito em grande parte no mundo digital. Especialmente por causa da multiplicidade de produtos e das variações de preços, a etapa de pesquisa na web tem se tornado uma constante na vida das pessoas. Totens interativos dentro do estabelecimento informam sobre os produtos e chegam a fazer comparações.

O auxílio digital aparece em infinitas formas, dos aplicativos que ajudam a navegar pelas cidades aos que contam calorias consumidas, ajudam a reconhecer músicas ou lembram as pessoas de tomarem seus remédios. Assim, diante de tantas e tão frequentes interfaces é quase impossível separar a vida digital da material. Dessa forma, equipamentos de *wearable computing*, como o Google Glass, provam sua relevância simplesmente porque, por meio da conexão com a internet, complementam os sentidos humanos com um inesgotável fluxo de informações. Não é porque o interesse em uma informação é efêmero que ela é menos relevante.

Na verdade, o que ocorre é o contrário, de tão importante, o equipamento passa a ser como um sentido adicional. Brian Behlendorf[13], um dos pioneiros da internet, foi quem previu essa simbiose. "Em 2025, será mais evidente que os equipamentos digitais pessoais se tornarão uma espécie de lóbulo adicional do cérebro e as conexões mais como uma extensão de nosso próprio sistema nervoso, um novo sentido, como a visão ou a audição", escreveu o especialista e futurólogo. E muita gente acredita que, com nossos smartphones, isso já é uma realidade atual.

Behlendorf não é o único a acreditar nisso. Para Daren Brabham[14], professor assistente na Annenberg School for Communication &

Journalism, da Universidade do Sul da Califórnia (USC), a simbiose humano-internet será inevitável. "Os impactos mais significativos da internet na vida das pessoas dentro de dez anos envolverão aplicações de realidade aumentada. Ferramentas desse tipo, como browsers móveis de AR (*augmented reality*) ou usáveis, como o Google Glass, terão preços acessíveis e serão bastante difundidos, e nos acostumaremos a ver o mundo por meio de várias camadas de dados. Isso vai mudar muitas práticas sociais como namoro, entrevistas de emprego, redes de contatos de trabalho, jogos e também a forma de fazer política e até espionagem", escreveu no PewResearch Center, um pool de opinião sobre como será a vida no mundo pós-digital de 2025.

A integração *onoff* traz um avanço importante no aspecto comercial, na medida em que permite a gratificação instantânea de comprar pela internet e usufruir imediatamente do produto retirando-o na loja. É o fim da frustração de ter de esperar pelo produto, algo inevitável na compra 100% online. A rede de lojas norte-americana Best Buy, por exemplo, oferece *in-store pickup* com várias vantagens de comodidade além de descontos. Essa agilidade a levou a reconhecer a clientela brasileira que compra na rede quando visita os Estados Unidos e criou um serviço especial para atender esse público, que muito antes de pegar o avião já visitou a loja virtual da rede.

A Macy's, uma das gigantes entre as lojas de departamentos, vem investindo na integração entre os mundos online e offline de forma surpreendente: a rede treinou seu exército de funcionários para vender via internet dentro de suas lojas e oferece descontos atraentes de 15 a 25% para os clientes que se aventurarem a comprar online quando estão visitando uma de suas filiais. Os resultados são animadores. Em 2013, essa modalidade de venda cresceu 65%.

O resultado da integração entre os dois mundos é que estamos trazendo todas as possibilidades do on para o off e a autenticidade do off para o on. A expectativa de obter respostas imediatas e relevantes típicas do mundo virtual passou a existir também no mundo real. Hoje, quando alguém está numa loja e quer saber mais sobre um produto, prefere recorrer à internet no seu próprio celular do que a um vendedor, simplesmente porque o celular já está em sua mão. Não há fronteira entre as ações, e os universos online e offline já estão misturados de maneira definitiva e irrevogável. O Facetime ou o Skype em dispositivos móveis já são exemplos de como o mundo online está se tornando cada vez mais autêntico e espontâneo.

E, como o mundo online traz velocidade para tudo, as ações offline se tornam mais rápidas e decisivas, acompanhando, assim, a efemeridade dos desejos de consumo e até das necessidades momentâneas. Hoje os argumentos tradicionais para adiar uma compra como "vou olhar na concorrência", "vou falar com meu marido" ou "consultar minha esposa" podem ser resolvidas com poucos cliques. As realidades estão misturadas para servir aos aspectos efêmeros da era pós-digital.

Quando uma criança desenha com os dedinhos em um tablet, está vivendo uma experiência *onoff* em que o conceito de efemeridade se apresenta em vários momentos. Não só o processo de começar a desenhar é mais rápido – antigamente era preciso ir buscar os lápis, canetinhas e crayons, papel e um lugar para desenhar – como também é mais ágil. Os desenhos podem ser modificados enquanto são realizados. Antes, era preciso seguir com o que tinha sido iniciado ou mudar de folha de papel. Os desenhos são mais efêmeros e podem, depois de gravados, ser alterados sem que essa operação demande muita avaliação, numa atitude sintonizada com a efemeridade.

Existe uma relação biunívoca entre o on e o off que tem o uso da ferramenta como catalisador, mas também como espaço de existência dos seus efeitos. Difícil entender o que causou esse fenômeno já que as atitudes e decisões são tomadas a partir da integração dos mundos físico e virtual. A possibilidade de fazer atualizações constantes levou os tablets, por exemplo, para os restaurantes, em substituição aos antigos cardápios em papel e atendeu a um sonho offline antigo dos chefs de cozinha de mudar o menu todos os dias, além de facilitar a vida do *maître* que passou a receber atualizações constantes do que ainda havia disponível na cozinha. Com um clique a opção some da tela.

Nesse sentido, fica claro que a integração *onoff* serve ao ritmo efêmero das coisas. Assim, a efemeridade não é dependente do tablet – por décadas os bistrôs faziam isso em lousas –, mas se associa a ele por se tratar de uma ferramenta que atende às necessidades de alteração rápida e que aumenta o alcance da informação. O cliente não vai para o restaurante sem saber o que tem ou não tem. Sua experiência offline, que é presencial, já passou pelo estágio online de consultar o menu virtualmente ou talvez até remotamente.

A inter-relação entre as realidades online e offline já é tão intensa que diferenciá-las não faz mais sentido. De acordo com Joe Touch[15], diretor da USC, "a internet vai deixar de ser o lugar onde encontramos vídeos de gatinhos para se tornar uma capacidade de sustentação que será uma parte invisível do modo como vivemos nossas existências cotidianas. Não vamos pensar em 'entrar no online' ou 'procurar na internet' por alguma coisa – simplesmente já estaremos online para ver. O autor William Gibson estava errado – não existe ciberespaço; tudo é só 'espaço'. Não perguntamos para as pessoas como a eletricidade ou a combustão interna nos motores mudará sua vida em dez anos – são coisas ubíquas, partes que não são sequer notadas na rotina".

Arthur C. Clarke disse que qualquer nova tecnologia suficientemente avançada é indistinguível da mágica, mas isso só ocorre durante os primeiros estágios de sua adoção. No final, qualquer tecnologia suficientemente útil desaparece no cenário se é utilizada da forma certa.

Toda tecnologia, ferramenta ou mídia fica velha. E cada vez mais rápido. A única coisa que não envelhece é a vontade de se conectar com outras pessoas, de ver o que uma criança desenhou ou saber o que tem para o almoço. Sempre teremos de achar um jeito de fazer exercício, de se comunicar cara a cara e de usar a internet e a tecnologia como ferramenta para mudança, para evolução. Por isso, as relações pessoais e profundas entre quem oferece e quem compra um produto não correm o risco de se tornarem irrelevantes – seu corretor de seguros continuará em sua agenda de contatos.

Embora a forma mude constantemente, a conexão continua sendo um fator humano fundamental. Mas, para o gestor, a efemeridade exige capacidade de adaptação, flexibilidade e velocidade para fazer essa conexão. E isso muda tudo na disputa de mercado.

Mutualidade

A convivência entre homens e
máquinas deve ser colaborativa
para ser generativa.

O cheirinho do pão fresco compete com o aroma do café, fazendo uma versão aromática das trilhas sonoras que a gente vê no cinema, dando mais densidade para a sensação dos momentos que seguem o despertar pela manhã. Sozinha, a TV se acende para transmitir o jornal que mostra o trânsito e as notícias matinais da metrópole. Depois de sair de casa dá para acompanhar o dia do seu gato por meio de câmeras e, na volta para casa, encontrar a banheira já cheia de água na temperatura ideal. Com um clique, a roupa está lavada e seca. Outro clique e a louça também.

Tudo isso já faz parte da vida de simples mortais e nos faz pensar que, de fato, estamos mais próximos do estilo de vida dos Jetsons do que dos Flintstones. O fato é que muitas das previsões do desenho animado futurista criado pela dupla William Hanna & Joseph Barbera nos anos 1950 e 1960 já se concretizaram. Até o Astor, o robô-cachorro de estimação do desenho, já faz parte da rotina das famílias que querem atender ao desejo de seus pequenos de ter um pet sem ter o compromisso de cuidar de um ser vivo. A ficção do século passado também se encontra com a realidade de hoje por meio da internet das coisas, que permite a relação entre as máquinas sem a interferência do humano.

Na era pós-digital, máquinas falam com máquinas e não apenas com pessoas. E assim chegamos a mais um pilar da era pós-digital: a mutualidade. Definida como **interação simbiótica entre indivíduos de diferentes espécies com benefícios mútuos e evolutivos,** a mutualidade se expressa no cotidiano por meio das interações entre equipamentos prosaicos como liquidificadores, fornos, geladeiras, aparelhos de ar condicionado e aquecedores com instrumentos de última geração como celulares com ampla capacidade de navegação na *world wide web*. Ligadas pelo fato de terem chips e memória, esses objetos já formam uma civilização inteligente e atuante.

Especialista em tecnologia, Kevin Kelly define a mutualidade como um conjunto ubíquo, global e dinâmico formado por interconexões massivas de sistemas tecnológicos independentes e sinérgicos. Parte desses sistemas inclui a intervenção humana, mas uma parcela significativa é derivada da integração entre as máquinas, que deve se intensificar a partir do crescimento da internet das coisas, ou IoT (do inglês, *internet of things*). A mutualidade vem da ideia de que há ganhos mútuos para os participantes de uma relação. No caso da relação entre pessoas e coisas, é bem mais fácil perceber os benefícios que elas nos proporcionam do que o contrário.

E o que são essas coisas? São máquinas, equipamentos, aparelhos, ferramentas, *devices* e *gadgets*. A nomenclatura específica pode variar, mas todas têm em comum o fato de terem sido criadas pelo homem e serem capazes de realizar alguma tarefa. As fabricadas mais recentemente, já na era pós-digital, vêm dotadas de memória e da habilidade de trocar informações entre si por meio da internet.

Na verdade, a indagação sobre se há vida inteligente não humana fora de nosso planeta deixa de ser relevante, porque já há muita vida inteligente não humana na Terra. Essas coisas realizam atividades especializadas, se comunicam, fazem comparações, tomam decisões e até escrevem textos. E mais, a estimativa é que, para cada um dos sete bilhões de humanos que habitam a nave Terra, já há dois desses seres conectados. Portanto, o trabalho agora é aperfeiçoar nossa interação com essa nova raça.

David Clark[16], cientista pesquisador sênior do Laboratório de Inteligência Artificial do Massachussetts Institute of Technology (MIT) afirmou que "dispositivos terão cada vez mais seus próprios padrões de comunicação, suas próprias 'redes sociais', que usarão para compartilhar e agregar informação e submetê-las a seu controle e ativação. Mais e mais os humanos estarão num mundo em que as decisões são tomadas por um conjunto ativo de dispositivos. A internet (e comunicação mediada por computador, em geral) se transformará em algo de maior alcance e profundidade, mas menos explícito e visível. Vai, até certo ponto, se misturar no cenário de tudo o que fazemos".

Para chegarmos a resultados práticos a partir dessa nova realidade, é preciso nos conscientizarmos de que uma nova civilização inteligente passou a habitar nosso planeta: são as máquinas, equipamentos e dispositivos que pensam, geram informação e se comunicam entre si por meio de protocolos com mais eficiência do que nós humanos fazemos entre nós. Existem diferentes dialetos entre essas coisas, mas elas sempre se entendem. Já aprendem entre elas assim como nós aprendemos entre nós, mas o processo vai se aperfeiçoar cada vez mais. Caberá a nós decidirmos se queremos nos integrar ao seu mundo ou tentar escravizá-los.

Usá-los simplesmente ou aprendermos mutuamente. **A mutualidade deve ocorrer primeiro entre as máquinas, e depois entre elas e humanidade.**

"A ubiquidade na computação é, de forma geral, o oposto da realidade virtual. Na realidade virtual somos colocados em um mundo gerado por computador. Já a computação ubíqua força o computador a viver aqui fora no mundo, com as pessoas", escreveu em 1998 Mark Weiser[17], um dos pioneiros no mundo da internet das coisas. No final dos anos 1990, Weiser já havia construído uma fonte em frente ao escritório que, por meio do fluxo e da altura da água, traduzia o volume e as tendências de preços da Bolsa de Valores a partir de dados vindos pela internet. Ou seja, as máquinas se comunicavam e faziam o trabalho sem interferência humana. A despeito do fascínio que causa, a independência das máquinas preocupou muita gente ao longo do século 20.

Para quem não perdia um *blockbuster* nos anos 1980 e assistiu ao filme *Terminator*, dirigido por James Cameron e estrelado por Arnold Schwarzenegger, esse conceito da comunicação entre os computadores e máquinas é familiar. O filme de 1984 expressava o maior pesadelo da humanidade durante a guerra fria: o medo da aniquilação da raça humana causada por uma guerra nuclear global. Como humano algum teria coragem de iniciar o extermínio, essa função apocalíptica ficou para as máquinas que, interligadas, se voltariam contra seus criadores.

Naquele ponto, a desconfiança em relação às máquinas capazes de agir por conta própria fazia parte do inconsciente coletivo. Assim, cada vez que um liquidificador expelia seu conteúdo simplesmente por não ter sido tampado corretamente, imaginava-se que ele poderia fazer parte de uma conspiração criada pela Skynet, rede de computadores que atuava como vilã no filme.

Seja por causa da influência da cultura pop ou por mera ignorância sobre como fazer com que a internet das coisas funcione a favor da humanidade, muitos passam ao largo do conceito de mutualidade, o que de certa forma os fragiliza na hora de encarar o futuro. Tentar ignorar uma população maior do que os sete bilhões de almas que o mundo abriga não é uma atitude sábia. E ainda vem com o agravante de que parte dos terráqueos compreende bem a integração entre as máquinas. **Para os nativos digitais, que foram embalados por babás eletrônicas, a troca de experiências entre aparelhos não só é normal como é desejável.**

Essa geração nascida de 1990 para cá está mais afeita a desenvolver parcerias com as máquinas num molde mais sintonizado com o otimismo dos anos 1960 sobre a tecnologia. Naquele tempo, alinhada com o inconsciente coletivo, a cultura pop futurista já previa um relacionamento generativo entre homem e máquina. Personagens como a impagável Rosey, robô-doméstico dos Jetsons, ou o adorável robô de Perdidos no Espaço, que era o grande amigo e parceiro do menino Will Robinson, traduziam essa visão romantizada.

Entre 1977 e 1982, o mundo passou a admirar o heroísmo (ainda que muitas vezes involuntário) dos robôs R2-D2 e C3PO, da saga *Star Wars*, que além de viver aventuras com os humanos, foram fundamentais para suas atividades e até sobrevivência dos protagonistas. Nos filmes, em várias situações, eles se comunicavam com outras máquinas para resolver problemas, exatamente como muitas máquinas da vida real fazem hoje.

Na década passada, o protagonista WALL-E do longa de animação da Disney-Pixar, mostra, de forma romantizada mas bastante plausível, o que as máquinas da nova geração podem fazer em termos de capacidade de tomada de decisões orientadas por fatos que, por meio de sua programação, registram, analisam e interpretam. Parentes do robozinho da ficção trabalham hoje nos depósitos de grandes empresas americanas de logística e fazem a diferença. São máquinas que cuidam do estoque e, ao receberem informações online sobre as vendas, verificam que determinado produto está saindo mais e rearranjam sua localização no armazém para facilitar a logística. Além disso, avisam ao controle de estoque quais produtos estão acabando.

Embora ainda não existam similares à ajudante Rosey, dos Jetsons, na Europa e nos Estados Unidos já existem "flanelinhas" eletrônicos em alguns shopping centers. São dispositivos acionados quando a pessoa entra com o carro no estacionamento e enviam uma mensagem para o celular do motorista dizendo onde há vagas e qual o melhor caminho para chegar lá.

E, por falar em carro, nada mais mutual que a nova geração de *self-driven cars* que a indústria automotiva promete para breve. São automóveis que se autodirigem, libertando o motorista para realizar outras tarefas durante o trajeto e reduzindo drasticamente o volume de acidentes que ocorrem diariamente. Esses veículos, já em fase final de teste para entrar em rota comercial, têm uma relação com os satélites para uso do GPS e são dotados de uma espécie de radar terrestre que monitora em 360 graus tudo o que se passa ao redor dele. Essa nova relação homem-máquina, agora dedicada a nosso cotidiano, promete ser uma revolução sem precedentes na área do transporte público.

Por muito tempo, os robôs serviam apenas para fazer trabalhos pesados, perigosos, precisos ou tediosos demais para os humanos. Eram atividades repetitivas e programadas a partir de uma decisão centralizada. Você podia encontra-los nas linhas de montagem da indústria automotiva e em outras funções operacionais. Mas eles evoluíram, e a inteligência artificial já é empregada em atividades de maior complexidade e delicadeza, antes exclusivas dos humanos.

Um bom exemplo disso é a criação de textos sobre o mercado financeiro por meio de inteligência artificial que vêm sendo publicados em nada menos do que a revista *Forbes*, especializada no mundo do dinheiro. De acordo com o CEO da empresa Narrative Science[18], Kristian Hammond, dentro de 15 anos (em torno de 2030), 90% dos textos da imprensa serão escritos por computadores.

Por ser responsável por uma empresa que já produz notas a partir de dados recolhidos na internet e interpretados por algoritmos sem interferência humana, pode ser que sua previsão seja tendenciosa. No entanto, sua argumentação de que, ao livrar os profissionais de imprensa de perder tempo escrevendo sobre situações definidas, como movimentação da bolsa ou resenhas esportivas, estamos contribuindo para que tenham mais tempo para apurações, investigações, entrevistas, ou seja, para serem mais criativos em seu trabalho. Isso atenua a preocupação sobre a perda de postos de trabalho por parte dos humanos e abre espaço para o lado bom da mutualidade, que é operar em harmonia para prosperar.

O poder dos algoritmos, que movimentam a inteligência das máquinas do mesmo modo que as sinapses funcionam para os humanos, é cada vez mais reconhecido. E, por isso, a credibilidade das previsões feitas por computador é crescente até em áreas antes consideradas totalmente subjetivas. Um algoritmo criado para prever a bilheteria de filmes a partir da analise de elementos do roteiro, como locação, protagonistas, vilões e outros detalhes, desenvolvido por Nick Meaney, diretor da empresa britânica Epagogix[19], acertou o que gente experiente de Hollywood errou.

Em 2006, o roteiro do filme *Bem-Vindo ao Jogo*[20] foi submetido ao algoritmo. Escrito por Eric Roth, que ganhou o Oscar pela coautoria de *Forrest Gump - O contador de Histórias*, e estrelado por Drew Barrymore e Eric Bana, a trama se passava em Las Vegas e parecia ser um *royal straight flush*, com um orçamento de

US$ 50 milhões. Mas o algoritmo previu que o filme não se pagaria e que não chegaria a arrecadar US$ 7 milhões. Não deu outra. O filme foi um fracasso retumbante e sua receita ficou em US$ 6 milhões.

Mas a inteligência artificial dos algoritmos e a capacidade das máquinas de colaborar entre si e gerar coisas novas também vêm sendo aplicadas em áreas muito mais decisivas para a vida no planeta, como energia, agricultura, saúde e educação, por meio da internet das coisas[21].

Por exemplo, a empresa OnFarm já comercializa uma solução que combina dados, obtidos por um sensor em tempo real, de umidade do solo, previsão do tempo, uso de pesticidas e outras variáveis de locais de produção dentro de um quadro consolidado. Os fazendeiros podem remotamente monitorar todos os ativos da fazenda e os níveis de utilização dos recursos. Ou seja, para chegar às melhores opções para gerir a produção, a integração entre as máquinas (e seus relatórios) faz toda a diferença para os humanos.

No ambiente industrial, um dos desafios sempre foi saber como ia a saúde das máquinas. Para resolver isso, foram instalados sensores dentro dos equipamentos que monitoram o prazo de validade dos componentes e, automaticamente, mandam relatórios indicando a situação para o dono do equipamento e seu fabricante, que podem, por exemplo, agendar a manutenção preventiva. O uso de sensores também gera economia no setor da construção civil. A tecnologia desenvolvida pela empresa Smart Structures utiliza sensores sem fio colocados dentro de pilares de concreto de fundações para assegurar a qualidade e integridade das estruturas, medindo a carga e outras ocorrências, tanto durante a construção quanto depois de pronta.

Na área de energia, muita coisa tem sido feita para otimizar a utilização de recursos. O sistema SenseNET utiliza sensores a bateria para medir a corrente em uma linha de força, calcular os níveis de consumo e enviar os dados para um aplicativo de análise. Já um sistema de iluminação desenvolvido pela empresa Echelon permite que as cidades façam a gestão da iluminação pública de forma inteligente. A partir da coleta de dados de sensores, o sistema decide qual é o nível de iluminação adequado para cada hora do dia, para cada estação e para diferentes condições de clima. As cidades que utilizaram esse sistema chegaram a economizar 30% em custos com iluminação.

As soluções de IoT também se ajustam a tarefas domésticas para trazer mais tranquilidade ao consumidor. Um equipamento chamado Ninja Block tem sensores que podem localizar vazamentos ou qualquer tipo de movimento em sua casa quando você está fora e manda uma mensagem automática por e-mail ou mensagem de texto quando há uma ocorrência. Um equipamento de iluminação desenvolvido pela Philips que se conecta à web pode ser usado para monitorar eventos pela internet e alertar o usuário: piscar quando o ônibus estiver a cinco minutos de casa, por exemplo. Isso sem falar em apagar as luzes quando não há ninguém em determinado cômodo, coisa hoje já bastante banal.

A internet das coisas ajuda ainda a cuidar de tarefas prosaicas como colocar água nas plantas. Sensores conectados à web mantêm as plantas nutridas de acordo com os parâmetros de crescimento e época do ano, sem que o humano responsável tenha de se preocupar com isso. Ela também tem se mostrado uma parceira muito útil no setor de comércio. O sistema Shopperception detecta, por meio de câmeras e sensores, como os consumidores estão se envolvendo com produtos específicos e como reagem ao layout das lojas.

A gigante mundial Unilever fez um projeto alinhado com essas premissas para a linha de picolés de luxo Magnum. Um aplicativo informa onde o cliente pode encontrar a geladeira com Magnum mais próxima. Existem atualmente 3,5 milhões de refrigeradores no mundo com um Magnum dentro e muitos deles foram equipados com um dispositivo que informa sua localização. Ou seja, o refrigerador se comunica com o celular do cliente via aplicativo e o ajuda na localização do produto. Além disso, é possível saber quem, em sua rede de relacionamentos, está saboreando um Magnum naquele momento e onde está cada um deles. Coisa para filme de ficção nenhum botar defeito.

Mas isso não é nada perto do que vem por aí. E o cinema é, mais uma vez, um antecipador de tendências. Por isso, assistir ao filme *Transformers* é sempre divertido. Afinal, trata-se de ficção de primeira qualidade com o uso da última coleção de efeitos especiais disponíveis na praça. Mas deveríamos levar isso a sério, pelo menos no que se refere à capacidade de máquinas se transformarem em outros objetos alterando sua forma, cor e função. Empresas de tecnologia e universidades americanas do primeiro escalão estão investindo tempo e talento de seus principais times de cientistas numa verdadeira revolução denominada *shapeshifting* que promete transformar o mundo como poucas invenções foram capazes até hoje.

Também conhecido como *claytronic* ou *dynamic physical rendering*, esses objetos são formados por uma série de componentes individuais denominados átomos *claytronics* ou cátomos, que dão a ele a capacidade de se transformar em outro objeto com forma e cor distintas. Nada mais é, portanto, que a possibilidade cada vez mais real de a matéria se transformar em diferentes objetos por meio de sua revisão estrutural em nível atômico. Sendo assim, um prato pode virar um copo, um capacete tem a propriedade de se transformar numa mochila, um celular se mimetizar num laptop ou então um carro esporte acaba alterando sua estrutura e, *voilá*, temos uma minivan familiar para o fim de semana.

Essa novidade tecnológica, ainda em estágios iniciais de conceituação e experimentos preliminares, combina *nanobots* ou robótica em nanoescala e ciência da computação para criar computadores ou chips programáveis em dimensões microscópicas, que podem se recombinar, formando objetos tangíveis. A metamorfose pode, ainda, ser um processo interativo sob o comando externo de uma pessoa ou de outro objeto inteligente. Por mais que pareça inverossímil, na verdade é o próximo estágio da internet das coisas, quando os objetos passam a aprender com os outros e a se redefinir como matéria, cor e forma.

Se hoje parece normal que o software seja capaz de transformar imagens simulando efeito 3D na frente de nossos olhos, podemos prever que em breve isso ocorrerá também com o hardware. Assim como a impressora 2D evoluiu para a 3D, o mesmo acontecerá na dimensão das transformações morfológicas. Apesar de ainda se encontrar nos estágios iniciais, os estudos sobre matéria programável estão sendo conduzidos com recursos disponibilizados pela Carnegie Mellon University em associação com a Intel Corporation, sob a coordenação dos cientistas e professores Todd C. Mowry e Seth Goldstein.

À primeira vista, pode parecer um mero exercício conceitual de futurologia, mas os avanços recentes em nanotecnologia são muito animadores e o *claytronics* pode se tornar realidade efetiva em pouco tempo. Jason Campbell, cientista-chefe da Intel Labs[22] de Pittsburg afirmou recentemente: "Minha estimativa de quanto tempo levaria para o *claytronics* se tornar viável baixou de meio século para apenas alguns anos que se podem contar nos dedos de uma mão". Ou seja, pode parecer otimismo exagerado fruto do entusiasmo de quem acha que está prestes a revolucionar o mundo, mas nossa mente de raciocínio linear não pode subestimar jamais a evolução exponencial da tecnologia na era pós-digital. Pode ser que em breve vejamos um Camaro amarelo se transformando num sujeito muito parecido com o Bumblebee do filme.

Hoje, bem longe do mundo da ficção, os cálculos dos especialistas em IoT provam que a ação das coisas se comunicando entre si tem potencial para ajudar a salvar o planeta, orientando a humanidade para a otimização de recursos e, consequentemente, economia de muito dinheiro e tempo. Esses superpoderes existem porque, além de se comunicar entre si, essas máquinas percebem padrões, ou seja, aprendem, depois analisam e tomam decisões sobre como fazer melhor pensando no bem-estar das pessoas e do planeta.

A internet das coisas e a mutualidade têm o potencial de mudar não só o cotidiano das pessoas em suas ações mais rotineiras, como acender as luzes ou definir a temperatura do banho, além de mudar as diretrizes de gestão das grandes empresas. De acordo com o Internet Data Center (IDC)[23], o maior centro de estudos e pesquisas focado em internet no planeta, o mercado da internet das coisas, em 2013, foi estimado a atingir US$ 8,9 trilhões em 2020, algo como a metade do Produto Interno Bruto (PIB) dos Estados Unidos, a maior economia do mundo em 2013. A previsão é só um pouco menor do que o PIB chinês do ano passado, que alcançou US$ 10 trilhões e é o segundo maior.

Vale notar que o PIB brasileiro em 2013 foi de cerca de US$ 2,5 trilhões, ou seja, praticamente um quarto deste montante, suficiente para colocar o Brasil no posto de sétima maior economia do mundo em 2013. Mas além do que as máquinas vão gerar, há também o quanto elas nos ajudarão a economizar. Um relatório da GE (General Electric, aquela fundada por Thomas Edison)[24] sobre as aplicações industriais para máquinas inteligentes afirma que, com ganho de apenas 1% de eficiência, em 15 anos os sistemas economizariam US$ 30 bilhões em combustível de avião para a indústria da aviação; US$ 63 bilhões em serviços médicos no mundo com atendimento, fluxo de pacientes e uso de equipamentos otimizados e ainda US$ 66 bilhões em combustíveis para usinas termoelétricas.

A expectativa é que a internet das coisas provoque impactos profundos no planejamento de áreas como governo, educação, finanças e transportes. Em relação ao consumidor, há literalmente infinitas combinações para sua aplicação. Quando os dados gerados pela internet das coisas começarem a ser efetivamente aproveitados e compartilhados, muitas visões mudarão. Questões como segurança de dados, privacidade, confiança e ética em relação à internet das coisas vêm subindo rapidamente nas listas de prioridades a serem debatidas.

Ainda em 2008, o US National Intelligence Council, órgão do governo americano, apontou a IoT como uma das seis tecnologias civis com potencial revolucionário ou de enfraquecimento do sistema de poder norte-americano no relatório da conferência *Disruptive Civil Technologies – Six Technologies With Potential Impacts on US Interestes Out to 2025*[25]. "Demanda popular combinada com avanços tecnológicos pode levar a uma difusão ampla da internet das coisas, o que poderia contribuir muito para a nossa economia. Mas em termos de segurança da informação, os riscos podem ser ainda maiores que os apresentados pela internet atual."

A preocupação soa exagerada, mas o fato é que ninguém sabe tão bem sobre os hábitos de uma pessoa do que suas coisas. As pessoas tendem a achar que são mais cuidadosas e econômicas do que na verdade são. Ninguém sabe quanta comida desperdiça até poder perguntar à sua lata de lixo – em breve elas poderão contar quanto peso receberam em um determinado espaço de tempo. Se perguntadas, as pessoas tendem a se descrever como econômicas ou pelo menos afirmam que não desperdiçam água e energia, mas a única fonte confiável para responder isso é o aquecedor. Uma pessoa pode ter uma impressão errada do número de vezes que abre a geladeira, mas a geladeira saberá sempre. As máquinas não mentem jamais.

E cada vez mais elas vão se mostrar fofoqueiras e detalhistas porque percebem nossos movimentos e fazem os ajustes adequados. Na verdade, já fazem isso. Os cartões magnéticos que abrem as portas dos quartos de hotel ativam uma central de informações que indica quanto tempo o hóspede passou no quarto, o que consumiu, se recebeu visitas. De novo, há um questionamento ético sobre a capacidade de tudo falar com tudo na era pós-digital e muito se discute sobre como ficará a individualidade e o respeito à privacidade nesse processo. Essa indagação acaba sendo cruzada com outra, sobre a prevalência do social sobre o individual.

Em breve, os aquecedores, que atualmente esquentam de acordo com a temperatura marcada, vão estabelecer a temperatura ideal da água para cada estação, dia e hora conforme o gosto de cada habitante da casa. Em bases individuais, essas informações interessam só ao indivíduo que se relaciona com esses objetos, mas se considerados em massa, os dados que as máquinas recolhem tem, sim, um aspecto estratégico importante para políticas macro. Os aquecedores vão mostrar exatamente o tamanho da dependência por gás, a lixeira sobre a necessidade de aterros sanitários e assim por diante.

Para os profissionais de propaganda e marketing, a revolução será imensa. **Parâmetros de comportamento do consumidor que hoje são estabelecidos por pesquisas não mais sofrerão a distorção causada pela visão que as pessoas têm de si mesmas e do seu consumo em comparação com a realidade**. Esse conjunto amplo de dados, batizado pelos experts em tecnologia de *big data*, vai trazer informações preciosas sobre os hábitos do público-alvo de cada produto ou serviço e vai permitir que os homens de marketing e publicitários criem ações sincrônicas com o modo de viver do seu público.

Só que a mutualidade leva essa relação de quantificação mais além. Antes os gráficos ou os relatórios de sistemas traziam dados como índice de visitas em sites e era preciso que um humano interpretasse esses números a partir de parâmetros e os transformasse em informação. Depois, as máquinas passaram a fazer a análise sozinhas e ao homem restava apenas ter o insight sobre como aproveitá-las. Hoje, as máquinas já estão gerando os insights, tendo ideias, tomando decisões. O robozinho WALL-E achou que devia cuidar da plantinha e cuidou. Não foi programado para isso, mas teve o insight.

A relação entre homens e máquinas está cada vez mais colaborativa e generativa. Em breve sua geladeira vai lhe dar sugestões de receitas para aproveitar o que está prestes a perder a validade, baseado no seu biotipo e nas suas necessidades nutricionais. Ou seja, o insight sobre o que fazer para o jantar virá da geladeira. Nesse cenário, juntos, geladeira e ser humano, vão criar um cardápio mais racional e saudável. Os profissionais da propaganda devem se preparar para essa realidade.

Por isso podemos prever que, em poucos anos, o ROL (*return on learning*) tomará o lugar do ROI (*return on investment*) como protagonista na lista de prioridades dos executivos de marketing e comunicação. Assim, quem sair na frente e ficar atento ao aprendizado sobre o mercado que cada uma das suas ações gera, tende a ter um futuro mais promissor do que quem apenas observa os resultados financeiros. Cada vez mais, o sucesso financeiro virá da sabedoria em relação ao comportamento do cliente, cada vez mais volátil.

No novo cenário em que a mutualidade toma o centro do palco, as máquinas recebem dados, tomam decisões e geram informação numa relação mutual e evolutiva baseada nos feedbacks gerados por todas as coisas que estão vivendo a nosso lado e transformam o mundo ao redor. Na era pós-digital, a importância do retorno com aprendizado aumenta porque tudo terá um feedback exato e completo. O conjunto integrado dos eletroeletrônicos de sua casa lhe dirá quais equipamentos estão sendo mais usados com a mesma destreza que o número de likes mostra o quão interessantes são seus posts numa rede social.

Para os gestores de comunicação caberá cada vez mais o desafio de saber o que fazer com as informações e transformá-las em insights relevantes e eficientes. É hora dos criativos desenvolverem a capacidade de colaborar com as máquinas na transforamação dos dados, informações e insights fornecidos pelas coisas em inspiração genuína capaz de motivar os humanos.

A mutualidade deve ter nas pessoas o efeito de gerar iniciativas, de abrir novas frentes, e saber que as máquinas estarão ali para nos apoiar, para cuidar do que não podemos, não queremos ou não sabemos fazer e, assim, tornando nosso planeta um lugar melhor para viver. No futuro, ninguém ficará sem o seu picolé favorito ou deixará suas plantas morrerem de sede.

Em breve, nas entrevistas de emprego os selecionadores vão fazer perguntas para determinar o nível de inteligência mutual dos candidatos, como fazem hoje com a inteligência emocional. A mutualidade nos dará as armas e a disponibilidade de que precisamos para sermos cada vez mais criativos atuando num mundo exponencialmente mais múltiplo e cheio de desafios.

Multiplicidade

A comunicação é planejada de forma linear e consumida de maneira cada vez mais caótica.

Sapatos especiais bem-amarrados, olhar calculista e convicção na hora de atirar a bola em direção aos pinos fazem do jogador de boliche um sujeito relativamente despreocupado. Se tudo correr como ele quer, é *strike*. Se a bola só derrubar alguns pinos, ele tem mais chances para resolver o problema. Se der canaleta, apesar da vergonha, o jogo permite que tente outra vez e, se fizer tudo direitinho, pode até derrubar todos. Já a vida do jogador de fliperama é mais tensa. A bolinha corre por todo lado, cada obstáculo atingido significa uma pontuação diferente e se ele se distrai e perde a bola, não tem outra chance, está fora do jogo.

Enquanto no boliche o jogador decide a força e a velocidade da jogada, no fliperama, isso é bem mais difícil de medir ou prever, porque há sempre um dispositivo qualquer entre a mão do jogador e a bola. O fracasso também é mais dolorido porque a maioria das máquinas de fliperama registra os recordes dos melhores jogadores, o que premia os bons e dá aos ruins o recado de que precisam melhorar. O comparativo está sempre lá. Já a turma do boliche tem o resultado bom ou ruim na tela só pelo tempo em que está na pista.

Até muito recentemente, o boliche era uma boa analogia para o mundo da propaganda. A bola é a campanha; a pista funciona como veículo, e os pinos representam os consumidores. O objetivo é claro: acertar o maior número de pinos no final da pista. Como nem toda jogada é um *strike*, o mercado seguiu a lógica dos jogadores de boliche e passou a dividir a verba em duas ou três bolas para atingir todos os consumidores. Algumas bolas iam para a canaleta, mas outras podiam virar *strike*.

Essa relativa tranquilidade já não existe mais, em vez de boliche, o jogo mudou: passou a ser fliperama ou pinball. Na era pós-digital tudo é tão dinâmico e cheio de possibilidades que é preciso jogar com uma bolinha que não tem um caminho pré-determinado para percorrer. Ela pode bater num obstáculo e gerar ponto, pode ser desviada e ir parar na canaleta, pode bater em vários elementos e aumentar minha contagem... Enfim, as possibilidades se multiplicaram.

Até praticamente a virada do milênio, os publicitários e seus clientes só investiam em jornal, revista, radio e TV. Nos dias de hoje, esse elenco é apenas uma parte do universo de possibilidades de contato com o cliente. Há muitas outras e novas sendo inventadas a cada dia. Graças às redes sociais, praticamente todo mundo pode comentar cada ação ou situação envolvendo marcas. Hoje não adianta só entender o funcionamento das mídias. Agora é preciso desenvolver uma compreensão mais ampla dos objetivos de cada mensagem e administrar as múltiplas possibilidades para conseguir a atenção e o engajamento do consumidor.

Para isso, é preciso mudar de mentalidade. É preciso ter foco nas mensagens de marca e na otimização dos resultados, como reza a bíblia dos marqueteiros, mas não é dizendo ao consumidor simplesmente "compre isso" que a caixa registradora vai funcionar. O consumidor pós-digital está superinformado e exige bons argumentos. Ele quer ser seduzido, entrar na mitologia da marca, espera que o profissional de marketing proporcione diversão e o envolva com a magia dos grandes *showmen*, quer ser entretido com as mensagens. E tudo isso tem de ser feito com agilidade e a capacidade de engajamento típicas do mundo virtual.

Mas, para chegar a esse tipo de atitude alinhada com a era pós-digital, o profissional de marketing tem de mudar sua abordagem em relação ao planejamento de ações, recursos, objetivos e consequências de cada interação. **Vivemos uma nova era e a pós-digitalidade exige novos parâmetros.**

Parafraseando a fórmula da relatividade criada por Einstein, $E=mc^2$ (sendo E, energia; m, massa; e c, a velocidade da luz no vácuo), o mundo da comunicação criou sua própria fórmula: EC=MC, ou seja, *Every Company is a Media Company*. Essa visão ficou mais clara com o surgimento da era digital, quando as empresas começaram a ter seus próprios sites e a publicar neles. Mas as possibilidades de como veicular as mensagens das empresas são anteriores e muito maiores.

Atenção também deve ser dada ao fato de que, na era pós-digital, cada consumidor é também um veículo de informação que, dependendo de sua rede de relacionamentos virtuais, pode ter maior ou menor capacidade de atingir outras pessoas, de viralizar suas opiniões. E mais, pode ter também bastante credibilidade nesses círculos. Isso aumenta exponencialmente o número de forças que incidem sobre as decisões de compra, sobre a imagem das marcas e sobre o planejamento estratégico de comunicação.

Nos anos 1990, já na era digital, dizia-se que um cliente satisfeito conta sua experiência para duas pessoas, e o insatisfeito reclama para 17. Hoje, a conta é bem outra. Como já vimos em capítulos anteriores, a era pós-digital traz em seu DNA o compartilhamento, a colaboração e a generatividade. As pessoas postam suas impressões e experiências, compartilhando-as com quem conhecem, mas como tudo é compartilhado em progressão geométrica em um processo viral, as pessoas podem acrescentar comentários numa ação colaborativa (que pode ser elogiosa ou crítica) e que vai gerar outra visão sobre a tal marca ou serviço.

Se um concorrente fala mal de seu produto ou serviço pela mídia, o consumidor reclama da empresa numa rede social ou, ainda, alguém publica uma sátira bem-humorada mas mordaz no YouTube, muito do esforço de construção de sua marca pode se diluir. Enfim, o que antes era linear, programado, planejado, na era pós-digital é rápido, imprevisível, interativo, caótico. Não há mais como prever com que força a bolinha vai, onde vai bater e com que intensidade vai voltar.

Rever a forma de fazer comunicação é imperativo. Insistir em manter os mesmos ritos de planejamento e as mesmas premissas de análise que se consolidaram ao longo do século 20 não é eficiente nem suficiente. Na verdade, chega a ser temerário. Ninguém usa o mesmo celular que usava em 1998, nem o mesmo carro, o mesmo aparelho de TV ou mantém o mesmo corte de cabelo. A desatualização dessas coisas é evidente. Por outro lado, há quem insista em investir no mesmo mix de mídia de duas décadas atrás sem perceber que isso equivale a insistir em ter um toca-fitas cassete no carro.

Não faz muito tempo, a diversidade de mídias para alocar a verba publicitária era bem limitada. Quem quisesse colocar suas fichas em televisão, tinha dois caminhos: patrocinar um programa ou comprar espaço comercial nos intervalos. Para anunciar em cinema, a mecânica era praticamente a mesma. No rádio, o que mudava era a forma: em vez de comerciais, as mensagens dos patrocinadores eram chamados spots. Nos jornais havia dois caminhos: o anúncio ou a presença em classificados. Nas revistas, não tinha jeito. Era só anúncio mesmo. E havia ainda o outdoor, que poderia vir em forma de billboard (em papel, montado sobre armações de madeira) ou em painéis luminosos, espécie extinta em diversas cidades como forma de preservar a paisagem urbana da poluição visual, mas que acabou se multiplicando de outras formas por causa das telas digitais de um novo segmento da mídia, a *mídia digital out-of-home* ou *mídia digital indoor* também conhecida como *outernet*.

Enquanto as opções de mídia podiam ser contadas nos dedos de uma mão, a coisa era relativamente simples tanto para a equipe das agências de publicidade (atendimento, planejamento, criação, mídia, rádio e TV) quanto para os responsáveis por aprovar as campanhas no cliente. Tudo parecia claro e cristalino. Os pinos, a pista e a bola estavam lá.

Mas as tecnologias digitais, especialmente a internet e os celulares, funcionaram como água em gremlins e fizeram as mídias se multiplicarem rápida e exponencialmente, quase sem controle, causando doses de pânico crescentes tanto nas agências quanto nos clientes. Aprovar investimentos em mídias que não se compreende bem ou, às vezes, nem se sabe que existem é algo que desafia a bravura até dos mais ousados executivos.

Só que as apostas no desconhecido e no inédito serão cada vez mais frequentes. Como as novas formas de anunciar não têm *track records* nem relatórios de efetividade com longas curvas de tempo, o profissional da era pós-digital terá de desenvolver a ousadia consciente, terá de perceber o que faz sentido em sua estratégia e assumir os riscos. Os primeiros a anunciar em blogs de adolescentes certamente se preocuparam, do mesmo modo que os pioneiros anunciantes em aplicativos também. Obviamente o pioneirismo tem suas vantagens e quem apostou em blogs, como Garotas Estúpidas (brasileiro e escrito em português, que graças a mais de seis milhões de acessos mensais se tornou, em 2014, o quinto blog de moda mais influente no planeta segundo o site especializado Signature9[26]), em canais do YouTube, como Porta dos Fundos, ou em aplicativos como o Waze, tem uma história de sucesso pós-digital para contar.

O medo de seguir rumo ao desconhecido fez que, por mais de uma década, agências e anunciantes fechassem os olhos para o que estava acontecendo no alvorecer da era digital. O mercado e seus decisores fingiram não ver que a TV a cabo, a internet e os games – para ficar em poucos exemplos – tinham grande potencial de penetração junto a públicos-alvo específicos.

A história da TV paga no Brasil mostra essa dificuldade dos executivos de marketing e propaganda de lidar com o novo. Durante praticamente toda a década de 1990 e no começo do atual milênio, o número de assinantes da TV a cabo não entusiasmava os anunciantes, que queriam atingir grandes audiências. De acordo com a Agência Nacional de Telecomunicações (Anatel) e a Associação Brasileira de Televisão por Assinatura (ABTA),[27] entre 2001 a 2004 o número de assinantes ficou praticamente estacionado em torno de 3,5 milhões de lares. De 2005, quando chegaram a 4,1 milhões, em diante, o crescimento se acelerou e foi contínuo até 2010, quando atingiram 9,8 milhões de famílias, o que significa entre 35 e 40 milhões de pessoas, ou seja, praticamente 20% da população brasileira.

Durante todo esse tempo o preço dos espaços publicitários se manteve pouco valorizado. Os programas e seus *breaks* comerciais só conquistavam a atenção dos anunciantes que tinham *targets* muito definidos. Só nos últimos anos se pôde notar uma aceleração maior no faturamento publicitário desse setor. Comparado com o mesmo período de 2012, o quarto trimestre de 2013 apresentou 32,8% de crescimento. E em relação ao terceiro trimestre do mesmo ano, o crescimento foi de 28,3%. Esse tipo de explosão é característica de mercados em desenvolvimento, ainda distantes da maturidade, e assinala o atraso na adoção desse tipo de mídia.

Nesse mesmo período, embora se popularizasse muito mais rapidamente na sociedade[28] que no âmbito publicitário, a internet ficou no limbo. Do seu surgimento nos anos 1990 até a virada da primeira década do século 21, em termos de publicidade, a web viveu de pop-ups (geralmente toscos) vendidos a preço de banana. Esse ritual vexaminoso só acabou porque programas que impediam esse recurso ficaram tão populares que sua utilização teve de ser totalmente revista.

A falta de empenho dos especialistas em marketing brasileiros não correspondia em nada à realidade nacional, ao movimento dos consumidores que aderiam em velocidade exponencial à vida na *world wide web* debaixo dos narizes de quem insistia em não ver essa escalada. Segundo números do Banco Mundial, o Brasil chegou ao segundo milênio com menos de 5% da população conectada. Mas, a partir desse ponto, a disseminação foi rápida. Uma década depois, a mesma fonte informava que metade da população com mais de 10 anos de idade já usava a internet. De acordo com números de outubro de 2013 do Ibope Media, os internautas brasileiros somam 105 milhões, o que coloca o país na posição de quinto país mais conectado do planeta. Mas essa presença não se reflete em investimentos como veículo de mídia.

De acordo com o Projeto Inter-Meios[29], coordenado pelo grupo Meio e Mensagem e auditado pela PriceWaterhouseCoopers, em julho 2014, a internet correspondia a 4,62% dos investimentos do mercado publicitário, o que lhe garantiu o terceiro lugar e a coloca discretamente à frente do rádio (4,57%), revista (4,23%) e mídia exterior (4,15%), mas bem distante da campeã TV aberta, que abocanhou 67,2%. O segundo lugar ficou com jornal, com 10,5% da verba. Basta comparar os números para ver que a compreensão do potencial da internet como mídia publicitária não aconteceu no mesmo ritmo de sua aceitação pelas pessoas, que também são usuários e consumidores. Ou seja, o consumidor está subindo o edifício da internet pelo elevador, enquanto as agências e anunciantes sobem pela escada.

É bem verdade que os números de investimento publicitário na internet indicados nessa estatística não levam em conta tudo o que se veicula no Google e em várias redes sociais, o que reduz muito esse índice percentual. Acredita-se que, na verdade, incluindo os valores de produção aplicados nos chamados *private label media* (sites e canais próprios dos anunciantes) somados aos valores investidos nos sites de busca e redes sociais, essa mídia digital hoje já tenha ultrapassado em muito a mídia jornal. Mas, apesar disso, ainda é pouco comparado com a importância da internet na vida das pessoas.

É inegável que a diversidade de possibilidades aumentou, o que também exige preparo criativo de todos os envolvidos com uma marca tanto na esfera dos clientes quanto das agências de propaganda. Hoje, é impossível contar nos dedos as opções na hora de fazer um plano de mídia. A preocupação dos publicitários e anunciantes em atrair a atenção do consumidor exige que coloquem sua criatividade não só na criação de conceitos e campanhas, mas também nas formas pelas quais essas mensagens devem chegar ao público-alvo.

Para que isso ocorra eficientemente, a tendência de multiplicação das opções de mídias é inescapável. **Se antes a nossa missão era criar a mensagem, agora é também criar o meio.**

Por exemplo, quem investe em TV aberta já tem condição de sair da dupla formada por patrocínio e comercial, a mais tradicional, e também colocar suas fichas em vinhetas, merchandising em programas de variedades ou em projetos de ficção, podem optar pelo top de oito segundos, ou seja, fazer as contagens regressivas de programas usando sua marca.

Além dessas opções, a TV por assinatura ainda oferece outras, como a mistura de propaganda com entretenimento, batizada pelos norte-americanos de *advertainment*. Podem ir além do patrocínio tradicional e assinar coproduções ou colocar sua marca no conceito de programas, os *branded shows*. Ainda dentro do universo infindável dos cruzamentos, há os comerciais feitos com linguagem de documentário, os *documercials*. Podem ser conteúdos sem raça definida, bem distantes dos programas com pedigree que eram a regra, mas esses híbridos têm se mostrado uma alternativa viável e eficiente.

Para conseguir a atenção de quem não estava nem aí para a programação e usava o aparelho de TV apenas como instrumento para jogar, o mercado resolveu parar de lutar contra e se juntar aos amantes dos games, fazendo publicidade dentro dos jogos ou games inspirados por marcas, que ganharam status de mídia. Ao mesmo tempo, vieram as alternativas mais radicais como competições patrocinadas, jogos com publicidade (*advergames*), jogos com conteúdo educativo, que foram batizados de *edutainment* e ainda os games criados especificamente para celular.

Aliás, o celular é o *hub* das novas mídias da era pós-digital que mais opções têm oferecido para quem se dispõe a ser criativo. Está o tempo todo junto do consumidor, permite personalização, está presente no ponto de venda e, graças à conexão de internet dos smartphones, é também cada vez mais um ponto de venda. Assim, o usuário de celular pode receber desde mensagens de SMS clássicas até os mais criativos chamamentos para aprofundar o relacionamento com a marca.

A habilidade do marketing direto, de chegar até onde o consumidor está, também foi fortemente ampliada com as possibilidades digitais. Hoje, essa disciplina da comunicação conta com um arsenal bem mais rico e suas mensagens podem vir por SMS, ser acionadas por QRCodes, bluetooth e iBeacons ou até o bom e velho telemarketing, sempre invasivo, mas ainda eficiente.

Mesmo as mídias impressas ganharam novas possibilidades. Para acompanhar a multiplicidade de mídias, desenvolveram novas formas de passar mensagens publicitárias aos seus leitores. As revistas criaram seções patrocinadas, informes publicitários, editoriais patrocinados, os *advertorials* e até emprestaram seu formato para publicações customizadas. Sobrecapas passaram a ser utilizadas, capas duplas e uma infinidades de cintas e outros elementos passaram a fazer parte do elenco de possibilidades das revistas. Para os jornais, surgiram também sobrecapas, encartes, cadernos especiais patrocinados, plásticos protetores etc.

A área de promoção se sofisticou e ampliou seu raio de ação. Além das ações tradicionais, como material de ponto de venda, cuponagem, degustação e *test drive*, o arsenal promocional passou a incluir o patrocínio de eventos, concursos, sorteios e até a realização de feiras e seminários.

Entretanto, ninguém enriqueceu mais seu leque de possibilidades do que a web, seja no computador ou celular. Banners e pop-ups ainda sobrevivem, mas recursos como *download advertising*, podcasting, sites, blogs patrocinados e canais de streaming de áudio e vídeo ganham cada vez mais espaço junto ao público e geram maior efetividade para o anunciante.

Uma nova abordagem

É fundamental adotar uma nova postura em face do cenário em que vivemos e passar a dividir o mercado por funções ou por processos e não mais separar as ações de comunicação por ferramenta. **Até hoje, procuramos segmentar o mundo da comunicação em forma de silos que já não comportam a dinâmica desse mercado.** Os conceitos *above the line* e *below the line*, assim como os famosos online e offline perderam a validade por não mais representarem a forma como trabalhamos, concebemos e distribuímos nossas mensagens.

Uma dessas metodologias ou abordagens que mais se adequam ao mundo pós-digital é a desenvolvida pela agência OBE (Own, Bought & Earned) de Helsinki e que hoje é adotada por várias empresas em todo o mundo.

De acordo com essa visão, no cenário atual, as ferramentas de comunicação podem ser alocadas em três grandes grupos, descritos a seguir.

Paid media: mídia paga, contratada pela marca. Nela a empresa paga pelo espaço para ter sua mensagem veiculada e chegar aos consumidores. Pode ser o comercial de TV, o anúncio, o banner num portal da internet, a ponta de gôndola do supermercado, o uniforme do time de futebol. Enfim, toda inserção que envolve desembolso e utilização "emprestada" de outra mídia para que aquela marca possa alcançar os seus *prospects* e consumidores.

Por ser a mais tradicional, a mídia paga apresenta desafios importantes na era pós-digital. Exige que o gestor dos recursos seja especialmente atento, criativo e proativo para que os investimentos sejam alocados de modo a gerar o melhor retorno. Parece simples, mas numa realidade em que tudo é efêmero, os desafios aumentam e até o que é considerado um investimento seguro pode se revelar um desperdício. Não existe mais compra de mídia no piloto automático. Nem sempre apostar no *prime time* da TV aberta vai solucionar todos os problemas. Na verdade, esse tipo de investimento de alto custo fica ainda mais eficiente e justificável na era pós-digital quando tem como objetivo principal direcionar a atenção do consumidor para suas mídias proprietárias.

Owned media: mídia própria, os canais de comunicação que a empresa possui, como site, páginas nas redes sociais, aplicativos mobile, canal no YouTube, jornais internos, paredes das lojas ou agências, carros, motos ou caminhões de transporte, uniforme da equipe, mensagens que deixa na espera do telefone, assinaturas de e-mails de seus colaboradores. **Tudo isso é mídia e todos esses recursos estão disponíveis para serem utilizados na comunicação e na construção da imagem da marca. Tudo que é de propriedade da marca ou da empresa pode ser considerado mídia proprietária e, como nesse tipo de mídia o gestor tem domínio completo do processo de comunicação, ele tem obrigação de aproveitá-lo ao máximo.**

Por exemplo, um grande banco pode decorar suas agências com pôsteres, treinar gerentes para falar dos novos produtos, implementar uma sala vip no aeroporto, criar sites, aplicativos, decorar os carros-fortes e caixas eletrônicos, fazer jornais, revistas ou sites voltados para o público interno (*house organ*), gerar publicações próprias via *custom publishing*, planejar convenções – tudo isso é *owned media*. São possibilidades que o dono da marca tem para reforçar seu posicionamento e o *share of mind* junto aos clientes.

Por isso, as empresas precisam se lembrar que EC=MC, ou seja, *Every Company is a Media Company*. Sempre foi e continuará sendo cada vez mais na era pós-digital.

Se um fabricante de alimentos não entender que cada caminhão de sua frota é uma mídia, vai perder o enorme potencial de comunicação que esses veículos representam. Em cidades como São Paulo, nas quais há proibição de usar outdoors, não aproveitar o espaço dos veículos de transporte é jogar dinheiro fora. É uma questão de ser eficiente no sentido de otimizar as opções em longo prazo. Enfim, nesse tipo de mídia é preciso estar atento para não deixar de utilizar os recursos de que já se dispõe dentro da empresa. Essa é uma visão moderna, sustentável.

Os novos tempos de ubiquidade da internet exigem mais presença e criatividade das empresas como veículos de comunicação (na fórmula do EC=MC) do que nos tempos em que tudo era físico. As empresas têm de perceber que sua participação no mundo virtual como mídia é importante porque cada consumidor é, também, uma mídia com potencial de viralização das mensagens. Por isso, a importância de conquistar esse espaço.

Earned media: é a mídia ganha, que inclui todas as manifestações de outras pessoas sobre a marca. Positivas ou negativas, as menções à marca feitas por terceiros são *earned media*. **Como na era pós-digital cada consumidor é um veículo de informação com potencial exponencial de viralização, a mídia ganha ou *earned media* pode ser uma benção ou uma condenação.**

Vamos imaginar que uma montadora de automóveis faz uma série de filmes comerciais com grandes diretores de cinema. Paga pela veiculação dos *trailers* (*paid media*), coloca esses filmes em suas mídias (*owned media*), e o impacto junto ao público que buscou assistir a série provoca o interesse da imprensa, posts em redes sociais e outras manifestações positivas em relação à marca, que não lhe custaram um centavo. É a *earned media* – mídia conquistada, ganha. Por exemplo, se a empresa posta alguma coisa em sua página do Facebook é *owned media*. Já os comentários ou compartilhamentos nas paginas de outras pessoas são *earned media*.

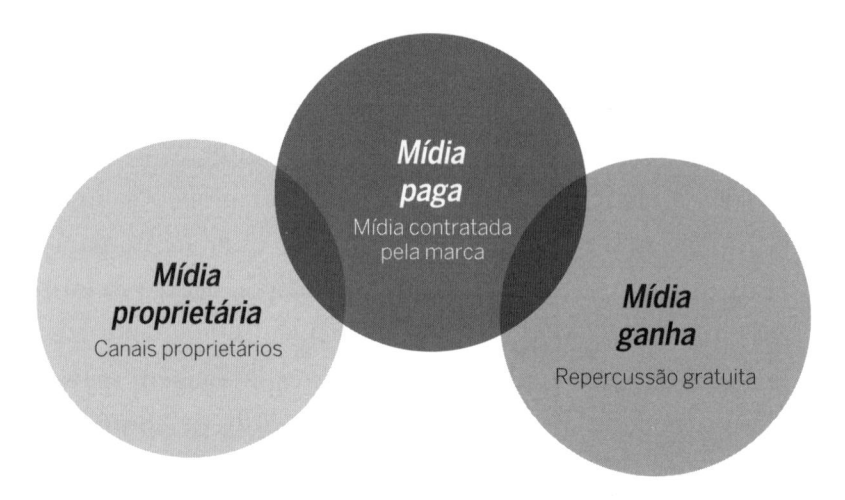

Mídia paga
Mídia contratada pela marca

Mídia proprietária
Canais proprietários

Mídia ganha
Repercussão gratuita

A Volvo tem usado essa estratégia, produzindo uma série de comerciais tanto para as linhas de automóveis quanto para a de caminhões. No final de 2013, o filme estrelado pelo astro dos filmes de ação Jean-Claude Van Damme, chamado *The Split*[30], em 10 meses, ultrapassou 75 milhões de visualizações no YouTube. E esse número cresce continuamente. Cada uma dessas visualizações ocorreu por iniciativa do internauta. Ou seja, a empresa pagou pelo comercial e pela veiculação, mas, ao ser visto por milhões de consumidores no mundo todo, expandiu exponencialmente seu investimento inicial.

Outra forma de ganhar espaço na mídia é fazer coisas tão interessantes ou ter colaboradores tão especializados que a imprensa deseje escrever sobre esses assuntos ou entrevistar esses craques. Para que os temas cheguem até os jornalistas e despertem sua atenção, os especialistas em assessoria de imprensa desenvolveram diversas técnicas para buscar esse tipo de visibilidade. Oferecer exclusividade sobre determinados assuntos, convidar para lançamentos, coletivas de imprensa, convenções, seminários e eventos. Tudo isso em busca da mídia ganha, não só pelo simples fato de ganhar algo que tem valor monetário – empresas anunciantes sabem muito bem quanto custa o espaço nos veículos –, mas principalmente pela credibilidade de ter alguém isento e especializado comentando sobre sua marca.

Quando o carro da marca aparece na revista especializada, mesmo que seja anunciante da revista, a mídia é ganha, e o leitor terá muito mais atenção com o texto da reportagem, que muitas vezes traz comparativos, do que com um anúncio que até pode trazer a informação e fazer a comparação, mas por não ser isento não goza da mesma credibilidade.

A dinâmica desse modelo é interessante porque leva em conta os movimentos num mundo de múltiplas mídias. E não convém sequer dividir por ferramenta porque, no mundo pós-digital, das redes sociais, uma mesma mídia pode ser *owned* e *earned*. Por exemplo, se uma empresa permite que façam comentários em sua página (*owned media*), está abrindo espaço para a *earned media*. Se uma empresa patrocina o Rock in Rio, é *paid media*. Se ela realiza um festival, como o Skol Beats, é *owned media*, mas todos os comentários e posts feitos sobre o nome do evento ou da marca são *earned media*.

Nessa nova forma de ver o cenário da comunicação, uma das mudanças mais sensíveis para os gestores de mídia é ampla variação no nível de controle em relação a cada grupo. Então, diante da importância de mostrar de forma didática como funciona o controle em cada uma das situações, vale até fazer uma analogia.

Em termos de controle em relação à mensagem, a *paid media* equivale à prostituta. O sujeito paga e se torna dono do pedaço. Mas, ao mesmo tempo em que é prerrogativa do comprador do espaço colocar ali a mensagem que bem entender, ele tem de admitir que não pode intervir sobre o que acontece para além do espaço pelo qual está pagando.

Por isso, é preciso admitir que há uma enorme falta de controle em relação ao ambiente editorial em que o anúncio vai estar inserido. O anunciante não sabe qual será a manchete do jornal ou da revista. Não sabe qual é a matéria que vai estar do lado do anúncio, que pode trazer uma sensação positiva ou negativa perto de sua marca. Ou se na página seguinte vai ter um concorrente seu.

Isso definitivamente não acontece com a *owned media*, que é como uma esposa: uma relação de exclusividade sobre a qual se tem controle. Ela é sua e lhe aceita como você é. Com ela é possível planejar a curto, médio e longo prazo. E sempre vai falar bem de você.

Já a *earned media* tem o comportamento da amante. Não é sua. Você não tem controle nem exclusividade. Você tem de conquistar o tempo todo. Quando tudo está bem, ela lhe trata bem. Mas, se você vacilar ou aprontar, vai falar mal de você, contar para todo mundo seus defeitos. Com ela não dá para fazer planos de médio ou longo prazo, tudo depende do momento.

Pode soar machista e quase anacrônica, mas essa é uma forma de explicar as coisas que facilita absorção da nova realidade.

Essa divisão facilita a organização do pensamento dos gestores de comunicação nesse novo tempo. Antes, a divisão por disciplina causava confusão. Por exemplo, o sujeito da área digital estava comprando um banner no Google, fazendo o site e respondendo mensagens nos blogs. Ou seja, exercendo papéis que não devem ser acumulados até porque os perfis dos gestores de mídia devem ser diferentes para atender às demandas atuais. O gestor de *paid media*, por exemplo, é o cara mais econométrico, negociador. Já o especialista em *owned media*, sempre atento a como otimizar suas oportunidades de dizer o que precisa ser dito. Já a interface com a *earned media* é aquele que busca melhorar os relacionamentos e a ter maior agilidade de resposta. Dentro dessa visão, hoje quase todas as empresas têm um volume cada vez maior de *owned media*.

Assim, o roteiro do gestor também muda. Agora a função do *paid media* é levar, motivar, persuadir as pessoas a irem para meu *owned media* – seja entrar em minha loja física, em meu site, minha rede social, ir aos eventos que patrocino. A partir daí, é preciso fazer dessa experiência algo suficientemente interessante para gerar comentários no *earned media*. E o *earned media* tem de ser usado como uma fonte constante de informação sobre como gasto minha verba no *paid media*. É uma situação de retroalimentação. A maioria dos produtos apresenta seu fluxo mais abundante de sequência no sentido anti-horário. Mas algumas especificidades são percebidas em importantes segmentos como eletrônicos, automóveis e serviços de telefonia celular. Nesses casos, a retroalimentação se dá de maneira distinta e peculiar, mas o conceito não sofre alteração.

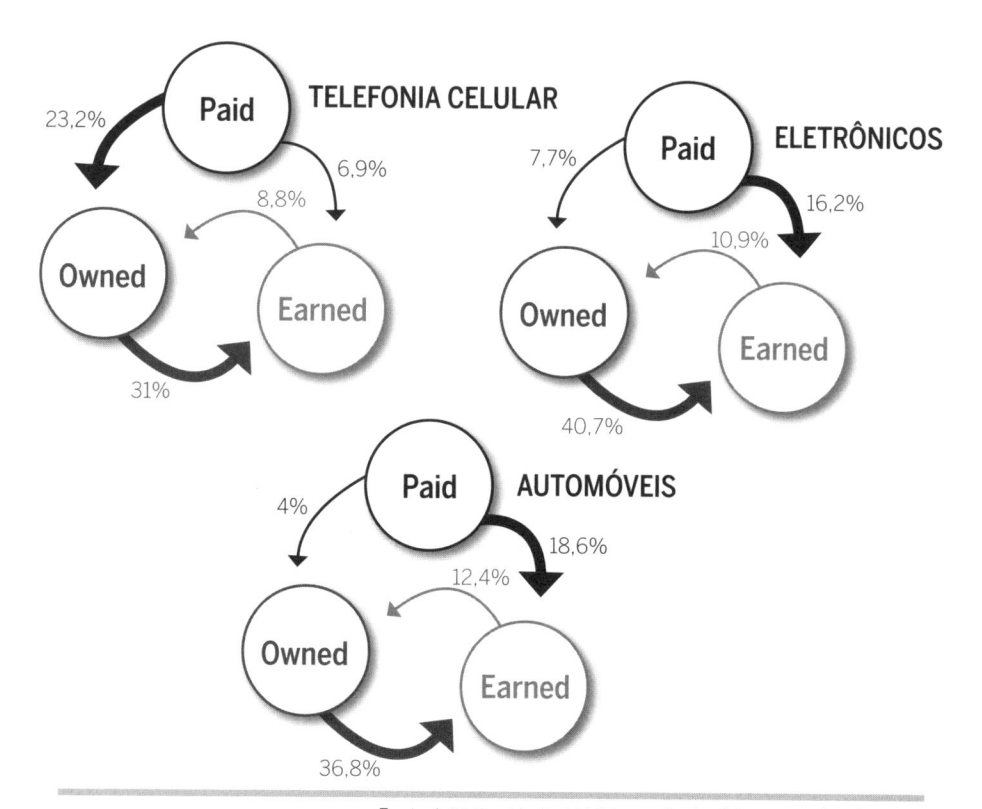

TELEFONIA CELULAR
- Paid → Owned: 23,2%
- Paid → Earned: 6,9%
- Earned → Owned: 8,8%
- Owned → Earned: 31%

ELETRÔNICOS
- Paid → Owned: 7,7%
- Paid → Earned: 16,2%
- Earned → Owned: 10,9%
- Owned → Earned: 40,7%

AUTOMÓVEIS
- Paid → Owned: 4%
- Paid → Earned: 18,6%
- Earned → Owned: 12,4%
- Owned → Earned: 36,8%

Fonte: Initiative Media/ A Virtuous Cycle of Consumer Involvement.

Não existe mais divisão por mídia nem divisão por ferramenta. Não posso mais dividir as atenções do mercado e dizer que vou ter uma agência de promoção, RP ou mídias sociais. E não posso mais dizer que vou dividir minha verba em digital, analógica ou em rádio, jornal, TV. É tanta multiplicidade que vamos ter de criar novas formas de raciocinar e avaliar oportunidades.

Por exemplo, a conta de luz é uma tremenda mídia, mas não tem seu potencial reconhecido. Outra situação de desperdício de oportunidade de comunicação tem as construtoras como protagonistas. Elas investem tanto em seus estandes, que efetivamente funcionam como mídia, encantam o cliente e, depois da venda, passam cinco anos de construção só com uma comunicação: o boleto de cobrança, sem aproveitar a oportunidade para estreitar seus laços com o comprador.

A Coca-Cola é um exemplo de *owned media* bem-aproveitada. Ao utilizar a embalagem para colocar nomes de pessoas, a marca conseguiu imenso engajamento. As pessoas compravam as latas com os seus nomes e os de parentes e amigos. E isso acabou provocando muita mídia ganha. A ação inspirou um episódio do canal de humor Porta dos Fundos[31] batizado de *Na Lata*, postado em janeiro de 2013, e que vinte meses depois já contabilizava mais de 16 milhões de acessos. Na verdade, 18 meses depois da postagem do vídeo, ele ainda conseguia cerca de 700 mil visualizações por mês. A promoção da Coca-Cola já havia sido encerrada há mais de um ano, duas outras vieram em seguida, mas graças ao vídeo de humor, totalmente independente e criado espontaneamente pelo grupo de atores de comédia, continua presente junto aos consumidores brasileiros. Isso é o círculo girando.

Cases como esses mostram que para ter sucesso em comunicação na era pós-digital é preciso saber coordenar os dois vetores fundamentais nessa área: a gestão estratégica dos três tipos de mídia (paga, própria e ganha) e saber o que colocar nelas para que sejam atraentes e gerem os efeitos desejados de construção de marca.

Assim também deve ser concebida a comunicação no âmbito da geração do conteúdo publicitário. O que deve orientar as ações é a combinação de insight publicitário, entretenimento e capacidade de engajamento, conhecida por meio das iniciais MVV, que significam Madison, Vine e Valley.

A Madison Avenue, em Manhattan, ficou mundialmente conhecida por concentrar as maiores e mais atuantes agências de publicidade no século 20. Muitas vezes, o termo Madison Avenue é usado como uma metonímia para designar o trabalho, as competências e a visão inovadora dessas agências de publicidade. Desde os anos da década de 1920, o endereço representa a capacidade da propaganda de criar aspirações, traduzir em slogans e estética a filosofia das marcas, criar novas necessidades e, em última análise, incentivar as vendas.

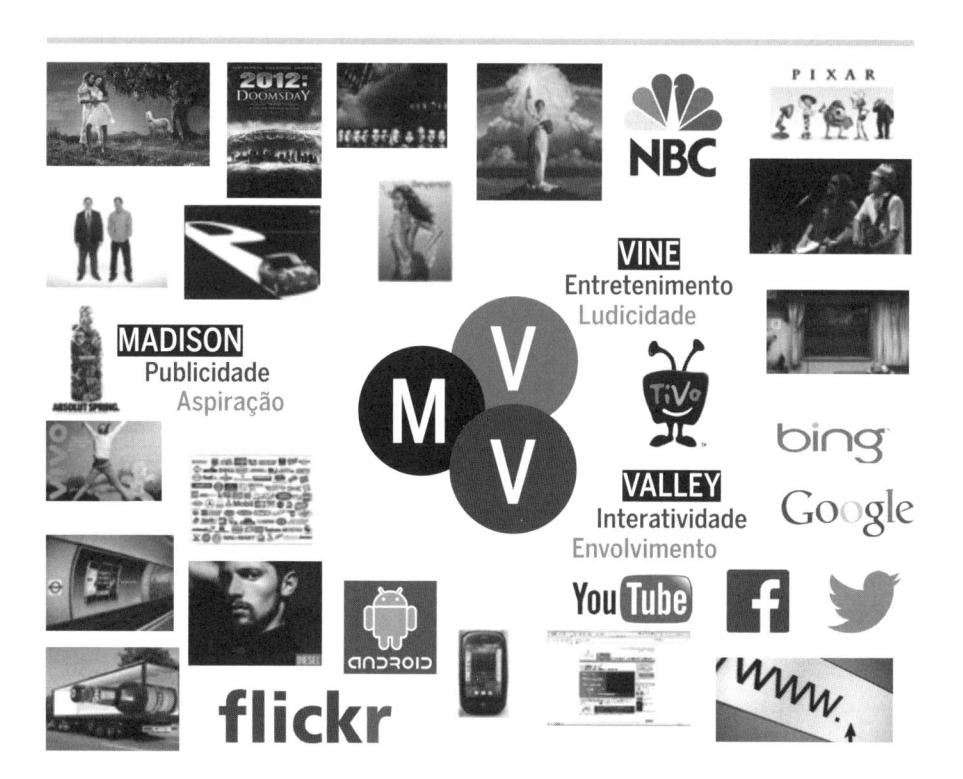

A Vine Street, em Hollywood, se consolidou também nos anos 1920 como o endereço de muitos dos negócios relacionados ao mundo do entretenimento. O cruzamento da Vine com a Hollywood Boulevard é tido como o centro geodésico da indústria do cinema. Hoje, muitos dos estúdios estão em outras partes da cidade, mas Vine continua a simbolizar o sonho, a capacidade de encantar, emocionar, entreter, divertir. É dessa esquina que a calçada da fama se irradia.

E, por último, o Valley, de Silicon Valley, onde nasceram as empresas que fizeram a revolução digital, otimizaram as possibilidades da internet e até hoje desenvolvem novas formas de interatividade e engajamento na web.

A coordenação de princípios dessas três indústrias é que vai servir de combustível para as agências enfrentarem a viagem rumo às possibilidades da era pós-digital. Não dá mais para primeiro fazer a propaganda e depois ver o que acontece. Será preciso pensar, desde o princípio, nas formas de coordenar esses três vetores para conquistar a atenção do consumidor. Somente a gestão otimizada das ferramentas e abordagens MVV é que pode garantir o tripé sinérgico de publicidade, entretenimento e interatividade, questões fundamentais para o sucesso de uma marca no mercado.

Mas, para atuar nessas três áreas de maneira sinérgica, é preciso ir além do know-how e ir atrás do know-who, dos talentos de outras áreas que podem fazer que a missão de entregar um produto vendedor, divertido e que inspire engajamento seja cumprida.

O exemplo do comercial da Volvo com Jean-Claude Van Damme deixa isso claro. Para mostrar os diferenciais do caminhão, criou-se uma situação de cinema, com um ator de cinema de ação e, graças a isso, o público da internet se engajou.

Publicidade no mundo pós-digital é a arte de criar espaços ideais de narrativa para as marcas se comunicarem com seus consumidores de uma maneira relevante e engajada. Isso pode ser feito utilizando mídias já existentes ou criando novos formatos de mídia. Se antes a obrigação dos publicitários era criar a mensagem mais adequada ao meio, agora é criar não somente o conteúdo, mas também o espaço narrativo mais adequado para ele. Quem antes criava a mensagem pode agora criar o meio também.

Nesse cenário, podemos ver que o *private label media* cresce em todos os segmentos. É possível que um novo tipo de agência, especializada em criar conteúdo para *owned media*, esteja surgindo para preencher essa lacuna.

A tecnologia trouxe enormes benefícios para a comunicação, democratizando o acesso, derrubando barreiras e multiplicando as formas de atingir o público-alvo, mas também gerou obrigações adicionais para todos que atuam na publicidade. E a principal delas é rever a forma de trabalhar.

Redatores não podem mais apenas escrever e diretores de arte não podem apenas cultuar a forma como designers. Antes, era possível viver de sua principal característica, seja ela de *doers* (realizadores), *thinkers* (pensadores) e *follow-uppers* (seguidores). Agora é preciso buscar a própria superação e atuar bem nessas três dimensões.

A prova da força dessa tendência é que, num mesmo dia no Festival Cannes Lions de Publicidade 2014, a programação incluía uma palestra com a atriz Sarah Jessica Parker, que estrelou a série *Sex in the City* e dois longa-metragem inspirados na série, seguida pela apresentação de uma empresa chamada Framestore, que com sua tecnologia torna possível vencer os desafios de efeitos especiais de filmes como *Harry Potter* e *Gravidade*. O dia deveria terminar com a *uber-model* Giselle Bündchen no palco para uma conversa sobre moda e entretenimento. Por isso, achar que o negócio da publicidade continua o mesmo é uma grande miopia!

Sendo assim, a necessidade de as agências desenvolverem uma postura que englobe as dimensões Madison, Vine and Valley nunca foi tão verdade.

Saímos de um mundo de mídias e espectadores para um universo de infinitas conexões entre marcas e pessoas. Esse é o novo universo da comunicação publicitária. Múltiplo em todos os aspectos e exigindo mais multiplicidade dos profissionais desse mundo.

Há pouco tempo, o jornalista de um diário ia fazer uma entrevista e levava apenas o caderno e a caneta. O gravador já era um acessório de enorme sofisticação tecnológica. Durante a entrevista, era também reservada uma hora para o fotógrafo aparecer e registrar umas imagens para ilustrar a matéria. Hoje, um jornalista já vai equipado com caderno, caneta, microfone, câmera de vídeo e de fotografia, além do bom e velho gravador. Essa multidisciplinariedade é fundamental para um mundo onde o conteúdo é distribuído em múltiplos formatos e instantaneamente.

Essa capacidade de ser gestáltica para uma realidade pós-digital de multiplicidade, obrigará as agências a atuarem junto aos clientes com a habilidade de agir de forma MVV, de criar aspiração, ludicidade e envolvimento em todas as ações.

Uma nova história

No contexto MVV, que orienta a forma pós-digital de fazer publicidade, o conteúdo assume a função de protagonista porque a história contada é que determina a escolha do canal pelo qual será vista. Um conteúdo chato faz a pessoa ir até a geladeira ou zapear. Um conteúdo interessante e divertido, publicitário ou não, faz que as pessoas busquem vê-lo na internet e até compartilhem com os amigos. **Tudo está relacionado ao IPC,** *Índice de Potencial de Conteúdo,*

de cada marca ou produto e sua capacidade de criar histórias e propostas relevantes e atraentes. O IPC é o grande norteador de todo o processo e direciona todo o esforço de comunicação. Marcas e produtos tem um IPC específico, alguns altos e outros baixos. Três características básicas definem o nível do IPC:

- *Expertise*: a herança da marca ou autoridade daquela empresa para discorrer sobre o assunto e gerar interesse legítimo.
- *Exposition*: o nível de exposição do tema na mídia, seja pela própria marca ou seus concorrentes; o quanto aquele conteúdo já foi suficientemente coberto pela imprensa.
- *Expectation*: o interesse ou expectativa da audiência em saber mais sobre aquele tema ou assunto.

No gráfico abaixo, podemos observar que, no caso do segmento de tecnologia, assuntos ou produtos distintos possuem diferentes índices de potencial de conteúdo.

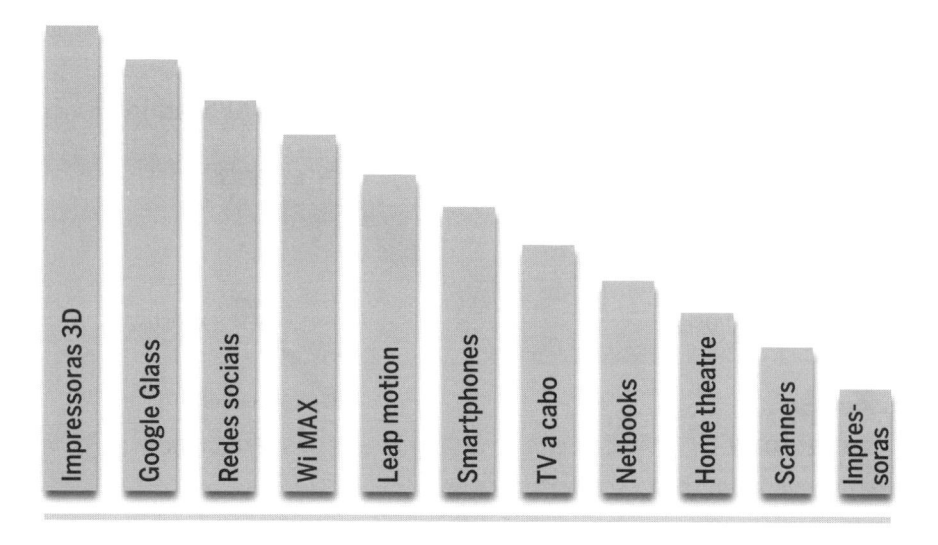

Quanto mais alto o IPC, mais espontânea e natural a transformação da marca em conteúdo relevante. E quanto mais baixo, maior a necessidade de buscar ângulos ou facetas distintas daquela marca ou produto que possibilitem ampliar seu IPC. Precisamos, portanto, de tratamentos diferentes para encontrar um balanço mais equilibrado entre *Expertise*, *Exposititon* e *Expectation*.

Por tudo isso, cresce cada vez mais a importância do *storytelling*, do enredo e da capacidade de transformar a mensagem de uma empresa em algo suficientemente interessante para

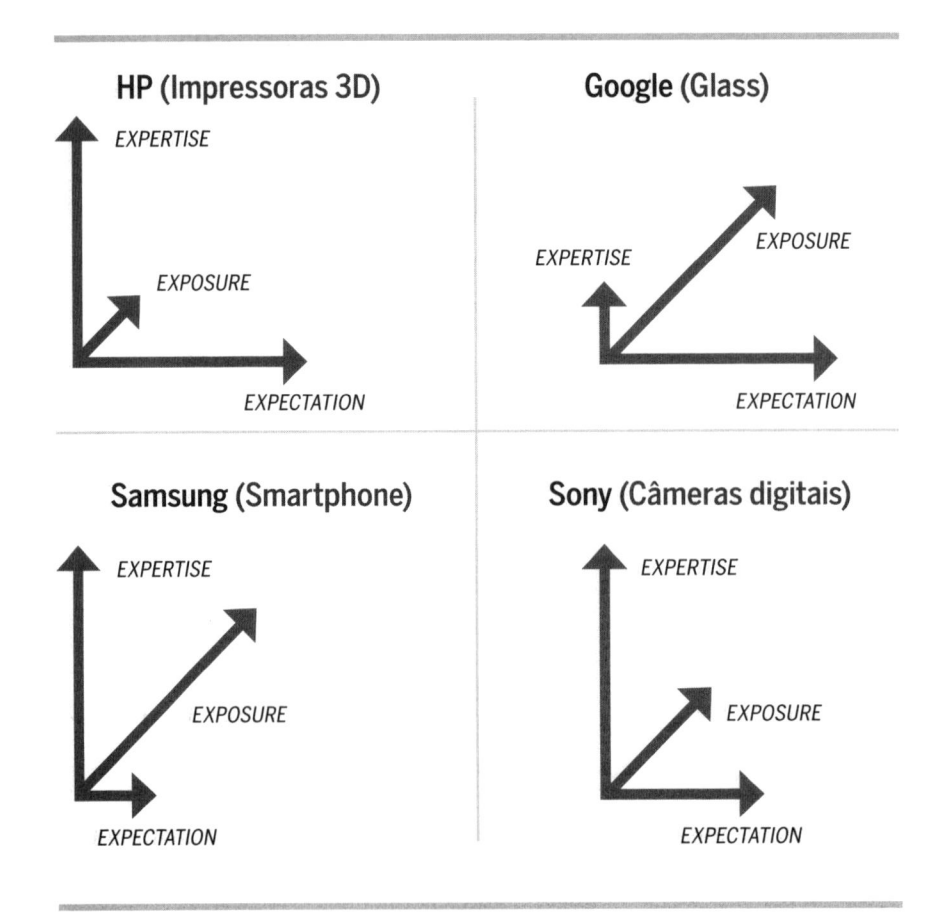

HP (Impressoras 3D)
EXPERTISE
EXPOSURE
EXPECTATION

Google (Glass)
EXPERTISE
EXPOSURE
EXPECTATION

Samsung (Smartphone)
EXPERTISE
EXPOSURE
EXPECTATION

Sony (Câmeras digitais)
EXPERTISE
EXPOSURE
EXPECTATION

captar o interesse do consumidor e fazer dele um disseminador de sua mensagem.

De acordo com o CEO da Story Worldwide[32], Kirk Cheyfitz, de maneira geral o impacto de uma marca sobre o público pode acontecer de três formas: nas redes sociais, como Facebook, Instagram e LinkedIn, e até naquelas que, embora tenham outra natureza, têm efeito similar, como o microblog Twitter e o serviço de geolocalização FourSquare; nos canais sociais que ele vê como centrais de redistribuição de conteúdo, como YouTube, Flickr, SlideShare e iTunes, e as ferramentas sociais, que contabilizam aprovação, como o sistema de likes do Facebook.

"O primeiro passo para aproveitar o poder das redes sociais é entender a relação entre esses três modos de participação. Uma vez que as pessoas tenham se engajado com esse conteúdo, os responsáveis pelo marketing das marcas vão poder aprender sobre o que lhes agrada ou não e isso vai levar a conteúdos cada vez mais interessantes", afirma Cheyfitz. Tudo começa com um filme, um artigo ou jogo. Essa peça fica numa rede social e, se for interessante e realmente agregar valor à vida das pessoas por ser original, emocionante ou engraçada, toda a campanha se desenvolve a partir dela. Ao fornecer conteúdo sem esperar retorno imediato, as marcas encorajam seus consumidores a se tornarem seus advogados. Por isso, o conteúdo tem de comunicar os valores da marca e sua história de um jeito inteligente.

Isso exige um novo repertório de habilidades dos publicitários, nova formas de se comunicar e a disposição de colaborar e co-criar. Uma peça de *branded content* não pode ser só interessante, tem também de estimular uma resposta positiva e evoluir para interagir com o consumidor. E, para que seja vista, pode estar em mídia paga, própria ou ganha ou na combinação dessas três categorias.

Uma nova matemática

Enquanto a gestão do cliente funciona no tripé *paid, owned* e *earned media*, esse novo cenário entre cliente e agência traz consequências importantes na hora de avaliar resultados (quantificar ou qualificar).

Existe uma tendência em comunicação de quantificar resultados avaliados de maneira independente por meio de métricas como tiragem, custo por mil, GRP, número de assinantes na TV por assinatura. Mas isso não reflete mais a realidade de um mundo múltiplo.

Há muitas forças agindo sobre o consumidor. Por exemplo, o sujeito pega carona em um Mini Cooper e descobre que o carro é muito maior por dentro do que imaginava. Depois vê uma propaganda na TV, vai ao cinema e assiste a um filme em que um personagem usa o modelo. Por conta de alguma lista de envio em que seu nome aparece, recebe uma mensagem no celular para fazer um test-drive. Ele se anima e passa numa concessionária para experimentar o veículo. Dias depois, recebe uma mala direta oferecendo o carro com desconto. Numa visita ao Salão do Automóvel, aprecia novamente o carro em todos os seus detalhes. No final, acaba comprando um Mini.

A questão que fica é: o que foi que me fez tomar a decisão? Na hora de responder a uma pesquisa clássica, as alternativas são estanques: jornal, TV, revista, internet? Na verdade, o que o levou a essa decisão foi um conjunto de mensagens, uma imagem que foi sendo formada, de forma holística, em diversas mídias e pontos de contato.

Por isso é preciso rever os conceitos de quantificação segmentada. Num mundo de multiplicidade, não dá mais para pensar de forma linear. Vai ser preciso reinventar as análises de eficiência, levando em conta o efeito delta, em que 1+1+1 é igual a 5 e não igual a 3. A rotina será trabalhar com uma enorme quantidade de ações simultâneas e avaliar a efetividade dos processos de comunicação mais do que os números da mídia em que a mensagem foi veiculada. Ver o que aquele conjunto de ações trouxe como resposta naquele momento, e não falar especificamente do que a revista, o jornal, a televisão ou a internet gerou de resultado. **Os executivos nesse mundo múltiplo pós-digital devem se preocupar não só com o ROI (*return on investment*) como também com o ROL (*return on learning*).** Ou seja, será necessário aprender a mensurar e a analisar a eficiência por conjunto harmônico de ações, um conjunto completo de ferramentas, e não cada uma separadamente.

É como a anatomia de um carro. Sozinhos, bancos, bateria e faróis podem até ter função, mas quando fazem parte de um carro, seu efeito se multiplica e vira outra coisa. Ovos, queijo e manteiga separadamente têm um valor. Quando viram omelete, ganham valor agregado. Hoje é isso o que acontece com cada mensagem de comunicação que, mesmo estando em veículos diferentes, interagem e geram um resultado final ampliado. Para equalizar o investimento em cada ação é fundamental avaliar o feedback em relação ao que funcionou melhor para cada caso e para cada missão.

Hologenoma

O novo momento da comunicação na era pós-digital se desenvolve de maneira orgânica e nos leva a compará-lo com as descobertas da biologia acerca da teoria da evolução, como o hologenoma que, como o nome indica, traz uma visão holística do genoma. O conceito darwiniano foca as espécies e sua evolução sob a ótica do indivíduo. Já a linha do hologenoma considera a relação sinérgica que existe entre o indivíduo e seu microbioma.

Nessa visão, evolução se dá na medida em que há uma simbiose entre o indivíduo e as outras espécies, como as bactérias que atuam em seu organismo. Nós somos nossas bactérias. Humanos e suas bactérias evoluem juntos. Temos 10 trilhões de células próprias e 100 trilhões de bactérias em nosso corpo. Elas pesam 2,5 kg do peso total de uma pessoa (bactérias são muito menores que células humanas). Segundo o cientista Eugene Rosemberg, a separação de um organismo de seu microbioma é sempre artificial. Não existe a hipótese de analisar um indivíduo sem suas bactérias.

No marketing também temos de considerar a evolução ocorrendo nas mesmas bases. Não existe construção de marca sem comunicação. Atualmente qualquer empresa tem pelo menos um site que pode influenciar as outras mídias em que pretende investir. Na verdade, o que existe hoje não são mídias individuais e sim um superorganismo de mídia, conjunto que precisa ser analisado para avaliar a eficiência da propaganda. Não dá para mensurar individualmente.

Tanto quanto nosso corpo é alterado pelas bactérias que os habitam, nossa mente é bastante influenciada pela internet e as novas mídias que vieram com ela, em comparação com os veículos tradicionais. Antes, as pessoas aceitavam limitações de tempo e espaço que já não aceitam, como esperar a hora de o jornal chegar ou de a notícia aparecer na TV para saber o que estava acontecendo. Hoje, não. Basta entrar na web e ver tudo. Quando o apresentador do noticiário na TV começa a falar, surge a sensação de *déja vu*.

Isso está levando a uma crise de relação entre as pessoas e os veículos. No passado, era mais fácil se conformar em ter que ouvir as condições do trânsito da zona norte quando estou dirigindo na zona sul, mas hoje, notícias dadas de forma geral, que não atendem às necessidades específicas, são mais difíceis de suportar.

Por isso, o ouvinte fica irritado com o rádio do carro quando o conteúdo transmitido não lhe interessa. Os aplicativos que mostram caminhos e o tráfego, como o Waze, elevaram o padrão de exigência em termos de eficiência e personalização.

Hoje, quando o jornal chega no dia seguinte ao Oscar, trazendo apenas o resultado de ator coadjuvante porque é o primeiro a sair, a sensação do leitor é de irritação. **A cauda longa está abanando o cachorro e isso está influenciando tudo.**

Mas, ao mesmo tempo em que a tecnologia cria novos desafios, também resolve velhos problemas. Por exemplo, a solução para o aquecimento global pode estar na combinação de duas bactérias que adoram calor, a *pyrococcus furiosus* e a *metallosphaera sedula* que, quando geneticamente combinadas, passam a se alimentar de gás carbônico, o que pode ajudar a limpar a atmosfera e acabar com o efeito estufa. No universo da comunicação esse tipo de simbiose também pode trazer bons resultados. Basta combinar novas ferramentas para produzir soluções inesperadas, que resolvem problemas novos e antigos. A proximidade sempre foi e continuará sendo um patrimônio poderoso na relação com nossos clientes. Mas, se antes nossa presença era apenas física, agora podemos somar a presença digital, com todo o engajamento que a realidade pós-digital proporciona. E essa múltipla presença transforma a avaliação de resultados num enorme desafio.

Por isso a importância de analisar a comunicação por processos, por conjuntos de ferramentas e não cada uma delas com suas métricas individualmente. Daí a relevância crescente do ROL (*return on learning*), porque nos ajuda a avaliar a eficiência dos conjuntos de mídias para a solução das missões. Temos de estar atentos a todas as possibilidades e suas múltiplas combinações multifatoriais.

Infelizmente as organizações têm uma tendência a utilizar métricas individuais para cada setor ou segmento. O diretor financeiro busca relação custo-benefício, o diretor de marketing avalia o custo por mil, enquanto o diretor de RH calcula o custo da hora-homem. Números, índices e estatísticas que definem, mas não resolvem, apontam, mas não explicam. Tudo isso pode gerar uma confusão entre mensurar, que é estratégico, e quantificar, que é tático. Dizem, até, que uma nova especialidade está surgindo no cenário mercadológico: o *quantifismo*, tendência atual dos táticos de reduzir uma análise apenas a números que definam superficialmente o resultado de uma ação.

José Ingenieros[33], que em 1928 escreveu *Homem Medíocre*, dizia que "todo idealista é um homem qualitativo". Possui um sentido das diferenças que lhe permite distinguir entre o mal que observa e o melhor que imagina. **Os homens sem ideais são quantitativos, podem apreciar as diferenças entre o mais e o menos, sem nunca conseguir distinguir o melhor do pior.**

Einstein foi outro dos gênios que entendia as diferenças entre mensurar e quantificar. Chegou a colocar na parede de seu escritório em Princenton um quadro com a frase: "Nem tudo que conta pode ser contado. E nem tudo que é contável, conta". No fundo, quantificar é torturar dados até que confessem alguma coisa. Afinal, é possível tirar qualquer resultado de um dado. Por isso podemos afirmar que mensurar define, quantificar explica. Mensurar é entender o melhor e o pior, e quantificar é saber apenas o mais e o menos.

Isso gera a tendência de priorizar a inserção em mídias estabelecidas, com bom custo por mil. Se não funcionar, a culpa não é da escolha do gestor de marketing e propaganda. A preocupação em evitar o erro é o que leva à mesmice, que num mundo efêmero e múltiplo é sempre um equívoco. Em momentos de incerteza ou grandes mudanças, as pessoas começam a aplicar cada vez mais no certo e a repetir fórmulas passadas sem inventar as futuras. Essa aversão ao risco é que leva à aversão a inovação, a testar novas ferramentas e a discutir novos processos.

Vamos analisar o caso de alguém que está entre três opções para divulgar seu produto para bebês: veicular um anúncio de página simples numa revista de celebridades, uma página dupla numa revista especializada em educação e comportamento infantil ou então patrocinar uma série de chás de bebês, que atingiria menos gente, mas que poderia gerar maior engajamento de quem participar. O custo das três ações é mais ou menos o mesmo. Ou seja, a mesma verba pode comprar mais de um milhão de leitores da revista de celebridades, dezenas de milhares da revista especializada ou algumas centenas com o chá de bebê.

Aí vem as questões: até que ponto o anúncio terá a atenção numa revista de interesse geral ou em outra, de interesse específico? E no caso dos chás de bebê, quantas pessoas irá atingir com certeza? Qual a garantia de que todos os convidados efetivamente irão? E qual o nível de engajamento dessas pessoas? A questão do engajamento pode fazer toda a diferença? Seguramente faz, só que nesse ponto o desafio passa a ser como avaliar o impacto efetivo da ação, sua capacidade de ir fundo na mente do consumidor.

Mensurar é trabalhar de maneira estratégica, analisando o processo e não o veículo. Inclui experimentar coisas novas, definir o melhor ou pior e não apenas o mais ou o menos. Quantificar é apenas tático, tem prazo de validade limitado. Mas, no final, mensurar, no mundo corporativo, significa proteger patrimônio ou, em inglês, *protecting assets*. Já quantificar é apenas uma forma de preservação pessoal ou, como diriam os gringos, *protecting asses*.

Observando o mercado, a percepção que se tem é de que os profissionais de comunicação estão quantificando muito e mensurando pouco. Cálculos de custo por mil existem aos montes, mas avaliações de envolvimento e engajamento são muito diferentes. **Não vamos transformar esse processo maravilhoso de conhecimento da alma humana que é o marketing em um processo racional e limitado, conhecido como matemarketing, em que tudo tem que ser quantificado.**

No momento em que há milhões de opções de mídia, é preciso planejar de uma maneira diferente. As agências terão de atuar considerando o universo MVV, enquanto os clientes poderão mensurar a efetividade, reinventar as análises de eficiência, levar em conta o efeito delta e aprender a trabalhar com uma enorme multiplicidade de ações simultâneas. Só que tudo isso ainda tem de ser aprendido, dos dois lados do balcão. É o *sincromarketing* que está chegando. E, com ele, cada vez mais precisamos adotar uma visão gestáltica, sincronizando as ações e mensurando os processos, e não apenas quantificando as ferramentas.

Sincronicidade

Pessoas não são, pessoas estão. É a velha confusão entre condição e estado...

A sensação era terrível: dor no corpo, calafrios, vias aéreas congestionadas. Até que, pelo rádio do carro, vem a solução em forma de uma propaganda de um antigripal milagroso. Parecia que alguém na emissora sabia o quanto ele estava passando mal e resolveu dar a dica. Na quadra seguinte, uma farmácia! E ainda com vaga para estacionar bem na frente! A combinação da mensagem relevante, na hora certa, combinada à oportunidade de realizar a ação pode ser traduzida pela palavra sincronicidade.

Pena que no universo real isso não funcione assim. Quando estou resfriado, ouço spots de cerveja. As vagas na frente da farmácia estão sempre lotadas e lá vou eu para o trabalho carregando o mal-estar comigo. No mundo em que vivemos, desempenhamos os mais variados papéis: cliente, paciente, ouvinte, espectador, fã, membro, segurado, colaborador, proprietário, tutor, marido, namorado, amante, filho, pai, mãe, esposa e, para cada um deles, há a mensagem certa, no momento exato. Cabe aos profissionais da comunicação saber a situação ideal para transmitir as virtudes do seu produto. Afinal, pessoas não são, pessoas estão.

Por conta da personalização e das respostas imediatas às mais diferentes demandas, o mundo da era pós-digital é sincrônico e isso faz que as técnicas de abordagem de marketing e de relacionamento com o público-alvo tenham necessariamente de passar por uma profunda revisão de eficiência. O gestor deve perceber que é mais importante se aprofundar em informações temporais e causais que afetam o cotidiano das pessoas de forma dinâmica do que investir em detalhamento demográfico e comportamental, algo que tende a ser estático. **Os antigos bancos de dados transformaram-se num bando de dados, em que a maior especificidade e personalização não traz incremento proporcional de resposta às ações de marketing.**

O caminho mais correto para atender às demandas atuais é transformar os bancos de dados em bancos de fatos e partir do princípio de que o importante não é a especificidade e sim a sincronicidade. Ou seja, não importa que a gestão de marketing de determinada empresa saiba meu nome, idade, minha classe social e escolaridade; o que definirá a relação entre a empresa e o consumidor será o fato de ele ter adquirido um automóvel, ser pai pela primeira vez, separar-se e voltar a morar sozinho, iniciar a prática de um esporte, passar a ser dono de um bicho de estimação ou optar por uma dieta vegetariana.

O nascimento de uma criança, por exemplo, transforma completamente os hábitos de consumo. Um divórcio, também. Adotar um cãozinho ou um gato, adquirir uma bicicleta ou se descobrir intolerante à lactose ou diabético – cada uma destas situações afeta hábitos de consumo e a relação das pessoas com determinadas marcas.

Os recursos técnicos e os novos comportamentos trazidos pela era pós-digital permitem que os gestores de marketing descubram qual o momento de cada consumidor em relação à marca e possam desenvolver ações sincrônicas, oferecendo conteúdo de acordo com o momento em que a pessoa está. Assim, a abordagem de comunicação ganha a possibilidade de ser sutil, pertinente, agradável e estar mais próximo da autenticidade de um contato pessoal do que com a artificialidade das ações de massa.

Para quem não tem animais de estimação, a questão do valor nutricional ajustado às diferentes idades dos animais é algo simplesmente irrelevante. Mas se um peludo entra em sua vida, a questão da nutrição ganha sua atenção, bem como uma série de outros produtos como vacinas, antipulgas, shampoo, condicionadores, sprays educadores, escovas, brinquedos, roupinhas, ossos. Isso sem falar nos serviços de banho, adestramento, recreação e, claro, veterinário. Para o comunicador, essa transformação exige que seu discurso seja reposicionado não só em termos de conteúdo como também em relação aos momentos de contato.

Há diversas situações em que toda uma série de mensagens deixa de ser relevante na vida de um consumidor, enquanto outras podem ganhar grande importância. Por exemplo, quando há um divórcio significa, pelo menos para um dos dois, redimensionar sua lista de compras para um lar de uma só pessoa. Serviços como entrega de comida pronta e lavanderia com leva e traz passam a ser relevantes para sua rotina.

O problema é que, em vários bancos de dados, a situação de quem tem um filho, adota um pet ou se divorcia continua exatamente a mesma e as mensagens publicitárias orientadas por esses bancos de dados acabam caindo no buraco negro da irrelevância. E isso condena a eficiência da comunicação, já que as pessoas só reagem ao que lhes interessa naquele ponto de sua história pessoal.

Um dos efeitos dessa adequação compulsória entre mensagem e destinatário faz que os atuais bancos de dados estejam defasados em relação a essa nova realidade efêmera. Apesar de saberem detalhes da vida da pessoa, esses relatórios não são capazes de motivar, de emocionar, de engajar. A fabricante de ração pode saber tudo de um dono de cão, mas para fazê-lo optar pelo seu produto ela tem de se tornar relevante, tem que contar uma história que ligue um interruptor de atenção dentro do proprietário de um animal ou mesmo de um futuro proprietário. Esses elementos, bem diferentes das minúcias dos bancos de dados, são os que trazem incremento proporcional de resposta na era pós-digital.

Essa constatação tem efeitos dramáticos quando se pensa que o mercado de marketing e comunicação passou décadas investindo na construção de bancos de dados sociodemográficos com informações sobre escolaridade, renda etc. para conseguir segmentar as pessoas em clusters cada vez mais específicos e ter melhores chances de convencê-las a comprar um determinado produto.

Dentro desta visão de outras épocas, as pessoas eram sempre algo bem objetivo, cartesiano, e eram definidas por sua idade, formação, endereço, estado civil, faixa de renda. Todos esses dados permitiam que o consumidor fosse chamado pelo nome e recebesse ofertas de acordo com seu perfil. Em função das informações, o profissional de marketing supunha que, se o consumidor ganhava X por mês, teria interesse num determinado modelo de automóvel. Assim, se uma mensagem publicitária chamando-o pelo nome fosse enviada, as chances de sucesso da ação aumentariam em relação ao envio aleatório. Era a única forma possível para fazer a abordagem do cliente a partir de dados primários.

As possibilidades de coleta de informações sobre o consumidor se expandiram muito na era pós-digital e isso permitiu perceber que as pessoas não são, as pessoas estão. Para as empresas o que importa não é o nome da pessoa, sua profissão ou o bairro em que ela mora. Dona Elaine Gonçalves, administradora de empresas, 35 anos, divorciada, moradora de um apartamento em Moema, São Paulo. Esse perfil pode interessar a uma série de empresas, mas fatos específicos sobre ela podem determinar quais têm melhores chances de conquistar sua preferência.

Elaine decidiu praticar ciclismo. Ao se preocupar com a saúde, resolveu ser vegetariana e, como acabou de se divorciar e se sente sozinha, resolveu comprar um papagaio. Ou seja, empresas que produzem bicicletas, roupas esportivas, tênis, bebidas isotônicas, protetores solares e hidratantes para cabelo têm boas chances com ela, ao passo que frigoríficos, churrascarias e fabricantes de ração para mamíferos não têm a menor chance.

O que faz a diferença para quem quer vender alguma coisa é perceber as janelas de oportunidade que o estilo de vida de um consumidor em potencial oferece para o produto que se quer vender. Os antigos bancos de dados eram estanques e não tinham como acompanhar as mudanças na vida das pessoas. Se a mesma Dona Elaine se mudar para uma casa em Cotia, se casar novamente, adotar um gato ou começar a praticar alpinismo, ela passará a ser outra pessoa e o que antes não era útil poderá ganhar um papel importante nas suas decisões de consumo. Máquinas de água sob pressão para lavar áreas externas ganham sua atenção, produtos para piscina, ração, equipamentos de segurança. Tudo isso passa a importar.

Por outro lado, outras marcas continuam tão relevantes para sua lista de compras quanto antes. Ela continuará precisando de filtro solar, produto para cabelo, isotônicos. Se ela engravidar e tiver um filho, outras marcas entrarão em sua órbita de consumo. Num mundo de relações efêmeras, as definições pessoais também estão cada vez mais efêmeras e isso exige maior sincronicidade no processo da comunicação. Por isso, o gestor de marketing da era pós-digital deve estar sempre atento para ajustar o seu banco de fatos para que suas mensagens continuem relevantes.

Para ilustrar essa tese de que a sincronicidade amplia a relevância em níveis muito superiores ao da especificidade, vale contar um case vivido em primeira pessoa. Quando eu era presidente da TVA, a empresa possuía um competente grupo da área de TI que desenvolvia e gerenciava um grande banco de dados. Naquela época, antes da internet, a ideia era fazer uma comunicação cada vez mais personalizada pelo marketing direto com clientes ou prospects que recebiam pacotes por período limitado.

Com esse banco de dados completo eu sabia, por exemplo, se a pessoa falava inglês porque ela assistia à CNN; descobria que tinha filho porque ele assinava o Cartoon Network; identificava que torcia para o São Paulo já que ele assistia a ESPN sempre na hora dos jogos desse time. Fui construindo um banco de dados excepcional. A comunicação era cada vez mais personalizada e me permitia conhecer mais profundamente cada um de meus assinantes e *prospects*.

Uma mala direta genérica dava em média 0,9% de resposta. Quando eu aplicava toda a personalização da mensagem, tinha um incremento discreto e índices de reposta subiam para 1,2%. O problema é que esse diferencial positivo não era suficiente para compensar os investimentos na criação e manutenção do banco de dados.

Até que um dia tentei um caminho diferente: procurei uma grande marca de produtos para bebês e pedi a eles uma lista de consumidores que tivessem recém-nascidos em casa. A resposta da empresa foi que eles não possuíam nomes ou qualquer outro tipo de detalhe, só tinham o endereço dos bebês de 0 a 1 ano porque as maternidades forneciam essa informação para que a empresa enviasse um brinde para os novos pais. A partir da lista, desenvolvemos uma mala direta, dizendo "Prezado amigo, agora que você vai passar os próximos três anos sem dormir, que tal assinar uma TV paga?". E a resposta alcançou o incrível percentual de 12%, um incremento exponencial de 10 vezes!

Esse padrão de resultado me levou à conclusão de que pessoas não são, pessoas estão. Fatos novos mudam o perfil de consumo. Por isso, mais importante do que investir em detalhamento demográfico e comportamental é aprofundar as informações temporais e causais que afetam os hábitos de consumo cotidiano. O caminho mais correto é transformar os *data base* em *fact base*. Partir do princípio de que o mais importante não é a especificidade e sim a sincronicidade.

Quando estou afundando e prestes a me afogar, prefiro alguém me chamando de fulano ou prezado senhor e me mandando uma boia do que alguém que me chame pelo nome completo, demonstre que sabe muitos detalhes a meu respeito e me ofereça um par de remos. O problema é que, ultimamente, as ofertas de remos têm sido muito mais frequentes do que as de boias, o que é ruim para a empresa que não vê seu investimento em comunicação gerar retorno e pior ainda para o profissional que administra essa verba e acaba desacreditado.

A era pós-digital, com suas características de efemeridade, torna imperativo que os responsáveis por ações mercadológicas entendam que cada consumidor está numa fase diferente de relacionamento com determinada marca ou produto, o que exige uma abordagem distinta que vai muito além de saber o nome do cliente.

Se perguntarmos a um grupo de pessoas do mesmo sexo, idade, nível de escolaridade e faixa de renda – que antigamente estariam no mesmo segmento e receberiam mensagens idênticas – como elas se sentem em relação a uma determinada marca e modelo de carro, as respostas podem ser: "Meu pai tinha um quando eu era criança e eu achava o máximo"; "Já fui proprietário de um carro dessa marca e só me deu problema"; "Tive um e morro de saudades"; "Sempre quis dirigir um"; "Tenho medo de dirigir, mas já andei como passageiro e acho confortável"; "Acho que os opcionais dele não compensam o preço alto"; "Tenho dificuldade para manobrar carros com esse tipo de traseira"; "Acho o espaço interno excelente para a cadeirinha de crianças"; "O carro é alto demais para minha mãe, idosa, entrar"; "Quase fui atropelado por um carro desta marca e nunca mais esqueci o susto".

As respostas mostram claramente que cada indivíduo está em um momento diferente de relacionamento com a marca e que cada um precisa ouvir uma coisa diferente para se sentir estimulado a comprar um modelo. A lógica aponta que o ideal é adequar o discurso para cada receptor. Ao insistir em fazer uma comunicação homogênea para um grupo heterogêneo, o gestor de marketing deve estar preparado para alcançar um índice muito mais baixo de efetividade nas respostas do que se tivesse se dado ao trabalho de adequar sua argumentação para cada caso.

Vale notar que numa realidade analógica, em que a mobilidade nos mais variados sentidos era mínima, os bancos de dados eram adequados. Entretanto, a era pós-digital trouxe a mobilidade, o que deu ao comunicador a possibilidade de ser sincrônico. Antes, o vendedor apenas anunciava seu produto em um monólogo genérico, hoje ele dialoga com seus clientes de forma pessoal. A onipresença da internet, da tecnologia de telefonia e dados móveis, das ferramentas de busca e das redes sociais garante isso.

As pessoas dizem o que estão fazendo na vida delas na internet e nas redes sociais. Basta marcar esses fatos e criar algoritmos para descobrir o que os consumidores em potencial do seu produto contam. Antes, o comunicador ficava tentando adivinhar o que se passava com seu consumidor porque não havia informação. Agora está tudo na rede, contado pelo próprio consumidor. E isso permite o envio da mensagem relevante para aquele momento e, portanto, sincrônica com a realidade.

No caso dos anúncios no Google, essa fórmula está num degrau acima em termos de eficiência, uma vez que o *search* é a mais perfeita forma de sincronicidade. Se estou procurando uma palavra é porque estou procurando aquele assunto naquele momento. Por isso é que o Google apresenta índices de crescimento desproporcionalmente maiores que o do mercado em geral.

A evolução do Google neste aspecto não se deve apenas ao fato de ele ter um mecanismo de busca dominante, ela deriva de sua habilidade em vender publicidade da maneira mais sincrônica possível. A pessoa diz o que ela quer e a publicidade sobre aquele assunto aparece na tela. Por exemplo, se a pesquisa é por hotel na Itália, significa que vou para a Itália e me interessa coisas correlatas. Quando a ferramenta mostra outras possibilidades no país, em vez de se ressentir com a intromissão, o usuário fica grato e se abre à mensagem publicitária.

A Amazon está entre as pioneiras em transformar a sincronicidade da era pós-digital em faturamento de vendas. Quando um cliente entra no site e pede um livro, ele não só é apresentado em todas as suas variáveis (diferentes tipos de capa, edições e traduções) como também recebe indicações de livros do mesmo autor ou de outros autores que tratam do mesmo assunto ou que têm o mesmo estilo. As propostas são sempre relevantes e isso faz que o carrinho virtual se encha mais rápido.

Ao comparar a atividade de um cliente no seu site com a de outros clientes que compraram os mesmo itens, a Amazon pode recomendar outros títulos que possam interessar. As recomendações mudam regularmente porque são ajustadas a partir de uma série de fatores, incluindo o momento da compra, as avaliações de produtos ou o interesse por um novo item. A empresa também inclui em sua comunicação um botão "Não estou interessado", o que faz que mensagens sobre livros que não mais interessam deixem de ser enviadas.

Por exemplo, um sujeito que sempre comprou livros de gestão financeira e romances de ficção, um dia compra um livro sobre o que esperar durante os nove meses de gestação. Os algoritmos que administram as recomendações identificam que esse sujeito está para ser pai e, a partir desse dado, o site começa a enviar para ele sugestões de outros livros sobre gravidez, recém-nascidos, primeira infância, educação e também livros infantis. Mas se ele comprou esse livro para dar de presente a uma colega de trabalho que engravidou e continua não tendo interesse nenhum nesse assunto, é só apertar o botão e ficará livre deste tipo de sugestão.

No mundo pós-digital, a eficiência está sempre ligada à sincronicidade. Além das dicas sobre interesses geradas diretamente em ferramentas de busca, há os fatos que as pessoas dizem sobre si mesmas em outras áreas da internet, especialmente nas redes sociais. O Facebook, por exemplo, busca esse tipo de correlação entre posts, interesses específicos e as páginas que sugere. Muitas vezes, as pessoas escrevem o que estão fazendo, o que querem e até o que acham de produtos nos sites das empresas ou nas suas próprias páginas.

Mas dificilmente essas informações são utilizadas para alimentar o banco de fatos das marcas porque, simplesmente, a arquitetura de coleta e armazenagem de informações ainda é a dos bancos de dados, que foram construídos de tal forma que não preveem o espaço para as informações, estão engessados. Os bancos de dados são os avôs dos bancos de fatos. Não se pode esperar que um vovô consiga se mover com a agilidade de um jovem. Só que o jogo do comércio mudou e é preciso estar na hora e lugar certos para receber a bola e fazer o ponto.

Ao longo das duas últimas décadas os investimentos em bancos de dados atingiram bilhões. Mas a boa notícia é que isso não deve ocorrer com os bancos de fatos porque, com a evolução dos algoritmos, é possível construir esses bancos a um custo muito mais viável.

Os algoritmos permitem criar cruzamentos inimagináveis. Não é mais preciso criar clusters. **Com o custo cada vez mais baixo da informação, é possível falar com milhões de pessoas ao mesmo tempo, individualmente.**

Hoje as pessoas dizem o que querem e cabe ao profissional de comunicação saber ler isso, perceber as nuances e adequar seu discurso, como o bom senso indica. A argumentação sobre um carro é uma para quem tem uma memória afetiva positiva em relação à marca e outra completamente diferente para quem um dia quase foi atropelado por um modelo daquele fabricante. Na vida social, temos esse tipo de sutileza e a tecnologia agora permite que tenhamos o mesmo nível de adequação e relevância nas ações mercadológicas.

Algumas empresas criaram verdadeiros sistemas de comunicação com o mercado baseados nas distintas fases de relacionamento do consumidor com aquela marca. Para a indústria automobilística, por exemplo, desenvolvemos *um mapa de contato* que busca determinar que atitude da empresa é mais adequada para cada momento do relacionamento com a marca ou seus modelos. Tudo começa a partir de ações de publicidade em larga escala, por meio de anúncios nas mídias tradicionais e na internet dirigidos a possíveis clientes que, segundo suspeitas da companhia, possam querer comprar um carro da marca.

A partir de uma visita a uma concessionária ou ao site da empresa, ou até um comentário positivo em sua página do Facebook, esse *suspect* passa para a categoria *prospect* e catalisa a série de contatos que vai desembocar em um *test drive*. Dias depois, esse *prospect* se converte em *buyer* e permanece nesse status até receber o automóvel, depois da negociação e do fechamento do negócio. Chega, então, a hora de enviar a ele um kit de boas-vindas à marca, alguns brindes, dados sobre como adquirir um seguro, mandar uma proposta de cartão de crédito de afinidade.

A relação prossegue para um novo nível. Já convertido em *owner*, o comprador continua a receber diversos contatos no pós-venda que vão de uma carta do presidente parabenizando-o pela compra, acesso ao site exclusivo, convites para eventos, revisões especiais e, finalmente, a proposta para que ele compre um novo carro da marca. Nesse roteiro, cada contato é coreografado para acontecer no momento exato, quando é mais pertinente e relevante. Ao mesmo tempo em que mantém viva a relação com o cliente, a marca não é invasiva e se mostra sincrônica com as necessidades dessa pessoa.

Mas a era pós-digital oferece ainda mais possibilidades de sincronia. Se um cliente liga para uma concessionária e marca um *test drive*, o vendedor designado para atendê-lo tem condições de saber, a partir do estudo das informações sobre esse *prospect* que existem na internet, quais as características do carro que mais podem lhe interessar. Basta uma rápida busca naquele nome e uma visita ao seu Facebook ou Instagram para imediatamente entender quem é aquela pessoa.

Para quem tem um bebê, estabilidade e espaço interno no banco de trás são mais importantes que resistência da suspensão e a possibilidade de marchas reduzidas, fatores decisivos para quem, por exemplo, utiliza estradas de terra. Sabendo o argumento exato para cada perfil, a chance de que a relação de consumo ocorra de forma orgânica e tenha bom resultado cresce consideravelmente.

A vida na era pós-digital permite, inclusive, que se aplique a sincronicidade aos relacionamentos interpessoais. Hoje, antes de fazer uma reunião pela primeira vez com uma pessoa, é possível saber muito sobre ela a partir dos seus perfis em redes sociais. Dependendo dos seus posts, é possível saber se gosta de música e de que tipo de música, se é solteira, casada, divorciada ou viúva, que filmes assistiu recentemente, se pratica esportes, se tem filhos, se viajou recentemente. Enfim, uma série de dados que queimam etapas no processo de conhecer alguém e permite que toda a interação pessoal seja adequada e ocorra a partir de pontos relevantes.

Na visão de Tim Bray, um dos mais ativos membros da mitológica Internet Engeneering Task Force (IETF)[34], as mudanças nos aspectos pessoais que a era pós-digital trouxe ainda não foram totalmente aproveitadas pelas pessoas. "A mudança na paisagem emocional proporcionada pela possibilidade de se comunicar a custo muito baixo e sem restrições geográficas ainda não foi bem compreendida"[35], afirmou o especialista, que aposta que no futuro esse entendimento alcance seu potencial máximo.

A partir da possibilidade de agir de forma sincrônica com os desejos do consumidor, três grandes tendências da comunicação emergiram na era pós-digital:

1. Na órbita da mídia, o ponto de partida foi a massificação, que evoluiu para a era da segmentação e hoje atingiu a era da personalização das mídias. Esse movimento de individualização se expressa das mais diversas formas. Vai da possibilidade de escolher os tópicos que vão aparecer na página inicial de sua ferramenta de busca favorita, a monitorar os assuntos sobre os quais tem interesse no jornal e que podem ser enviados ao celular. Algo bem diferente do tempo em que as mídias traziam o mesmo conteúdo para todos os públicos e bem mais especializado do que o que era oferecido pela segmentação na era digital. Ao poder escolher os assuntos que mais interessam entre os cobertos por uma revista, o conteúdo ganha um aspecto mais pessoal.

Quando alguém assina um jornal de grande circulação pode ter interesse especial pelas publicações do caderno de Economia, o que já representa segmentação, mas hoje ela pode ir além e escolher quais temas mais lhe interessam, digamos Bolsa e mercado agrícola, e receber matérias sobre esses assuntos assim que forem publicadas. Isso é personalização. Se não lhe interessa ler sobre inflação, desemprego, exportações ou contas públicas, não precisará fazê-lo. Funciona como uma ferramenta de RSS. O leitor define no site da publicação seus assuntos favoritos e, conforme a redação produz conteúdo e coloca o texto online, ele é avisado. Essa possibilidade de personalização empodera o leitor de forma inédita na história das mídias.

"A televisão nos permitiu ver a aldeia global, mas a internet nos permite ser os aldeões, exercer a posição de cidadãos desta aldeia", afirma o professor da Universidade da Carolina do Norte e fundador da ibiblio.org, Paul Jones[36]. Nesse cenário, cada pessoa terá o poder de editar os veículos de informação que utiliza e terá mais tempo e disponibilidade para reagir, comentar e participar dos assuntos que lhe mobilizam. O tempo da passividade compulsória em relação aos conteúdos das mídias acabou.

2. Nos aspectos da inserção publicitária, a periodicidade virou perenidade e foi transformada em sincronicidade. O anúncio entrava periodicamente num veículo, por exemplo, em revistas mensais ou semanais, e se comunicava com seus consumidores na mesma periodicidade do veículo. Com a digitalização dos conteúdos dos títulos e sua publicação nos sites, as matérias e anúncios ganharam perenidade

O passo seguinte, que já faz parte da sincronicidade pós-digital, é de apresentar as mensagens de marketing certas na hora exata para quem já demonstrou, mesmo sem saber, interesse por aquele produto ou categoria. Graças a algoritmos de monitoramento, os responsáveis pela inserção de anúncios na internet podem alcançar uma sincronicidade inédita na história da publicidade a partir de um processo de garimpo do melhor momento e da mensagem mais adequada, proporcionado pelo cruzamento dos interesses dos consumidores com os do anunciante.

Existem várias formas de fazer a inserção sincrônica a partir das iniciativas dos consumidores na rede. Assim como em outras mídias, uma delas é a maneira contextual, que busca entender o comportamento das pessoas na rede e apresentar para esses internautas os anunciantes mais adequados para quem pesquisa sobre aquele assunto, ou seja, faz parte do público-alvo. Por exemplo, se a pessoa está navegando em um site de receitas, ela está no target de uma marca de margarina e utensílios de cozinha por se encontrar no contexto de culinária.

A segunda forma de fazer a inserção sincrônica é chamada pelos especialistas de *behaviour target* e se desenvolve a partir do comportamento do internauta em um determinado período, digamos 30 dias. Se ele visitou o site de receitas várias vezes nesse período, é sinal que ele tem um interesse consistente nesse assunto e, a partir disso, as marcas interessadas nesse grupo de consumidores passam a colocar seus anúncios nos locais que ele frequenta na rede.

Já *remarketing* é o nome dado às inserções feitas de acordo com o interesse do momento. Nessa variação, se um internauta, por meio de uma ferramenta de busca, entra num site procurando um determinado produto, sua presença fica registrada. Quando ele voltar a navegar, será informado sobre ofertas ou novidades que tenham relação com aquele produto. Digamos que esse internauta entre no site de uma grande rede varejista em busca de um smartphone. Quando entrar no Facebook dele, aquela empresa vai postar ali um anúncio das suas ofertas de smartphones. É uma espécie de repescagem de consumidores feita de forma sincrônica com os seus interesses naquele momento.

Outra forma de ajustar a sincronia é o monitorar os conteúdos postados por internautas nas redes sociais. Conforme a pessoa posta que foi assaltada e roubaram seu celular, ela poderá vir a receber anúncios de empresas de seguro de aparelhos celulares ou ofertas de revendedores.

3. A terceira tendência gerada pela sincronicidade no mundo da comunicação diz respeito à afinidade entre o conteúdo e a mensagem publicitária. Nesse aspecto, o caminho partiu da segregação radical entre conteúdo e publicidade, depois para a aproximação entre os dois tipos e, finalmente, a integração evolutiva. Antes havia o editorial genérico das revistas ou programas de TV e o profissional de marketing não tinha alternativa além de colocar suas mensagens nos intervalos determinados de cada um. Sua inserção não era apenas separada, mas totalmente independente do conteúdo ou ambiente editorial do veículo. Era uma separação parecida com a saudável distância entre a Igreja e o Estado e que se refletia na relação entre os editorialistas e os publicitários. A propaganda era, então, totalmente segregada do editorial.

O passo seguinte foi segmentar as publicações e programas em *clusters* de interesse, o que permitiu ao gestor de comunicação escolher os assuntos que tinham mais a ver com o seu produto. A identificação era direta: as chances de ter bons resultados anunciando produtos esportivos num jornal de esportes ou eletrodomésticos em um programa feminino aumentava drasticamente em função da maior aproximação entre o ambiente editorial e o conteúdo.

Mais recentemente, revistas e TVs, incluindo os canais a cabo, entenderam que marcas também podem gerar conteúdo e se abriram para uma parceria interessante nesse sentido, buscando sempre a melhoria do conteúdo com total respeito ao telespectador ou leitor.

A era pós-digital trouxe ainda uma integração total pelo *native marketing*, que traz a possibilidade de sincronizar a mensagem com o momento do receptor. Nele, a inserção patrocinada é colocada dentro do editorial, mimetizando o conteúdo com minha mensagem publicitária.

Um exemplo de integração é uma grande fabricante de câmeras digitais que publicou cinco paginas editoriais numa revista de grande circulação sob o título: "Tudo o que você quer saber sobre câmera digital e ninguém teve paciência de explicar". E, muito importante, com seu logotipo bem visível nas páginas, identificando a autoria e evitando a confusão do leitor. O conteúdo nesse caso é feito por um especialista, do veículo ou não, e tudo está identificado. O leitor vai saber que é a marca que está gerando aquele conteúdo, mas que aquela informação tem valor e credibilidade, justamente porque a empresa que gerou aquele material informativo é reconhecida pelo seu know-how naquele setor.

O merchandising na novela também é encarado como forma de integração entre publicidade e conteúdo. O personagem vai ao banco e pede um cartão de crédito ou um financiamento, o espectador sabe que é uma propaganda encaixada na trama e admite a interferência. Esse tipo de integração é mais fácil no entretenimento do que nos programas jornalísticos, mas não significa que não possa existir com toda ética mesmo nesse ambiente.

No entanto, entre todas as mídias, é no celular que essas tendências são mais bem combinadas, e é aí que as ações inovadoras devem acontecer, justamente em função da capacidade dos smartphones de aliar acesso às buscas e às redes sociais à possibilidade de realizar compras.

Graças à disseminação da tecnologia, agora podemos atuar com mais sincronicidade na vida de nossos clientes a partir dos fatos e sem precisar conhecer dados detalhados de cada um deles. O que importa são os fatos e não mais os dados. Só assim empresas e consumidores poderão se entender e colaborar mutuamente, em meio à toda essa complexidade que também caracteriza a era pós-digital.

Complexidade

Não tenha medo das novas ideias. Tenha medo das antigas. São elas que podem inviabilizar seu negócio ou sua carreira.

Com camisa bem-ajustada, cabelos penteados com cuidado, sapatos novos e doses extras de excitação correndo pelas veias, o estagiário se entrega a seu primeiro dia como profissional em uma grande empresa. Era um sonho que se realizava. Não apenas pelo emprego e por se sentir muito à frente de seus colegas de faculdade, mas pela chance de participar, mesmo que minimamente, da gestão de marketing de uma marca que sempre admirou.

Já no primeiro dia percebeu algumas coisas: a primeira é que o departamento de marketing era mais difuso e fragmentado do que os livros descreviam. Embalagem é marketing, mas fica no setor de desenvolvimento de produto, orientado pelo setor de pesquisa, que realiza seus trabalhos a pedido do marketing. As vendas são decorrência do marketing, mas quem negocia as ações de ponto de venda é o departamento comercial. Fazer todo mundo da empresa se envolver com a marca e se manter criativo e motivado era trabalho da turma do endomarketing, ligado ao departamento pessoal.

A segunda coisa que notou é que muita gente fazia marketing sem saber que estava fazendo. A terceira é que as decisões estavam fragmentadas entre muitos departamentos, que ficavam em andares diferentes e eram influenciadas por dezenas de pessoas que se utilizavam de centenas de fornecedores distintos na consecução das tarefas. No final do dia, fez a mais definitiva constatação: devia ter ido trabalhar de tênis para poder correr atrás de tantas pessoas e atividades distintas envolvidas no marketing da empresa.

Para nosso jovem profissional, o fascínio do marketing se explica pelo fato de que mais do que buscar formas de vender um produto, coisa de mascate, o marketing moderno tem nuances filosóficas, de busca do conhecimento da natureza humana. Discute ações e atitudes com a profundidade e a erudição dos sábios e as aplica à vida prática, ao processo de compra e venda. Misto de sociólogo, psicólogo, economista e investigador, o profissional de marketing é um comunicador orientado pelo desejo de obter uma resposta concreta do público-alvo: a venda. Para ele, ouvir o tilintar da caixa registradora equivale a vencer um debate no senado romano, representa o coroamento de sua habilidade de persuasão, desenvolvida a partir da combinação de estudo, instinto e criatividade.

Embora o ato de oferecer (venda) e tomar (compra) alguma coisa em troca seja um dos rituais mais antigos realizados pela humanidade, certamente até anterior ao completo desenvolvimento da linguagem, o marketing é uma área relativamente recente, desenvolvida no século 20 e justamente fruto da abundância de produtos e serviços que o processo de industrialização trouxe para as sociedades.

Ao longo dos últimos cem anos, o marketing foi ganhando complexidade. Surgiram as mais variadas formas de fazer o que nossos ancestrais neandertais já faziam e que foram ganhando nomes simpáticos, esdrúxulos ou enigmáticos como *viral marketing*, *buzzmarketing* ou *stealth marketing*, todos para designar a confluência de diversas formas do conhecimento humano quando aplicada ao convencimento de uma pessoa com o objetivo de gerar preferência por um produto em relação a outro.

Apesar de tanta variação, uma característica unia todas as variantes do marketing: o fato de ser um monólogo. O profissional de marketing criava um discurso e o reverberava em alguma mídia. Ao consumidor, restava aderir e comprar ou ignorar e manter sua carteira fechada. Em 2009, quando, em parceria com meu amigo e sócio Zé Luiz Tavares, publiquei o livro *O Marketing na Era do Nexo*[37], apesar de todas as mudanças no cenário da comunicação, as coisas ainda funcionavam mais ou menos assim e já eram bem complexas.

Mas, a complexidade se aprofundou. O que antes era apenas monólogo foi gradativamente se transformando em diálogo ou talvez em mais do que isso, uma arena de debates. **A ubiquidade das tecnologias digitais e a facilidade que os consumidores assimilaram todas as possibilidades transformou completamente o mercado, uma vez que agora todos têm voz.**

Antes, se alguém se sentia enganado por uma empresa ou apenas não gostava de um produto, até poderia reclamar muito, mas suas reclamações dificilmente sairiam do círculo de conhecidos mais próximo – o primo que mora no interior dificilmente ficaria sabendo do caso. A era pós-digital mudou isso e trouxe para o consumidor um poder inédito na história.

Hoje, as redes sociais garantem voz a todo mundo. Se alguém tem uma reclamação, pode ter certeza que ela chegará longe – inclusive ao primo do interior, à tia-avó surda, à amiga do amigo. Essa reclamação vira assunto de diversos posts, é compartilhada, replicada e, num instante, toda a estratégia de marketing cuidadosamente elaborada por sábios a partir de insights de gurus para construir uma determinada imagem da marca é jogada na lama da infâmia. A maior parte dos profissionais de marketing não está preparada para enfrentar isso. Nem poderia estar porque isso tudo seria inimaginável até muito recentemente.

Na era pós-digital, todo mundo é uma mídia, e porque todos têm como se expressar e o fazem, rapidamente comunidades se formam e o poder das vozes se multiplica. Via digital, o poder de mobilização da sociedade cresce exponencialmente. Nos últimos anos, a Primavera Árabe, a ocupação de Wall Street e as manifestações de junho de 2013 no Brasil mostraram isso claramente. Na relação das pessoas com as marcas, os volumes podem ser menores, mas as consequências são igualmente indeléveis.

Hoje, o gestor de uma empresa e suas marcas não pode desprezar a comunidade onde está inserido. Sua imagem não é construída apenas pela propaganda que faz, mas sim por um conjunto muito mais amplo de fatores que incluem desde sua política ambiental e as relações que tem com seus funcionários até as causas sociais que apoia. Mesmo sua relação com fornecedores externos impacta a imagem da empresa na medida em que hoje os sistemas produtivos são colaborativos.

A complexidade aumentou, e muito, na gestão das marcas. Não há mais decisões estanques. A era pós-digital exige que se esteja constantemente "medindo a temperatura" do humor do público interno, dos fornecedores, da comunidade – isso sem falar na concorrência e consumidores. São múltiplos públicos, múltiplas vozes a serem equalizadas.

Por isso, a era pós-digital exige uma nova dialética do marketing, que leve em conta a efemeridade das relações, o fato de que já existe uma simbiose generativa entre os seres humanos e as máquinas. A multiplicidade de formas e canais de comunicação só deve se acentuar, e fazer uma comunicação sincrônica é a única maneira de conquistar a atenção de um consumidor em potencial. Aí é que está o aprofundamento da complexidade do mundo do marketing daqui para frente.

A saída para o labirinto formado por dezenas de disciplinas de marketing, desenvolvidas por diversos atores dentro das empresas, é a busca do nexo. Há cinco anos, Zé Luiz Tavares e eu já antevíamos o futuro ao prever a necessidade de ordenar toda a miríade de possibilidades, ações e serviços que o mundo do marketing apresentava naquele momento. Só que a chegada da era pós-digital tornou mais aguda essa necessidade.

Até a revolução pós-digital, o diretor de marketing era um tutor de processos. Hoje, diante dos desafios impostos pela complexidade, tem de ser um mentor. Tem de ser um nexialista, um especialista em destrinchar a complexidade. **A definição de nexialismo é integrar de maneira sinérgica, complementar e sequencial as várias disciplinas que compõem o conhecimento humano de modo que as coisas e atividades façam nexo entre si.**

O termo surgiu pela primeira vez no livro de A.E. Van Vogt, *A Viagem no Space Beagle*[38], da década de 1950. Na história, uma nave saiu da Terra em busca de vida em outros planetas, levando especialistas em todas as áreas do conhecimento humano, uma espécie de Arca de Noé de cientistas. Nessa nave, portanto, todos eram especialistas menos um deles, que não tinha nenhuma especialização, e a quem o Van Vogt dá o nome de nexialista.

Durante a epopeia descrita no livro, sempre que a nave sofria invasão alienígena, risco de acidente ou qualquer outro desafio grave, o único capaz de resolver e manter a nave em curso era exatamente o nexialista. Ele tinha a função de, na hora dos problemas, coordenar a tripulação para que colaborassem e conseguissem resolver a situação por meio da soma de suas habilidades.

Pode parecer um conceito etéreo, coisa de outro planeta, mas a função do nexialista é mais comum do que se imagina. A maioria não a conhece com esse nome. Mas, diante do mundo cada vez mais cheio de especialistas, a visão do nexialista ganha relevo e impacto. Dentro de casa, por exemplo, a máquina de lavar louça só lava louça, mas o faz muito bem. O mesmo acontece com a máquina de lavar roupa, que cumpre sua missão com brilhantismo, mas não está nem aí com o destino das peças depois que saem de seu ventre. O forno, cara quentíssimo, faz a mesma coisa e não quer nem saber do que acontece com as formas que saem dele. O aspirador de pó aspira como ninguém, mas não liquidifica, coisa que só o liquidificador sabe fazer.

Olhando em volta é fácil perceber que ter especialistas por perto é ótimo, mas para que tudo funcione é fundamental ter alguém que gerencie suas ações. Boa parte das donas de casa e todas as empregadas domésticas sabem exatamente a importância de ordenar as ações dos equipamentos especializados. **O nexialista é aquele profissional que não necessariamente sabe a resposta para todas as perguntas, mas é capaz de saber onde olhar para buscá-las.** Justamente por isso é cada vez mais importante no universo da comunicação, que está cada vez mais caótica e congestionada.

A diferença entre a teoria e a prática da gestão de marketing é que, na teoria, tudo é centralizado e coeso. Na vida real, entretanto, ações que afetam a imagem das marcas de uma empresa e que acabam transparecendo direta ou indiretamente para o mercado são tomadas em muitos outros departamentos que não o de marketing. Por exemplo, as pessoas geralmente não reconhecem o *house organ* como marketing, mas ele é. Ou não percebem que ações promocionais criadas pelo departamento de vendas impactam fortemente o trabalho de construção da marca que o marketing está desenvolvendo. O que poucos se dão conta é que o marketing se espalha por todas as áreas.

O departamento comercial costuma ser o lar mais natural do marketing. É nesse reino que o processo de *branding* é desenvolvido, as relações da imprensa são manejadas, a propaganda nas mídias tradicionais e na internet é gerida, patrocínios são definidos, ações motivadoras para a força de vendas são criadas, cadastro de clientes e *prospects* (mais conhecido como CRM) é administrado e as ações nos pontos de venda são pensadas.

Bem menos expansivos e coloridos que a turma do comercial, o pessoal do setor produtivo da empresa também coloca a mão no marketing ao definir o design dos produtos, fazer pesquisas que orientam o desenvolvimento de novos lançamentos, definir preços, escolher embalagens e até na hora em que definem seus fornecedores. Vamos dizer que o setor produtivo se oriente por só comprar produtos com correção ecológica certificada – isso afeta diretamente a imagem da marca.

Mas até o pessoal do administrativo tem sua chance de fazer marketing por meio dos investimentos sociais da empresa, das relações com investidores, por meio do treinamento dos funcionários, da comunicação interna, da realização de eventos e do endomarketing.

O marketing e a multiplicidade de tarefas

- Material PV
- CRM
- Força de vendas
- Patrocínio
- Marketing digital
- Publicidade
- Relações com imprensa
- Branding

COMERCIAL

EMPRESA
Visão
Cultura
Imagem

PRODUTIVO

- Design
- Pesquisa
- Pricing
- Embalagem
- Relação com fornecedores

ADMINISTRATIVO

- Investimento social
- Relação com investidores
- Comunicação interna
- Intranet
- Treinamento
- Eventos
- Endomarketing

Mas para realizar cada uma dessas ações, cada departamento e gestor de projeto conta com fornecedores, o que eleva em progressão geométrica o número de profissionais que participam de cada ação.

Embora tenha alma de filósofo, o diretor de marketing terá de desenvolver habilidades de general porque, com o marketing pulverizado, a tarefa de manter uma imagem de marca coesa e atraente e ainda garantir vendas é algo extremamente difícil. Para obter sucesso nessa empreitada, é preciso equalizar a necessidade de manter o foco e a permeabilidade, para conseguir desenvolver soluções em parceria com os diversos departamentos. É preciso ter visão de conjunto e muita clareza para manter o nexo entre todas as ações, é preciso ser um nexialista de mão cheia.

Durante o século 20, houve um período em que os generalistas eram maioria. Nessa época, os profissionais, fossem eles de medicina, engenharia, direito, arquitetura, jornalismo ou administração, sabiam de tudo um pouco. Depois, veio a fase dos especialistas, aqueles que dominavam assuntos específicos e cada vez menos do todo. Estamos entrando agora numa fase em que o nexialismo se mostra cada vez mais decisivo. O nexialista tem uma visão gestáltica e abrangente, mas não deixa de ir fundo naquilo que faz sentido para resolver o problema. Tem cabeça de hiperlink. E isso é especialmente importante hoje porque as empresas estão multiplicando as áreas que atuam em marketing, o que pulveriza o processo decisório entre as mais variadas áreas. Algumas funções ficam sob a batuta da área comercial, outras, no administrativo, e algumas na produção. E cada uma das áreas tem seus próprios decisores e fornecedores.

Então, o cenário é de dezenas de pessoas alocadas em múltiplos departamentos, realizando, cada uma delas, parte das funções de marketing. Para isso, contratam centenas de fornecedores distintos que, por sua vez, se utilizam de milhares de opções de mídia ou veículos de divulgação de cada atividade. O resultado disso é que, botando uma lona em cima, vira um circo e, se construir um muro, um hospício. Nada faz sentido com nada. O folheto não tem nada a ver com a campanha, que não tem nada a ver com o material do ponto de venda, que não conversa com os releases que vão para os investidores, que não encontra sintonia com o tema da convenção ou até a forma usada pela atendente para falar com o cliente. Ou seja, quem observar a personalidade da marca, vai concluir que ela é totalmente esquizofrênica. Por isso, faz falta alguém que tenha visão do todo e faça o conjunto ter nexo.

O marketing e os relacionamentos

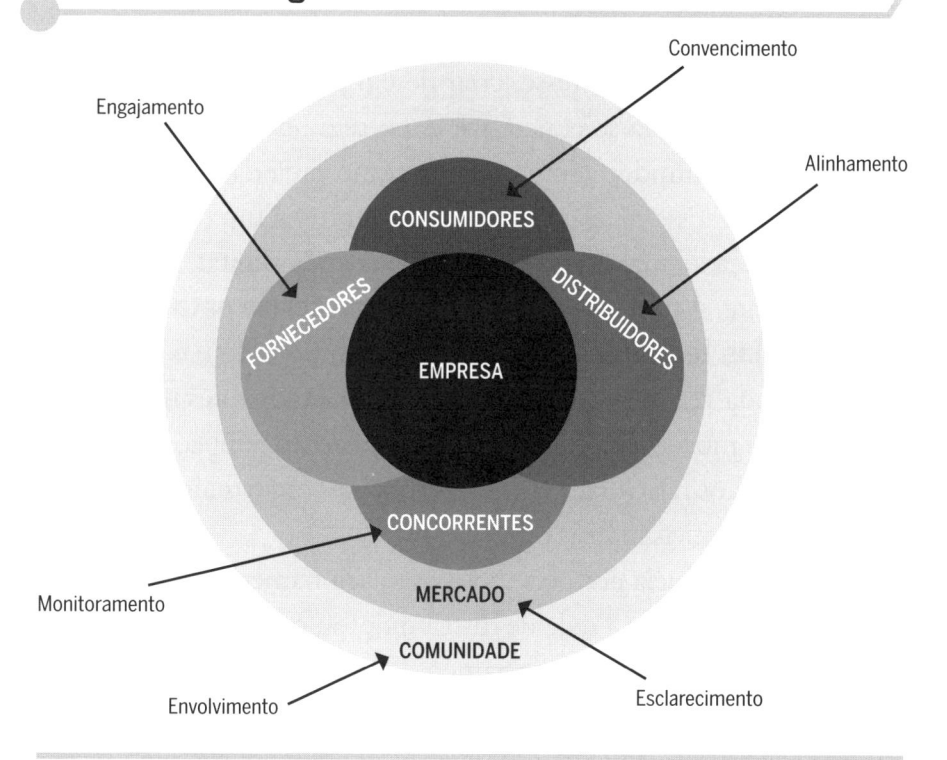

- Convencimento
- Engajamento
- Alinhamento
- CONSUMIDORES
- FORNECEDORES
- DISTRIBUIDORES
- EMPRESA
- CONCORRENTES
- MERCADO
- COMUNIDADE
- Monitoramento
- Envolvimento
- Esclarecimento

Fonte: *O Marketing na Era do Nexo*, de Walter Longo e Zé Luiz Tavares (Best Seller, 2009).

Além disso tudo, o marketing transcendeu sua missão essencial e quase singela de transferir bens e serviços do produtor para o consumidor com satisfação de ambas as partes. A evolução dos processos mercadológicos pulverizou não só as atividades como também os objetivos. O que antes era uma missão límpida e cristalina teve seus objetivos e públicos multiplicados. Hoje temos o marketing de convencimento dos consumidores, de alinhamento dos distribuidores, de engajamento dos fornecedores, de monitoramento dos concorrentes, de esclarecimento dos mercados e de envolvimento da comunidade. E tudo isso, novamente, com uma multidão de gestores distintos que contratam centenas de fornecedores diferentes que, por sua vez, utilizam milhares de opções de mídia.

Vamos ver isso em mais detalhes. O objetivo final da relação com os consumidores não mudou muito. Continua a ser chamar a atenção, despertar interesse, criar desejo para que, num primeiro momento, a compra se concretize e, no segundo estágio, se repita até que o consumidor adote a marca como preferencial e ignore a concorrência. Esse nível de fidelidade sempre foi um desafio difícil de ser alcançado, mas com a chegada da era pós-digital, ficou ainda mais distante. **A pós-digitalidade se caracteriza pela transitoriedade das lealdades.** Tudo muda o tempo todo e o consumidor está cada vez mais volúvel. Como já dissemos antes neste livro, é preciso se mover rápido para manter o passo do público-alvo. Nos dias de hoje, os relacionamentos interpessoais estão mais fugazes e o das pessoas com as marcas também.

Essa inconstância permeia todos os relacionamentos. Por isso, no relacionamento com a rede de distribuidores, o papel do marketing das empresas é de buscar alinhamento, incentivando a colaboração estratégica entre fabricante e varejista, tentando neutralizar os efeitos da eterna crise de objetivos inversos entre quem produz e quem distribui. Pois, enquanto o produtor quer vender seu produto em qualquer ponto de venda, o interesse do distribuidor é vender qualquer produto em seu ponto de venda. E esse natural conflito de interesses tem de ser superado pela busca de objetivos comuns na luta pela preferência.

O avançar do e-commerce na era pós-digital também mexeu com essa dinâmica e promete colocar mais lenha na fogueira dessa relação com distribuidores e varejistas. Junto aos fornecedores, a busca do marketing é pelo engajamento. De criar comprometimento. De incentivar atitudes e iniciativas de interesse da empresa e do negócio. Nesse contexto, incluem-se, por exemplo, os eventos de integração, programas de premiação de fornecedores, tão comuns na indústria automobilística. A era pós-digital trouxe um elemento extra nessa troca ao propiciar que os sistemas colaborativos se desenvolvam. Nesse contexto, as trocas entre empresa e fornecedores – especialmente os que prestam serviços de marketing – se tornam mais frequentes e intensas. Se por um lado isso gera maior integração, por outro também tem potencial para gerar mais fricção.

Até na convivência com os concorrentes o marketing está presente, mas com o objetivo de acompanhar de perto sua movimentação no mercado. Seja pela aplicação de técnicas de benchmarking ou pela participação em associações e entidades de classe, esse tipo de observação é uma constante em praticamente todos os segmentos. Com a presença das empresas em redes sociais e a possibilidade de utilizar ferramentas de monitoramento virtual, a observação do que os internautas dizem da concorrência e de como a concorrência lida com esses discursos trouxe novos elementos para a análise.

Mas é no relacionamento com o mercado de maneira geral que o marketing mostra sua face mais reconhecível: a de esclarecedor. É por meio de suas ferramentas que a empresa vem a público para comunicar providências, assumir responsabilidades, dissipar mal-entendidos, convocar acionistas e prestar contas.

Com o amadurecimento social dos mercados e a multiplicação de empresas de capital aberto, o marketing de esclarecimento se torna cada vez mais relevante. Os balanços ganham cores e layouts mais atraentes, e os comunicados tornam-se cada vez mais frequentes diante de cada ocorrência que possa de alguma forma afetar a imagem da empresa ou de seus produtos. Só que, na era pós-digital, esse tipo de prestação de contas não fica restrito a uma publicação anual. A possibilidade de atualizações constantes tirou os sites de relações com investidores do antigo marasmo. As publicações tiveram que assumir o ritmo ágil da pós-digitalidade.

Por último e não menos importante, temos o marketing de envolvimento da comunidade: público formado por colaboradores diretos e pela própria população que vive no entorno da empresa. E, para isso, também temos de levar em conta a ubiquidade digital e os vasos comunicantes desse público de interesse direto com o mercado em geral.

Treinamentos, eventos motivacionais, literatura de atualização, intranets, universidades corporativas, investimento social em comunidades carentes com participação ativa de colaboradores, tudo isso passou a ser visto pelos vários públicos como sinal de saúde da empresa. Junto com a era pós-digital, veio a viabilidade de sofisticar essas ações de marketing interno e periférico.

Por isso tudo dizemos que, se antes o objetivo fundamental em marketing era vender e criar imagem, hoje assume funções muito mais múltiplas e variadas por meio do casamento do digital com o experiencial e do high-tech com o high-touch: convencimento, alinhamento, engajamento, acompanhamento, esclarecimento e envolvimento de múltiplos *targets* e grupos de influência. E, com isso, a gestão do nexo entre todas elas se torna um fator crítico para qualquer organização.

Mas, para completar o cenário, há ainda velhos desafios que se renovam e agudizam na era pós-digital: é preciso encontrar o nexo entre a campanha e o posicionamento pretendido, entre as ações do mercado e as de foco no público interno, entre as múltiplas peças da campanha e os objetivos centrais do briefing, entre a mensagem e o ambiente editorial onde vai estar inserida, entre as opções de mídia e a verba de comunicação, entre a linguagem utilizada e o *target* pretendido, entre as opções interativas e as condições para suportá--las, entre as promessas da mensagem e a realidade do produto ou serviço, entre a personalidade da marca e os patrocínios desenvolvidos. E, acima de tudo, nexo entre o passado e o futuro da relação com o mercado.

Mas ter nexo não significa ser comum, anódino, aborrecido. A coerência excessiva é tão ruim quanto a falta dela. Só que, diante de tanta complexidade e da consequente necessidade de buscar o nexo entre todas as múltiplas ações e atividades do marketing, apelou-se para o exagero do controle, que engessou as marcas num esforço de coerência e definição precisa de personalidade. Com isso, ao fugir do caos foi-se para o outro lado. Marcas não podiam ousar, não deveriam ter nuances distintas de sua rígida postura. Caiu-se, então, numa armadilha perigosa que é a falta de diferenciação e identidade opaca. E, como veremos no próximo capítulo, na era pós-digital, marcas não podem prescindir de uma certa dose de tensão para conseguir atenção.

Tensionalidade

Tensão é o que torna as pessoas, as histórias e as marcas mais interessantes e surpreendentes.

Teodoro era daquelas pessoas 100% coerentes e 100% consistentes. Tudo o que fazia estava dentro de seu roteiro. Mantinha sua rotina com a precisão de um relógio suíço. E seria possível acertar o relógio da igreja matriz pela hora em que o farmacêutico abria a porta no final do dia. Flor valorizava o bom marido que tinha, especialmente depois de ter passado tantos altos e baixos com Vadinho, seu falecido primeiro companheiro. Viciado em jogo e em noitadas, era imprevisível para o bem e para o mal. Sensual e dado a arroubos românticos, levava Flor às nuvens nos bons dias. Nos ruins, aparecia bêbado e arruinado. Vadinho era irresponsável e infiel, mas suas contradições a fascinavam, já a vida com o confiável Teodoro era um tédio completo.

Quando escreveu o romance *Dona Flor e Seus Dois Maridos*, publicado em 1966, Jorge Amado não poderia imaginar que estaria, também, dando uma aula de marketing. De certa forma, não há consumidor que não tenha em si um pouco de Dona Flor. Marcas previsíveis são tão entediantes quanto o Teodoro e não se fixam na memória de quem vive bombardeado por milhares de mensagens publicitárias por dia, todos os dias. No cenário caótico e pulverizado do mundo pós-digital, em que novas mídias surgem a cada minuto com mais janelas para desviar nossa atenção, o risco das marcas passarem despercebidas aumenta em progressão geométrica.

O processo de pulverização das mídias combinado à crescente multiplicação das marcas e produtos faz que as coisas que antes eram especiais se tornem triviais. É cada vez mais difícil perder tempo com o que é comum, óbvio e esperado. O resultado é que estamos deixando a era da atenção para a era da distração. Segundo o professor Thales S. Teixeira[39], da Harvard Business School, a atenção do consumidor deveria ser administrada pelos gestores de marketing como toda matéria-prima que é escassa e sofre enorme risco de extinção. **E, num mundo com ADD (*attetion deficit disorder*), em que a atenção é cada vez mais escassa e disputada, as marcas precisam de uma certa dose de tensão para garantir atenção.** Do contrário, passam despercebidas no mar da concorrência cada vez mais acirrada e com um consumidor mais inapetente para receber mensagens comerciais.

A verdade é que o grande esforço de *branding* nas últimas décadas foi pela consistência de marca e coerência imagética. Quem não se lembra dos famosos manuais de normas e procedimentos de utilização da marca, que obrigavam todas as ações de marketing a estampar uma imagem idêntica, coesa e única? Independente dos mercados ou segmentos de atividade em que a empresa atuava, tudo tinha que parecer igual em sua expressão imagética. Toda uma preocupação obsessiva com os detalhes estéticos das marcas acabou transformando-as em paisagem que, independente da beleza, ninguém mais prestava atenção. E tudo que é estático, conhecido e esperado dá certo sono.

Já as empresas nascidas para a realidade pós-digital, como o Google, tiveram a ousadia de subverter essa verdadeira liturgia da marca e passaram a combinar sua marca a símbolos estéticos no site, homenageando pessoas e datas. A iniciativa foi dos fundadores Larry Page e Sergey Brin, que começaram a brincadeira em 1998 para indicar que iam participar do festival *Burning Man*[40], em Nevada. O desenho foi simples e a intenção era jocosa – mostrar que estariam fora do escritório –, mas isso representou uma ruptura importante na fixação do mercado com a santidade e a pureza dos logotipos, e criou um novo ente na web: o *doodle*[41].

Dois anos depois, a dupla pediu que o estagiário Dennis Hwang criasse uma alteração criativa do logo para celebrar o Dia da Bastilha. A homenagem foi tão bem-recebida e elogiada pelos usuários que Hwang foi promovido a chefe dos *doodles*. Com isso, os logos comemorativos passaram a aparecer com mais frequência, celebrando desde coisas sérias, como o aniversário de Tchaikovski, até o Dia do Sundae. O departamento responsável pelo design dos *doodles* cresceu e a brincadeira se tornou uma forma interessante de troca entre a empresa e seus usuários, que podem sugerir *doodles*. E vale comentar que Hwang chegou ao posto de webmaster no Google.

Ao derrubar o mito de que as marcas devem ser imutáveis e sucessivamente alterar seu logotipo para homenagear pessoas e datas, o Google só provou sua força e deu ao mercado uma lição importante: as marcas já absorvidas precisam estar em constante movimento ou evolução para não virarem paisagem. O resultado é que no mais recente ranking de marcas mundiais preparado péla Interbrand[41], de 2013, o Google ficou em segundo lugar, só atrás da Apple.

Além da posição de destaque, o Google também obteve impressionante ascensão no valor de sua marca. Em 2005, quando a média do valor das marcas das empresas do setor de tecnologia circulava em torno de US$ 19 bilhões, o valor do Google ficava pouco acima dos

US$ 8 bilhões. Em 2013, o valor alcançou US$ 93 bilhões, enquanto a média do mercado está em US$ 36 bilhões. Ou seja, em oito anos, o valor da marca passou da metade do valor médio do setor de tecnologia para quase três vezes isso. Nada mal para quem brinca com sua imagem e a usa como trampolim para valorizar outras pessoas ou fatos.

Como nada tem de tediosa, a marca Google, ainda de acordo com a Interbrand, registrou valorização de 34% entre 2012 e 2013, o que lhe rendeu o segundo lugar em termos de valorização – nesse item só perdeu para o Facebook, que cresceu 43%. Como consolo, vale dizer que ficou na frente da marca de artigos de moda e acessórios de luxo Prada, com 30%, e da Apple, que valorizou 28% com o lançamento do iPhone 5 e das novas versões do iPad. Com o lançamento do Google Glass, os especialistas apostam em mais um salto de valorização da marca.

O Google é uma marca que concilia eficiência com bom humor. A disparidade entre as percepções que as pessoas têm dessas duas virtudes, cada uma apreciada por um lado do cérebro – o lado racional impressionado pela eficiência, e o hemisfério emocional fã da leveza de posicionamento da empresa e de sua habilidade de provocar sorrisos –, provoca a tensionalidade fundamental para o sucesso da marca.

E o que é tensionalidade? O neologismo significa a capacidade de incluir aspectos de tensão à personalidade coesa de uma pessoa ou marca. E tem a ver com a distância entre a visão que tenho daquela pessoa e daquela marca e o que ela efetivamente faz para me surpreender, marcar ou chamar atenção. Essa distância tira a previsibilidade, garante a tensão e a atenção das pessoas que não conseguem resistir ao desejo de saber mais. A tensão torna as pessoas, as histórias e as marcas mais interessantes e surpreendentes.

Quando analisamos as marcas bem-sucedidas, vemos uma forte relação entre o nível de tensão e o *equity* da marca, porque essa quebra de previsibilidade seduz o consumidor, que fica mais atento, engajado e apaixonado. Esse fenômeno de chamar a atenção por meio da tensão de personalidade não é novo nem se resume ao marketing. Pessoas com personalidade marcante apresentam, quase sempre, altas doses de tensão em sua personalidade.

Um bom exemplo é Marilyn Monroe que era, ao mesmo tempo, sedutora e inocente. Essa incongruência aparente era, na verdade, sua grande fortaleza icônica, que fascina a todos até hoje e a transforma em mito insuperável. Morta há mais de 50 anos, em 1962, Marilyn continua a fascinar as gerações que vieram depois. A tensão entre seu jeito sedutor e sensual com uma inocência capaz de despertar o lado mais carinhoso das pessoas foi fundamental não só para seu sucesso em vida como também para sua riqueza depois da morte. De acordo com o ranking 2013 da revista *Forbes* dos ganhos das celebridades mortas, Marilyn ocupa o 6º lugar, com renda de US$ 15 milhões, logo depois de Michael Jackson, Elvis Presley, Charles Schultz (criador do Snoopy), Elizabeth Taylor e Bob Marley. Vale notar que todos eles morreram muito depois dela. Pela ordem: 2009, 1977, 2000, 2011 e 1981.

Hoje quem administra sua imagem é a Marilyn Monroe LLC[43], empresa administrada por Anna Strassberg, descendente de Lee Strassberg, mentor da atriz, já que Marilyn era órfã e não deixou herdeiros. Aliás, as disputas por sua fortuna continuam na justiça americana, com decisões da corte de apelações de 2012, 50 anos depois de sua morte. Viva, Marilyn atuou em 33 filmes, mas depois que morreu apareceu em mais de 190. Foi inspiração direta para pelo menos três videoclipes da cantora Madonna e musa de Andy Warhol, o nome mais destacado da Pop Art. Interessante é notar que na mesma época em que estava nas telas, havia uma outra *blonde bombshell* em Hollywood: Mae West, sedutora, sexy, bonita, loira, atriz. Mas que não virou o ícone que Marilyn se tornou, e a explicação é que tudo em sua imagem estava dentro da mesma área da expectativa, não gerava tensão. Faltou a ela o quê de inocência e desamparo de Marilyn.

Outro exemplo de tensão de personalidade é a saudosa Lady Di, que apresentava uma dualidade inclusiva, por ter um lado plebeu e outro real ao mesmo tempo. Embora fosse da realeza (seu pai era o oitavo Conde de Spencer), mantinha visões e comportamentos de plebeia, o que parecia gerar uma constante crise de relação com sua sogra, a Rainha da Inglaterra, mas era fundamental para a construção do mito. Havia um quê de rebeldia que contrastava com sua correção em assumir seu papel de princesa. Seu filho mais velho, William, herdeiro do trono, casou-se com Kate Middleton, que é 100% plebeia, filha de comerciantes, mas que aparenta estar absolutamente confortável em viver de acordo com as regras da realeza britânica. Sem tensão, jamais será o fenômeno de atenção popular que sua sogra foi. O dia de sua morte (31 de agosto de 1997) foi tão marcante que muitas pessoas lembram em detalhes do que estavam fazendo quando receberam a notícia.

Outra aparente contradição que fascina o público é encarnada pela comunicadora norte-americana Oprah Winfrey. Presença constante na lista da revista *Forbes* das celebridades mais poderosas[44] (por cinco vezes liderando essa mesma lista[45]), Oprah é considerada uma verdadeira *mogul*, superpoderosa e inatingível. No entanto, para o público americano, especialmente as mulheres na faixa etária entre 25 e 54 anos, é vista como a melhor amiga, próxima e acolhedora, aquela pessoa de quem se ouve conselhos sobre todos os assuntos: da escolha de que livro ler até a continuidade de relacionamentos.

Embora seja a dona de um canal voltado para a classe média norte-americana, Oprah apoia uma série de causas sociais e já gastou mais de US$ 100 milhões na Oprah Winfrey Leadership Academy for Girls, na África do Sul. Novamente, alguma coisa que parece contrastar com o quadro geral, algo que gera tensão.

Outra personagem muito conhecida de todos nós e que apresenta bons índices de tensão em sua personalidade pública é Gisele Bündchen. A maior top model do mundo é também mãe e esposa e faz questão de ser fotografada com marido e filhos em situações corriqueiras e caseiras. Apesar de seu corpo escultural, confessa ser louca por fast-food, e os mais próximos dizem que come muito e de tudo. Enquanto todas as suas colegas atravessam a passarela com olhar no infinito e cara fechada, Gisele aparece sempre rindo e olhando para todos os presentes. Um caso típico de tensão entre o próximo e o inatingível, a celebridade e a mulher comum, a *uber* profissional e aquela que se diverte trabalhando.

E quem imaginaria encontrar numa só pessoa a tensão natural entre ser filantropo e roqueiro. Afinal, a filantropia costuma ser algo que não combina com quem usa roupas de couro pretas e óculos escuros à noite. No entanto, o vocalista da banda irlandesa Bono Vox é conhecido internacionalmente por seu envolvimento com causas humanitárias. Isso gera uma importante tensão em termos de imagem, porque os roqueiros tendem a ser vistos como criaturas egoístas, egocêntricas e alienadas – gente ocupada com a trilogia sexo, drogas e rock'n'roll. Por não corresponder a esse estereótipo, Bono Vox se destaca e tem fãs até entre quem não se interessa por música. Já Mick Jagger, por exemplo, não apresenta contradição alguma. É um clichê ambulante.

Steve Jobs, por sua vez, atraía atenção de celebridade por ser tirano e genial ao mesmo tempo. Foi capaz de subverter os estereótipos do *nerd*, do *geek* e do capitalista, mostrando carisma e ousadia dignos de herói de filme de ação. Não escondia de ninguém que era um déspota e deixava claro que era sua insatisfação que movia a criatividade da Apple. Era um executivo de tecnologia com pique de *rockstar* e sua personalidade era capaz de conquistar a atenção de todos. Já Bill Gates, embora tenha mudado o jeito das pessoas usarem seus computadores com o Windows e seja um grande filantropo, seu jeito manso nunca provocou o mesmo nível de fascínio que Jobs provocava. A personalidade de Jobs apresenta altas doses de tensão. A de Gates, não.

Não existe maior prova de que a tensão entre características marcantes determina o impacto de uma personalidade no mundo do que Jesus Cristo. É Deus e é homem. É imortal, mas morreu na cruz. É eterno, mas só viveu 33 anos. É superior, porém sempre foi humilde. Era capaz de ser enérgico, mas demonstrava docilidade. Ninguém foi mais dual, tenso e marcante na história do mundo do que Ele.

Essa capacidade de conciliar opostos fascina sempre. E muitas marcas têm se mostrado competentes em trabalhar a tensionalidade. A Land Rover, por exemplo, é robusta, mas luxuosa. Ikea representa o design a preço acessível. Já a Nike trabalha as ideias de dar poder às pessoas comuns. A Apple passa a mensagem de ser inteligente e sexy, e as Havaianas, de colocar conforto e estilo juntos no mesmo calçado.

Para avaliar o nível de tensão entre os múltiplos atributos das marcas, a agência americana Young & Rubicam desenvolveu uma metodologia, denominada *Brand Tensity*, que mapeia a tensionalidade por meio de 48 atributos colhidos do seu *Brand Asset Valuator*, o maior e mais completo estudo de marcas do mundo.

Com a matriz de correlações, é possível verificar onde os atributos da marca se posicionam. A partir disso, basta constatar qual é o ângulo entre os atributos. Quanto mais agudo o ângulo, menor a tensionalidade. Mas, se os atributos estiverem em ângulos próximos a 180°, é só comemorar: a marca tem tensionalidade.

A notícia é boa porque marcas com tensionalidade se destacam das demais e redefinem as expectativas da categoria. Para efeito de exemplo, basta ver o posicionamento de duas marcas do varejo norte-americano. A Target tem a imagem de loja barata e chique ao mesmo tempo e se destacou criando uma ponte entre essas duas propostas aparentemente incoerentes, entregando duas dimensões opostas em uma única marca icônica. Já a K-mart fundamenta sua imagem na questão do valor e, como outros hipermercados, compete por preço e promoções, formando um ciclo vicioso que desgasta a diferenciação e comoditiza a marca.

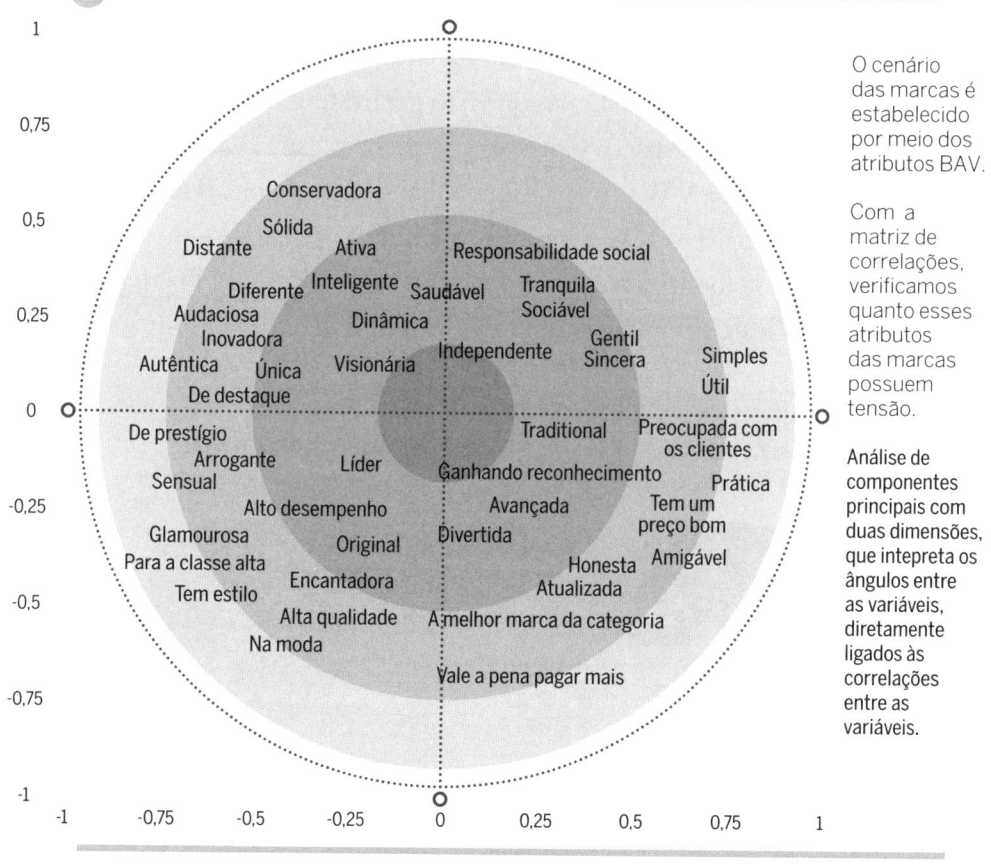

Brand Tensity

O cenário das marcas é estabelecido por meio dos atributos BAV.

Com a matriz de correlações, verificamos quanto esses atributos das marcas possuem tensão.

Análise de componentes principais com duas dimensões, que intepreta os ângulos entre as variáveis, diretamente ligados às correlações entre as variáveis.

Atributos no gráfico:
Conservadora, Sólida, Distante, Ativa, Responsabilidade social, Diferente, Inteligente, Saudável, Tranquila, Audaciosa, Dinâmica, Sociável, Inovadora, Independente, Gentil, Sincera, Simples, Autêntica, Única, Visionária, Útil, De destaque, De prestígio, Traditional, Preocupada com os clientes, Arrogante, Líder, Ganhando reconhecimento, Prática, Sensual, Avançada, Tem um preço bom, Alto desempenho, Glamourosa, Original, Divertida, Para a classe alta, Honesta, Amigável, Encantadora, Atualizada, Tem estilo, Alta qualidade, A melhor marca da categoria, Na moda, Vale a pena pagar mais

Fonte: Young & Rubicam

Outro exemplo é a rede de supermercados Whole Food's. Voltada para o público mais interessado no consumo consciente e sustentabilidade, tem como atributo principal a garantia a seus consumidores que estão comprando produtos *eco-friendly*, porém a tensão adequada é gerada pela alta qualidade das embalagens sempre sofisticadas e inovadoras, algo raro na tendência dos produtos naturais.

Se colocarmos marcas de automóveis presentes no mercado brasileiro na matriz, vamos descobrir que Fiat tinha uma personalidade coesa em torno de preço baixo e simplicidade. Foi em busca, então, de atributos que rivalizassem com esses para se posicionar, gerando uma tensão positiva. Encontrou no atributo de inovação a tensão necessária para se destacar. Já a Volkswagen, ex-líder do setor no Brasil, reforçou os atributos em torno do que já representava como confiabilidade do carro alemão e valor de revenda. Atributos importantes de uma marca excepcional, mas que não geram tensão entre si. Com isso, perdeu algum espaço. Como consequência, para o consumidor de carro popular, a VW virou o PC, e a Fiat virou a Apple. Resultado: entre 2004 e 2013, o VW Gol foi o veículo mais vendido em todos os anos. Mas se forem somadas as vendas do Fiat Uno e do Fiat Palio, a liderança fica com a montadora de origem italiana. Isso tem a ver

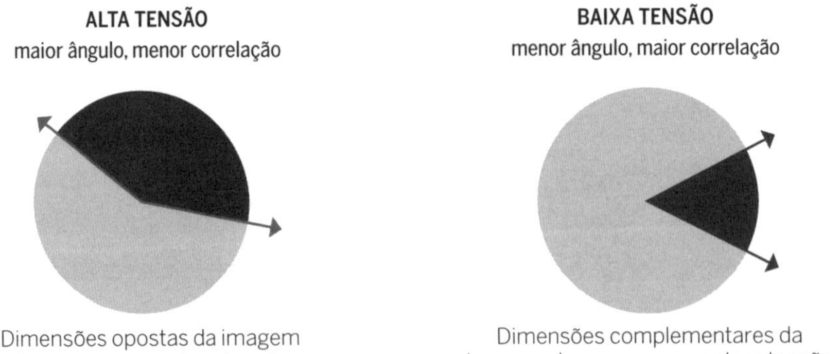

ALTA TENSÃO
maior ângulo, menor correlação

BAIXA TENSÃO
menor ângulo, maior correlação

Dimensões opostas da imagem de marca apresentam tensão de marca com maior potencial.

Dimensões complementares da imagem de marca apresentam tensão de marca com menor potencial.

Fonte: Young & Rubicam.

com a capacidade da empresa de conseguir a atenção do consumidor se mostrando interessante, dinâmica e estilosa.

A busca da tensão não precisa ficar restrita à personalidade da marca. É possível, também, garantir altas doses de tensão positiva por meio de campanhas e slogans. Um bom exemplo disso é o Omo e seu conceito de que "se sujar faz bem"[46]. Não deixa de ser surpreendente uma marca de sabão em pó desenvolver uma ideia de que sujar é bom. Acontece que, ao defender esse conceito e chamar atenção, Omo queria dizer que crianças brincando se sujam e a sujeira, nesse caso, é símbolo de liberdade e criatividade.

Outra marca da mesma empresa que também chamou atenção surpreendendo e gerando tensão é a Dove com seu movimento pela real beleza, apresentando o conceito de que toda mulher é bonita. A marca transcendeu à pele e buscou mostrar a visão que cada mulher tem de si mesma, num mergulho que foi além da superfície[47], algo bem diferente do que a comunicação de sabonetes tradicionalmente fazia.

Outro bom exemplo de tensão positiva ou tensionalidade no setor de serviços é o conceito da SulAmérica Seguros: "A vida é imprevisível e isso é muito bom". Parece surpreendente uma companhia de seguros afirmar que a imprevisibilidade é algo bom quando todas as outras tentam lhe convencer do contrário. Nesse caso a tese é que você deve viver com intensidade todas as coisas boas que a imprevisibilidade traz e deixar os problemas com a SulAmérica.

A gigante P&G, por meio de sua agência Grey, também trabalhou bem os aspectos de tensionalidade nos produtos Downy e Pantene. Ao tirar o amaciante Downy da lavanderia e levá-lo para o guarda-roupa, deixou de lado a linguagem de ternura e maciez para falar de sedução, moda e perfume, gerando uma tensão desse produto em relação à categoria. Já Pantene buscou a tensionalidade na dualidade inclusiva de dois universos: a racionalidade da ciência e a emoção aspiracional da beleza, dois atributos com maior ângulo e menor correlação.

Exemplos como os de Omo, Dove, SulAmérica, Downy e Pantene mostram que a tensionalidade é cada vez mais presente na vida das marcas e, na era pós-digital, esse fenômeno tende a se acelerar. **Os exemplos são muitos, mas a mensagem é a mesma: no novo ambiente concorrencial da era pós-digital, sem tensão não há atenção. E, em comunicação, sem atenção não há nada!** Marcas com tensionalidade se destacam das demais, redefinem as expectativas da categoria e ganham a preferência do consumidor – exatamente como o Vadinho, que mesmo depois de morto, ainda era amado por Dona Flor.

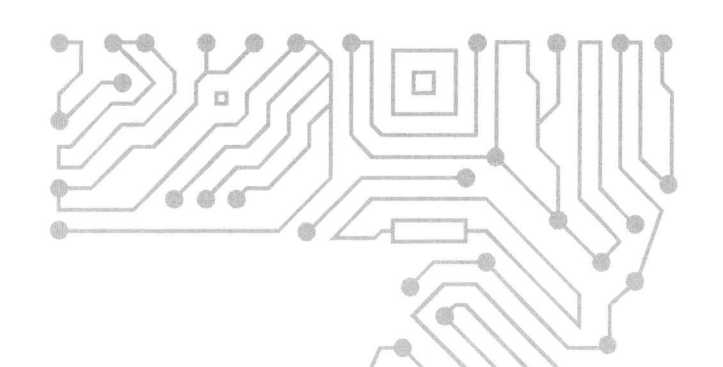

Inspiração circence

Agilidade, reinvenção, flexibilidade e magia, são os princípios que vão viabilizar o futuro.

A excitação fazia tudo ficar marcante, o cheiro de serragem no chão se combinava ao aroma sutil de poeira impregnada na lona, certamente testemunha de outras terras e muitas aventuras. Os sons eram estridentes, intensos, capazes de provocar uma leve tontura, uma espécie de vertigem boa, mas quando os tambores rufavam e o barulho parava é que a coisa ficava séria. Nesse silêncio tenso, enquanto os olhos bebiam o que se passava no picadeiro, quase se podia ouvir o som do próprio coração acelerado que, num instante, seria abafado pelos gritos de alívio e por saraivadas de palmas. Luzes, brilho e cor por todo lado, que emolduram cenas intensas de perigo, superação, ousadia ou humor.

O circo mexe com todos os sentidos, instiga emoções e junta tudo isso num pacote inesquecível. A combinação de cada um desses elementos vai além de uma simples soma, é uma equação que traz resultado exponencial. É mais do que uma experiência, é magia. Mas, além de tudo isso, o circo tem um modelo de negócio que utiliza com maestria as seis grandes características da era pós-digital e, por isso, pode ser uma grande inspiração para nós, ao adotarmos uma dinâmica mais adequada aos novos tempos. É interessante notar que nada é mais contrastante como o circo e a era pós-digital. O circo parece preso ao passado e estamos falando de futuro. **Como espetáculo o circo ficou anacrônico e nostálgico, mas seus conceitos e premissas nunca foram tão atuais.** Vamos ver o porquê.

A efemeridade é uma das características mais admiráveis do circo. E está presente em todos os filamentos do DNA da operação circense. Para começar, ele é feito de lona. Não é como os teatros, estádios ou arenas que se tornam monumentos nas cidades por serem palcos para as habilidades artísticas e físicas dos humanos. O circo também mostra as maravilhas de que nossa espécie é capaz de fazer, mas tira sua perenidade do fato de ser efêmero.

Quando o circo chega numa cidade, a excitação é imensa. A curiosidade existe porque as pessoas sabem que não vai durar muito, que precisam aproveitar a oportunidade para ver as maravilhas que ele tem para mostrar. Os espaços feitos de pedra, concreto e reboco são da cidade, estarão sempre lá para receber peças, concertos, jogos, competições. O circo, não. Ele arma e desarma suas lonas rapidamente e isso provoca inquietação nas pessoas, um senso de urgência que acaba por se converter em vendas de ingressos. E quando o mercado local não parece mais tão atraente, põe tudo no caminhão e, no dia seguinte, já está em outra cidade ou outro mercado.

Mas a efemeridade do circo também ocorre em baixo da lona. O espetáculo precisa ser renovado constantemente. É fundamental para a empresa poder mostrar produtos novos, originais, emocionantes para seus consumidores. O mesmo ato repetido à exaustão não provoca aplausos. Na verdade, a renovação do roteiro das apresentações chega a ser um fator de sobrevivência física. Se malabaristas, trapezistas e domadores entrarem em cena sem a devida adrenalina, a chance de acidentes aumenta. Por isso, mudar sempre é quase um seguro de vida. Mesmo o palhaço tem de alterar sua rotina, adaptar seu ato para a plateia do dia é sua melhor chance de conquistar os risos e gargalhadas que deseja. **Marcas que não mudam jamais, nem o produto nem o discurso, correm mais risco de morrer.**

Outro aspecto da efemeridade que o circo sabe dosar bem é o tamanho das apresentações. O povo do circo sabe que a atenção da plateia é algo volátil e, como a missão é ter todo mundo envolvido e engajado com o que está acontecendo no picadeiro, os números têm de ter o tempo exato. Não podem ser rápidos demais que as pessoas não consigam acompanhar, mas não podem demorar porque isso é o que provoca a dispersão.

Todas essas exigências em relação ao *timing* fazem que a vida dos artistas de circo seja tensa e desgastante. Por isso, o gestor do circo sabe que sempre terá de lidar com o *turnover* de sua equipe. Uma contorcionista se apaixona e resolve ficar numa cidade, um treinador de cavalos resolve fugir com a filha do prefeito, o palhaço resolve arrumar um emprego num banco. Enfim, as coisas mudam rápido num circo.

Por isso, o dono tem de estar sempre atento para reconhecer talentos e atraí-los para sua empresa. É o entregador de jornais doido por mágica, a menina que tem corpo de equilibrista, a senhora que daria uma excelente bilheteira. Seu discurso é que o trabalho é muito, mas é sempre divertido e o cenário muda constantemente – muito parecido com o que profissionais de Recursos Humanos falam para os candidatos.

Essa capacidade de lidar sempre com o novo, faz que o circo seja também um modelo de mutualidade, uma vez que

promove a integração entre homem e equipamentos, aparelhos e máquinas até o limite. Para um trapezista, por exemplo, existe uma simbiose perfeita entre ele e seu equipamento. Para quem é de circo, a motocicleta não é apenas um conjunto formado por duas rodas e um motor. É uma parceira para desafiar a gravidade no globo da morte, assumir riscos e colher aplausos. O artista não é nada sem sua moto e, sem o artista, ela é só mais um produto fabricado em série.

Essa intimidade, essa unicidade entre humano e máquina, em que um conhece os recursos do outro e juntos desenvolvem mais possibilidades, lembra muito a relação dos *geeks* com seus computadores ou mesmo das adolescentes com seus celulares conectados às redes sociais. Em todos esses casos, é difícil estabelecer onde termina o potencial humano e começa o da máquina, uma vez que usuário e equipamento funcionam num conjunto coordenado e perfeito.

Na era pós-digital, somos o que nossos equipamentos são. Com celular na mão, podemos sempre ser encontrados. Com um smartphone na mão, podemos encontrar tudo. No mundo empresarial, as ferramentas de monitoramento podem ser as melhores parceiras de um gestor de marca. A integração entre homem e máquina é mais íntima e recorrente do que a maior parte das pessoas se dá conta e tende a se aprofundar na medida em que a civilização de máquinas que se comunicam entre si na internet das coisas for ganhando volume e as pessoas começarem a ver os efeitos das decisões que os equipamentos vão tomar autonomamente.

O circo é múltiplo. É espetáculo e é perigo, é alegria e é drama, é paixão e é negócio. É interdisciplinar por natureza. Lá há lugar para especialistas de todas as áreas: ele diverte tanto quem gosta de suspense quanto quem ama a comédia. Mas cada um desses especialistas também é versátil e desempenha inúmeras outras funções com enorme capacidade de improvisação. Lidar com muitas variáveis faz parte do circo e é a base de sua linguagem de marketing. Poucos negócios gerenciam com tanta destreza as três espécies de mídia (paga, própria e ganha) quanto o circo.

Tudo começa com os anúncios pagos, que avisam que o circo está chegando à cidade. A adequação de que tipo de material – cartazes, outdoors, anúncios de jornal, spots de rádio, comercial de TV – vai ocorrer à medida do que funciona para cada cidade, exatamente como se deveria fazer na hora de dividir o orçamento de mídia de uma campanha.

Depois, chega a hora de aproveitar as mídias próprias. Cada carro, caminhão e trailer do circo bem-pintado com suas atrações, de forma chamativa, em cores vívidas. A forma circular (os prédios tendem a ter ângulos) e a lona, sempre muito colorida, formam um conjunto de mídia exterior poderoso para chamar a atenção do povo. Bilhetes, sacos de pipoca: em cada espaço sob seu domínio, o dono do circo coloca sua marca. Mas o circo vai além e faz um desfile com seus artistas pela rua, uma forma de *owned media*, que combina alcance com efetividade em gerar *earned media*, a repercussão de sua marca quando alguém fala de você na imprensa ou nas redes sociais.

O dono do circo faz suas ações a partir da lógica do investimento. Ele não compartimenta do jeito que as empresas fazem, divorciando mídia impressa de mídia eletrônica, separando anúncios no mundo digital de patrocínios, sendo que todas essas formas, na essência, são do mesmo reino: o da mídia paga.

Outra habilidade tradicional do circo ao anunciar sua presença é buscar a sincronicidade na hora de veicular sua mensagem. Em dia de funeral, não se faz desfile. Não adianta colocar a malabarista na rua chamando o povo na hora da missa. Quando o público está nas cadeiras é que é bom apregoar que um novo ato vai estrear.

A sincronia entre mensagem e receptor é uma arte que o circo domina. Ao montar a sequência do espetáculo, o diretor sempre busca a sincronia entre o estado de espírito do público e a próxima atração. Assim, ele garante a atenção que falta a muitas ações de marketing que não levam em consideração o momento de se mostrar para o consumidor.

A gestão da complexidade é algo que faz parte do processo do circo. Lidar com várias necessidades ao mesmo tempo e coordenar tudo e todos sob uma única batuta é o que mantém o dono do circo no negócio. O diretor do espetáculo não precisa saber fazer mortais no trapézio, dominar leões, tirar coelhos da cartola ou fazer piadas, mas precisa encontrar o nexo em tudo isso. Se a missão do circo é entreter, o nexialista tem de combinar o trabalho dos especialistas de modo a ter um show completo e bem balanceado. Tem de reconhecer as forças e as fraquezas de cada um para gerar soluções. É ele quem avalia que o mágico tem medo de altura e o domador é mal-humorado e que, por isso, não podem respectivamente substituir o homem-bala e o palhaço. Não haveria nexo nisso, e o nexo é a alma do show.

O fato de funcionar ordenadamente, como uma orquestra bem-ensaiada, não tira do circo a característica da tensionalidade. O circo surpreende sempre. Ao mesmo tempo em que é sensível ao perceber talentos, é implacável em sua exigência de perfeição e esforço dos artistas. É uma grande estrutura, mas é móvel. Emprega pessoas de todos os tipos e origens, mas exige que todos trabalhem como se fossem um só. Utiliza elementos tradicionais para divertir, como tensão, medo, suspense e comédia, mas inova o tempo todo no formato e no conteúdo de sua programação. A tensionalidade do circo é intensa.

Nada é mais efêmero, mutual, múltiplo, sincrônico e fascinante quanto o circo. Nenhuma empresa se adapta e se move tão rápido como ele. Nenhuma marca é tão interativa em sua relação com o público. Ninguém tem a coragem de assumir tantos riscos. Nenhum produto ou serviço é tão inesperado e fascinante.

Por isso, os conceitos da era pós-digital encontram no circo uma analogia tão eficiente. Efemeridade, mutualidade, multiplicidade, sincronicidade, complexidade e tensionalidade são os seis conceitos que definem a pós-digitalidade e têm o poder de reformular a realidade daqui para frente. Tudo isso transforma a gestão de marketing e comunicação num desafio digno dos mais arrepiantes espetáculos circenses.

Devemos nos inspirar no estilo do circo para entrar na era pós-digital com o pé direito e com o roteiro certo para alcançar o sucesso. Assim como o circo, nossas marcas e produtos têm de ser mágicos, surpreendentes, divertidos, gerar tensão na dose certa, possuir personalidade marcante e ir muito além das expectativas. O que importa é definir se queremos ser um circo tradicional ou se queremos ser inovadores como o Cirque du Soleil, que foi capaz de reinventar o espetáculo sem matar as características que fazem do circo o maior espetáculo da Terra.

A chegada da era pós-digital nos obriga a decidir se vamos rumo ao futuro ou se ficaremos presos ao passado. **Precisamos absorver a alma mutante, mágica e inovadora do circo. Só assim estaremos prontos para prosperar na era pós-digital.**

para terminar

Não vimos nada ainda...

As únicas pessoas que podem mudar o mundo são aquelas que querem fazer isso de verdade. O resto é só o resto.

Saúde perfeita. Memória excelente. Crianças felizes. Pessoas prosperando. Fome, sede, frio e desconforto superados em escala planetária. Natureza e seres vivos preservados. Tempo para criar e apreciar a criação. Liberdade de expressão. Justiça. Alegria. Esse é o retrato do futuro que todos desejamos. Mas é justamente o fato de querermos tanto tudo isso que nos enche de ansiedade. Há o medo de que nada disso ocorra e que nos percamos nas trevas da miséria e da ignorância. O medo incomoda e isso é muito... bom! Isso mesmo, é o medo do desastre que nos faz previdentes.

Não ter medo do futuro é como dirigir um carro em alta velocidade com os olhos vendados: a chance de uma tragédia é imensa. Por outro lado, de olhos abertos, cinto de segurança afivelado e confiança na engenharia do veículo, a velocidade vira excitação. Olhar para o futuro com uma certa dose de medo é o que nos mantém vivos. E qual seria a tal dose? O suficiente para nos deixar preocupados em melhorar o que está indo mal, mas não a ponto de provocar desespero ou desânimo. O medo é o vírus da inovação. Assim, a chegada da era pós-digital com suas torrentes de informações instantâneas sobre tragédias, sofrimento e pobreza é, na verdade, um catalisador para nos empenharmos em criar soluções para o planeta.

E, modéstia à parte, a gestão de marketing e comunicação pode ajudar – e muito – na formação deste futuro de paz, abundância e arte. Ao aumentar a consciência das pessoas comuns e repercutir os avanços científicos, tecnológicos e comportamentais, a comunicação pode, sim, salvar o futuro.

E vai fazê-lo do jeito que sabe melhor e sempre fez: colocando ideias, produtos e pessoas em contato, incentivando sistemas colaborativos, democratizando a informação e reduzindo as diferenças de oportunidade entre classes sociais e regiões menos ou mais desenvolvidas. Veiculando os problemas e as preocupações; colocando grilos falantes na mente das pessoas. Afinal, suscitar indignação é uma das formas mais efetivas de romper com a passividade nas sociedades.

Quando disseram que as baleias estavam perto da extinção é que começou o processo para salvá-las. Quando se ouviu que a malha elétrica não ia dar conta, buscou-se aumentar a eficiência do sistema, dos eletrodomésticos e até das lâmpadas. Quando viram que a geração de monóxido de carbono era uma ameaça à saúde de proporções endêmicas, a pesquisa sobre energias limpas ganhou impulso. Enfim, os exemplos se empilham e mostram que os alarmistas são de grande utilidade porque, ao soarem suas sirenes, a sociedade, com ajuda da tecnologia, pode se mobilizar na busca de soluções.

Portanto, os que disseminam o medo prestam um enorme serviço enquanto asseguram a perda da própria credibilidade. **Os atos dos inovadores se transformam em fatos que acabam provando o contrário das teses apocalípticas.** Mas isso só acontece porque essas teses foram formuladas. Trata-se de profecia autodestrutiva. É como se cada previsão, ao ser divulgada, disparasse uma contagem regressiva para ser desmentida.

Patrick Moore, ambientalista e fundador do Greenpeace, já sexagenário, mantém seu radicalismo inalterado, só que com o polo invertido[48]. Atualmente é um defensor ferrenho da energia nuclear, exploração otimizada das florestas, desenvolvimento dos transgênicos e afirma que o aquecimento global nada tem a ver com a ação humana[49]. Não é a toa que foi apelidado por sua antiga turma de EcoJudas. O que fez o Sr. Moore mudar tanto suas convicções? Segundo ele, o bom senso, a isenção política e o estudo profundo desses temas. Para Moore, o Greenpeace perdeu o rumo desde a década de 1980 quando começou a sofrer influência de políticos de extrema esquerda. A partir daí, surgiu o ambientalismo pop, em que ser verde é moda.

As ONGs ecológicas, segundo ele, usam o medo como elemento motivador e causa fundamental de sua própria existência. Elas têm um discurso baseado no pânico, gerando a ideia que precisamos tomar cuidado com tudo o que comemos, bebemos e até com o ar que respiramos. O interessante desse processo é que, ao gerar histeria e pavor do futuro, acabam trazendo o efeito colateral da inovação. O que é muito bom.

O mesmo acontece em relação ao receio de que o petróleo acabe, que é o maior incentivador dos investimentos para a descoberta de fontes alternativas. Ao criar um estigma sobre os transgênicos, seus detratores obrigam as empresas a redobrar o cuidado e atenção nas suas pesquisas e agir para desmenti-los. **Em resumo, ao incentivar o pânico generalizado as ONGs e a mídia ressonante acabam criando as raízes profundas de seu próprio descrédito.**

Falar de futuro é sempre fascinante e complicado. Muitas coisas que jamais imaginamos ocorrem numa velocidade inesperada. Outras, que tínhamos claras no horizonte, desaparecem na poeira da história. Quem viu o homem na Lua em 1969 tinha certeza de que na segunda década do terceiro milênio já estaríamos explorando além do Sistema Solar. Só que ainda nem pisamos em Marte. Por outro lado, falar com qualquer pessoa do planeta sem pagar nada e ter acesso à toda informação já criada e coletada pelo homem com o simples toque de um botão era algo inimaginável. E hoje é corriqueiro. Por isso, nossa análise não deve se prender a um exercício de futurologia, e sim a avaliar as tecnologias já dominadas e as suas consequências na sociedade.

O escritor de ficção William Gibson, que publicou em 1984 o livro *Neuromancer*[50], cunhou a frase "O futuro já chegou, só que está desigualmente distribuído", que se tornou um mantra para o mundo da inovação. **Cada vez mais, precisamos prestar atenção ao que já existe, mas ainda não se tornou conhecido. Avaliar o que ainda é extraordinário, mas que em breve será ordinário.**

A lista de desafios em vias de superação é imensa. Mas a tendência da humanidade é sempre perceber o problema antes de conhecer a solução. Como, por exemplo, o problema de falta d'água, que já preocupa todos os terráqueos. Bem, o planeta é 70% coberto de água. A tecnologia já está preparada para encontrar a solução dessalinizando os oceanos. Estão reproduzindo em escala industrial o que a natureza já faz, transformando a água do mar em água de chuva. Já existem hoje mais de 20 mil plantas de dessalinização no mundo. E o custo cai verticalmente ano a ano. Isso sem falar na força das ondas ou das marés, ainda praticamente inexploradas.

Apenas 88 minutos de insolação são suficientes para gerar toda a energia consumida pelo planeta em um ano! E menos de cinco dias de sol cobrindo nosso planeta gera energia suficiente que se equipara a todas as reservas de petróleo, carvão e gás natural do planeta. Enquanto isso, bactérias já produzem combustível limpo e ilimitado. E cogumelos se transformam em plástico. O fato é que o raciocínio humano é linear e a evolução da ciência é exponencial. Na verdade, a vida é exponencial. O crescimento das células de um feto, as bactérias ou o *big bang* são bons exemplos disso.

PARA TERMINAR Não vimos nada ainda... | 283

Na maior parte do tempo preocupados com notícias ruins, deixamos de atentar para o fato de que o mundo vive uma era de abundância e não de escassez. Uma criança na África hoje tem mais acesso à informação que o Presidente dos EUA na virada do milênio. Um dólar hoje corresponde a um bilhão de dólares em compra de informação em 1980. Um coquetel para pacientes de Aids custava, por ano, 30 mil dólare há dez anos. Agora custa 100 dólares e o preço continua em queda.

Mas as maravilhas não param por aí. A saúde do planeta também vai melhorar. Sistemas hidrolêmicos[51] garantirão a conservação de água. Conseguiremos aproveitar a energia solar devidamente e não faltará energia para nada. Atividades como mineração serão feitas em asteroides, reduzindo o desgaste do planeta e também ajustando o preço de matérias-primas que começam a ficar escassas. Ou seja, há mais motivo para esperar o amanhã com alegria e expectativa positiva do que com agonia e medo. Mas não é essa a mensagem que se ouve por aí.

Ao dar voz às preocupações que surgem em todas as áreas do conhecimento humano, mesmo as imprecisas ou infundadas, o setor de comunicação pode impactar fortemente o futuro porque impulsiona o processo de criação de soluções. Mas esse estresse constante tem também o poder de contaminar a visão que os profissionais de imprensa e publicidade têm de sua própria atividade. Talvez seja por isso que o setor de comunicação esteja vivendo uma fase de meta-alarmismo. Os meios especializados nesse mercado não cansam de apregoar o fim dos tempos para veículos e agências. Talvez seja exatamente isso que vai garantir a preservação dessas empresas.

Para os que dizem que os jornais vão desaparecer, a previsão é que podem até mudar de formato – de papel para eletrônico – mas que sua função deve continuar sendo relevante. É uma questão de entender a necessidade de uma mudança alquímica, ou de essência. Num mundo em que todos somos mídia, os jornais poderão atuar como concierges da informação, facilitando o acesso aos assuntos e colaborando na compreensão do mundo ao redor. Mas só terão chance de futuro se eles deixarem de dizer *o que* e se concentrarem cada vez mais em explicar *por que*, servindo como referencia de credibilidade num cenário povoado por blogs, posts e tuítes.

Os jornais já contam com a efemeridade, uma das características da era pós-digital a seu favor, agora é hora de melhorar a sincronicidade. Embora seja visto como uma mídia antiga, o jornal pode se reinventar para continuar o mesmo. Isso já aconteceu antes. Quando a televisão surgiu na metade do século passado, muitos previram o fim do teatro. O tempo provou que isso é bobagem. Nunca se fez tanto teatro.

Em São Paulo, por exemplo, as companhias teatrais têm grande dificuldade de encontrar vagas nos palcos para mostrar seu trabalho. Há teatros na cidade que apresentam três diferentes peças no mesmo dia. A televisão não matou o teatro – na verdade serviu para melhorá-lo, promovê-lo e até ajudar na evolução de sua forma de gerar receita. Tradicionalmente, os atores viviam da bilheteria, hoje o modelo de negócio envolve patrocínios, exatamente como a televisão faz.

Mas há quem diga que o surgimento da internet é o começo do fim para as televisões, que essa forma de comunicação está vivendo seus últimos capítulos. Para esses, a resposta é que a TV vai viver uma mudança estrutural e deixar de ser o que é... para ficar muito melhor! **As emissoras vão se integrar à internet e às redes sociais, e o telespectador será convertido em teleparticipante.** Isso vai obrigar os canais a oferecem cada vez mais conteúdos ao vivo. Haverá mais trabalho para todos os profissionais dessa área e mais emoção na interação entre a programação e o público. Esse contexto irá melhorar os resultados para os anunciantes que, agindo de forma sincrônica, contarão com mais atenção de quem está assistindo. Com equipamentos que captam o movimento das pessoas em casa – já comuns em videogames – é possível que o espectador participe dos programas em formato holográfico.

Para o futurólogo Ray Kurzweil[52], conselheiro de Bill Gates, diretor de engenharia do Google e autor dos livros *A era das máquinas espirituais* e *The singularity is near*, no futuro "as telas estarão em todos os lugares, nos vidros das vitrines, carros, em óculos especiais, até mesmo nas nuvens de nanorrobôs programados para exibirem cenários nos ares ao simples toque de um dedo. De certo modo, a televisão nunca será abandonada. Gostamos das histórias [...] O que muda é o modo de fazer e de exibir. Num futuro nem tão distante vamos interagir mais com as programações dos canais. Novas emissoras, via internet, vão surgir e poderemos montar nossa própria grade de programação. O hábito de estar em frente a uma tela persistirá cada vez mais forte, ainda mais no futuro em que os conteúdos poderão ser exibidos em realidade virtual com o telespectador efetivamente dentro da história. O que está comprometido de vez é a grade fixa de programação. O que muda significativamente é a criação dos roteiros, que poderá ser feita por um computador capaz de identificar o perfil de cada telespectador". Ray especula também que essas mudanças farão surgir um novo tipo de roteirista e também de novos atores. "Quem disse que eles precisarão ser de carne e osso? Não pode ser um avatar de alguém de carne e osso?", questiona.

Hoje, os assinantes de serviços digitais das emissoras já conseguem assistir aos programas na hora que quiserem, pela internet ou aplicativos. O sofrimento de ficar sem assistir a um capítulo ou perdê-lo por alguma razão foi eliminado com essa manobra.

Mesmo assim, as pessoas ainda param para assistir ao que lhes mobiliza, seja um jogo de futebol ou um capítulo importante de novela. E param porque desejam ver em primeira mão, junto com todo mundo. **A natureza humana é gregária. As pessoas querem se sentir unidas umas às outras, e assistir ao mesmo programa no mesmo instante traz essa sensação.** A ciência mostra que temos uma capacidade cognitiva limitada para tomar decisões. Ou seja, ficamos cansados em separar as mensagens relevantes do que é lixo na nossa *inbox* mental. Isso vai exigir mais inteligência e sincronicidade dos publicitários.

O aprofundamento da era pós-digital vai exigir mudanças. A relação com a internet vai se reinventar. Hoje, a rede é um ambiente em que o conteúdo é segmentado e a publicidade, genérica. O que poderemos ver num futuro breve é a inversão disso, com a internet assumindo seu papel de nivelador de possibilidades para todos e de ambiente mais propício para a propaganda segmentada e sincrônica. Isso vai trazer o reconhecimento de que publicidade é, também, informação e a propaganda vai poder realizar sua missão consultiva.

Hoje, a forma pela qual a internet tem sido usada torna as diferenças entre as pessoas mais agudas. Como as pessoas só buscam o que lhes interessa na rede, ficam alheias a todo o resto. Ficam sem conhecer o que não gostam. E se irritam em deparar com opiniões diversas. **Criada para ser um ambiente de liberdade de expressão, a internet tem sido usada como *bunker* para radicalismos, uma selva de estigmas.** Esse tipo de alarme fará que a rede retome sua missão de catalisador da conciliação entre as pessoas.

A força da internet não pode, em nenhum aspecto, ser subestimada. Para Doc Searls, autor do livro *The intention economy: when costumers take charge* e diretor de projetos do Centro Berkman para Internet e Sociedade da Universidade de

Harvard, é impossível ser exagerado ao falar da influência que a internet exerce em tudo o que conecta, incluindo pessoas, empresas, governos, instituições e coisas. Isso porque, na sua opinião, a internet é uma das condições prevalentes da nossa existência no planeta.

"Tudo o que depende de comunicação deve agora se adaptar ao fato de que a internet está envolvida. Obviamente que atos ruins vão acontecer na Internet, como ocorre na sociedade física, que vai encontrar para o meio virtual o mesmo tipo de regras e consequências para má conduta que desenvolveu para o mundo material. Tudo isso vai emergir e evoluir nos próximos anos. Mas a internet não vai sumir, não pode desaparecer do mesmo modo que a linguagem, a matemática, a arte e a música não podem ser tiradas da humanidade", diz Searls[53] ao Pew Report sobre vida digital em 2025, e completa: "A internet já nos tornou possível o uso de uma dádiva: a possibilidade de compartilhar conhecimento num nível nunca antes alcançado".

A ubiquidade da tecnologia já está mudando cenários em todos os setores, e para melhor. No livro *Abundância*[54], os autores Peter H. Diamandis e Steven Kotler, falam sobre como construir um futuro sem miséria, doença nem ignorância ao incorporar a força da tecnologia a ele. "Numa cultura tecnológica em rápida mudança e numa economia cada vez mais baseada nas informações, ideias criativas são o recurso derradeiro", dizem os autores.

O fato é que a humanidade está vivendo transformações radicais em que a tecnologia tem o poder de elevar substancialmente o padrão de vida das populações em larga escala. Com mais recursos, grandes tragédias humanitárias causadas por doenças, desnutrição e todo tipo de autoritarismo e ignorância poderão ser evitadas. **O problema do planeta não é ter muita gente nele, como acreditavam os economistas antigos, Malthus especialmente,**

e sim não ter a tecnologia para dar a todos o que precisam para viver dignamente. Quando os autores Diamandis e Kotler falam sobre abundância, eles deixam claro: não se trata de viver uma vida de luxo, mas sim ter todas as necessidades satisfeitas.

Para atingir esse ponto, na visão dos autores, a solução é tecnologia, tecnologia e tecnologia. Pode ser a tecnologia do faça você mesmo, algo que passou a ser muito plausível graças à enorme quantidade de informação disponível na internet. Pode ser pelo dinheiro dos tecnofilantropos, como Bill Gates e Mark Zuckerberg, que está financiando pesquisas para resolver questões que vão desde o combate à malária até a educação – pelo menos parte do dinheiro vindo da tecnologia está voltado para fazer um mundo melhor. A terceira força apontada pelos autores são os mais pobres ganhando espaço e poder graças à combinação de internet, celular e microfinanças.

Incentivados por essa tríade, um bilhão de pessoas saiu da inércia e está surgindo como uma força em produtividade, criatividade e consumo. "A internet permitiu que a informação fosse distribuída sem restrições. O impacto tem sido um nível maior de equidade social e empoderamento dos indivíduos, incluindo aqueles marginalizados e as minorias", afirmou Bambi Francisco Roizen[55], CEO do site Vator, especializado em distribuição de informação para *startups*, localizado na Califórnia.

Sociedades mais prósperas tendem a ter membros mais preparados em termos acadêmicos, e o contrário também é verdadeiro. Ou seja, um mundo de abundância também deverá ser um mundo sem ignorância. E onde há esclarecimento, há também ética. É um círculo virtuoso que se forma, em que as necessidades básicas satisfeitas geram possibilidades para a educação, a criatividade e a proatividade, que passam a ser cada vez mais valorizadas e promovidas.

O mercado de marketing, publicidade e comunicação vive da criatividade. Ela nos alimenta, nos sustenta e nos dá energia. E também nos dá as condições para viver no mundo que a era pós-digital está moldando porque nos fornece importantes diferenciais em relação aos outros profissionais. Não só temos os músculos mentais da criatividade mais tonificados como também provamos que conseguimos sobreviver a um sistema educacional que tende a tolher esse traço. Mas o sistema educacional moldado no século 19, em plena revolução industrial, buscava ajustar as pessoas ao sistema que eles consideravam mais produtivo, valorizando a hierarquia e embotando o espírito crítico.

Com o desenvolver da era pós-digital e o aprofundamento da mutualidade entre homem e computador, o modelo tradicional de aprendizado factual será colocado em xeque porque a internet torna todos os fatos instantaneamente acessíveis. Isso significa que o desafio não é mais se lembrar de uma fórmula, da grafia de uma palavra ou de um mapa e sim do que fazer com tudo isso, dar nexo a tudo isso, juntar essas coisas em prol de alguma realização – nem que seja descobrir o caminho mais curto até o supermercado.

Muito antes do nascimento, o crescimento do feto humano se desacelera e o bebê já apresenta o número de células nervosas que terá durante toda a vida. Começa, então, uma segunda fase evolutiva: bilhões de células isoladas começam a estabelecer conexões entre si. Esse processo se acelera ainda mais após o nascimento. Dali para frente, o que cresce não é o número de células e sim de conexões.

O mesmo está se passando agora num outro plano. O índice de penetração dos aparelhos de comunicação e informação entre os habitantes do planeta também está se estabilizando e há, nesse momento, uma nova fase de explosão cerebral. Não é mais a conexão entre as várias células do cérebro de cada um de nós e sim entre os vários cérebros em todo o planeta. Estamos nos transformando em células nervosas de um gigantesco cérebro global formado por homens e máquinas. E o mundo está nascendo para uma nova era. A era da conectividade total e da democratização definitiva do conhecimento. E essa é a essência da era pós-digital.

No relatório feito pelo Pew Research Center sobre as tendências da vida digital em 2025[56], Nishant Shah, professor do Centre for Digital Cultures da Leuphana University (Alemanha) escreveu: "A internet vai mudar de forma sistêmica nossa compreensão sobre ser humano, ser social e ser político. Não é apenas uma ferramenta para reforçar sistemas já existentes; é uma mudança estrutural nos sistemas em que estamos acostumados. E isso significa que estamos verdadeiramente passando por uma mudança de paradigma – o que merece celebração por tudo o que traz, mas também gera precariedade porque as estruturas que existem hoje perdem sentido e validade. Portanto, uma nova ordem precisa ser construída para acomodar as novas formas de existir e operar. [...] O maior impacto da internet é o que já estamos presenciando, mas vai se acelerar. Vai fundamentalmente mudar a forma pela qual nós concebemos ser humanos e as formas pelas quais deslocamos nosso senso de identidade para fora do corpo. A distância entre corpo físico e senso de individualidade vai definir os novos espaços dos universos emocional, social, de liderança e de produção".

Na era pós-digital, os adultos se preocuparão em ensinar às crianças como cultivar sua curiosidade, criatividade e pensamento crítico. Vamos ensiná-los a serem mais proativos e a se adaptar mais rapidamente às mudanças tecnológicas, que virão em ondas de intervalos cada vez mais curtos. No campo da educação, por exemplo, a mutualidade da era digital já é uma realidade que caminha rapidamente para a ubiquidade, assim que o desejo de que cada criança tenha acesso a um computador se tornar uma realidade ampla. E não adianta partilhar equipamentos. A disponibilidade de um laptop ou tablet por criança vai permitir que os pequenos se desenvolvam a partir de sua integração com a máquina. Cada um vai desenvolver sua forma de se relacionar e rapidamente o aparelho será uma extensão do corpo do pequeno humano, que terá possibilidades muito mais amplas que as gerações que lhe antecederam. Essa visão foi criada pelo fundador do Media Lab do MIT Nicholas Negroponte, que deu início à ONG One Laptop per Child (OLPC)[57], e que pretende, assim, mudar o cenário da educação e dar um salto evolutivo importante para o futuro do conhecimento.

Negroponte afirma que "epistemiologistas como John Dewey e Seymour Papert concordam que uma pessoa aprende melhor fazendo. Por isso, se o desejo é mais aprendizado, o natural é permitir que mais coisas sejam feitas. Por isso a OLPC enfatiza as ferramentas de software para explorar e expressar. O amor é melhor mestre que o dever. Usar o laptop como instrumento para envolver as crianças na construção do conhecimento a partir dos seus interesses pessoais e fornecer ferramentas para compartilharem e criticarem essas construções fará com que se tornem aprendizes e professores". É a versão atualizada no pós-digital do método socrático de ensino. Desenvolvido no século 5 a.C, pelo filósofo Sócrates em Atenas, cidade onde todos os maiores avanços intelectuais ocorreram no período Clássico, o método privilegia a capacidade do aluno de fazer correlações a partir de estímulos dados pelo professor.

Os equipamentos acessíveis de Negroponte poderão trazer melhores chances às crianças do terceiro mundo, exatamente como a tecnologia do telefone celular transformou a vida das pessoas por todo o planeta, mas impactou de forma especial os mais pobres. Os celulares facilitaram a vida das pessoas e lhes deram mais conforto e poder. Foi uma mudança rápida, ocorrida organicamente ao longo de pouco mais de uma década. Ninguém precisou impor nada. As pessoas perceberam a utilidade e expandiram as possibilidades do aparelho. Passaram a demandar mais funções e a ver o aparelho com uma extensão de seu corpo.

Para o especialista em tecnologias nascentes e futurólogo Michell Zappa[58], fundador da Envisioning Technology Research Foundation, a curva de adoção de novas tecnologias é sempre imprevisível. "Há bolsões de adoção de novas tecnologias que surpreendem até os mais atentos observadores", diz Zappa, admitindo que a curva de incorporação de novos *gadgets* e *devices* está muito mais relacionada à sua utilidade prática e vantagens em termos de custos ou produtividade do que a qualquer tipo de sofisticação intelectual ou social. Não importa a classe socioeconômica ou a formação, as pessoas incorporam as tecnologias que lhes interessam.

"Em poucos meses o serviço de táxis mudou por causa de aplicativos de localização de carros. Os taxistas aderiram em peso e a população também. Esse tipo de situação é viral. Não dá a mínima para preconceitos. Com o aprofundamento da era pós-digital, veremos situações semelhantes ocorrerem com cada vez maior frequência", explica o fundador do site www.envisioning.io.

Zappa acredita num processo crescente de desintermediação da economia. "Será o fim do conceito de 'agência' em todos os setores. Já estamos vendo crises como essa no setor de turismo, mas isso vai ocorrer em todas as áreas. Só intermediar não vai manter negócios. O que vai garantir a continuidade serão as contribuições especializadas, o valor agregado, a criatividade, a inovação", afirma o estudioso. Ao mesmo tempo em que as pessoas vão dispensar simples intermediários, sejam companhias de táxis ou agências, elas terão melhores condições e mais facilidade de se colocar como fornecedores de produtos ou serviços. Isso traz mais poder, maior rentabilidade ao esforço do trabalho e mais independência.

"As relações serão cada vez mais diretas. As pessoas buscarão resolver suas dificuldades sem contar com as grandes instituições como governos ou multinacionais. Elas buscarão quem, em algum lugar, poderá contribuir com as soluções de que necessitam", prevê Zappa. "Hoje sabemos que o que resolve problemas é a ação de indivíduos muito motivados", observa. "Na era pós-digital não estamos mais presos a empresas ou instituições. A multiplicidade de opções a nosso alcance nos deu essa liberdade. Hoje as ideias são mais realizáveis, tudo ficou mais fácil de fazer com a ajuda da tecnologia e isso tem um efeito de rede muito inspirador, que gera consequências exponenciais. Hoje o pequeno empreendedor tem recursos que seriam impossíveis até recentemente. Esse acesso vai se ampliar exponencialmente a partir de agora."

Na verdade, a influência da tecnologia na vida humana vai muito além dos cenários econômicos, algo atestado pela História e pela Ciência. Em média, um homem Cro-Magnon vivia 18 anos. No Egito Antigo, essa expectativa subiu para 25 anos. No ano 1400 d.C, já às vésperas do Renascimento e das grandes navegações, a média de expectativa de vida atingiu 30 anos. Já nos anos 1800, outro salto: na Europa e nos Estados Unidos, a expectativa de vida média chegou aos 37 anos. No começo do século passado, nos Estados Unidos, a média era de 48 anos e aumentou, ao longo das décadas, para chegar a inéditos 78 anos no ano 2000. Ou seja, em 100 anos, a expectativa de vida praticamente dobrou. O desenvolvimento humano inicial na Terra durou 150 mil anos e, durante esse período, foi linear. Nos últimos 150 anos passou a ser exponencial.

Na era pós-digital, a extensão da vida será acompanhada pela expansão da vida, com novas experiências reais e virtuais acabando com a sensação de que ficaremos entediados com o aumento da longevidade. Ou seja, se os joelhos não derem conta de escalar o Everest, a realidade virtual pode ajudar a sentir essa adrenalina. Claro que quando falamos em médias, temos de levar em conta altas taxas de mortalidade infantil e os indivíduos que atingiram maior longevidade. Geralmente, quem vivia mais eram os mais ricos, justamente porque tinham mais acesso à medicina.

A tecnologia digital está trazendo para o setor de saúde avanços importantes em escala, efetividade e também em amplitude de acesso, independentemente das condições socioeconômicas. Entre várias novidades que enchem a humanidade de esperança, há uma que tem sido chamada de LOC (*lab-on-a-chip*) e vem sendo desenvolvida pelo porfessor de biotecnologia John T. McDevitt[59], da Rice University. Essa tecnologia é um bom exemplo da era pós-digital porque é mutual, colaborativa, generativa e ainda é suficientemente ágil para driblar a efemeridade.

Os LOC são equipamentos parecidos com telefones celulares que poderão fazer exames laboratoriais a partir de pequenas amostras de sangue ou saliva e, além de dar resultados individuais, eles poderão disponibilizar os dados para serem tabulados na nuvem. Dessa forma, será possível comparar os resultados de um indivíduo com exames de outras pessoas da mesma região, o que pode ajudar identificar epidemias logo no início e impedir que se transformem em pandemias. Com essas informações, o planejamento de políticas de saúde pública, tanto para cura como para prevenção, poderão ficar muito mais efetivas.

A humanidade pode esperar por auxílios fantásticos para sua saúde. Em breve se popularizará a utilização de *masers* na detecção de doenças. *Masers* são dispositivos que produzem ondas eletromagnéticas coerentes através da amplificação de emissão estimulada, uma variação do que conhecemos por lasers. Quando as doenças se instalarem efetivamente, impressoras 3D serão utilizadas na confecção de órgãos humanos. Quando não for esse o caso, nanomotores com a dimensão de moléculas agirão no organismo.

A velhice será complemente alterada. Nosso corpo envelhecerá cada vez menos graças à biogerontologia, que ampliará cada vez mais o tempo da vida humana. O futurólogo Kurzweil prevê, em entrevista à revista *Piauí*, que será possível implantar no cérebro um computador do tamanho de um grão de ervilha para substituir neurônios destruídos pelo mal de Parkinson.

Os grandes laboratórios podem ter dificuldade nessa transição, ou então se adaptarem e aproveitarem dela. Está surgindo o DIYBio (*do it yourself biology*), que funciona de forma similar às lan houses. Espalhados pelas principais cidades do mundo, transformaram-se em laboratórios amadores com equipamentos comprados no eBay. O espírito empreendedor independente chegou ao ramo das descobertas farmacêuticas! Um programa do MIT para nível secundário reúne anualmente dois mil estudantes de 30 países. Seu objetivo é utilizar técnicas de biologia sintética para a criação de novos organismos. Impressoras 3D estão sendo carregadas com células plenipotenciárias em vez de tinta ou plástico e estão nos estágios iniciais de criar orgãos humanos para reposição. É o bioprinter, mais uma revolução da medicina que tem a Organovo[60] como a principal empresa do setor, já produzindo traquéia e vasos sanguíneos.

Induced pluripotent stem (IPS) *cells* é outra revolução que promete reverter uma célula da pele à sua condição original de célula-tronco e, com isso, permitir que ela se transforme em outros tipos de tecidos. O sequenciamento do genoma humano, que já chegou a custar bilhões de dólares e demorar anos, agora custa apenas US$5 mil (Illumina[61]) e é realizado em cinco dias. A previsão é que em 2018 deverá custar US$ 1 e ficar pronto em apenas 15 minutos.

A geração passada foi responsável pela exploração do espaço exterior. A grande aventura agora é a exploração do espaço interior, iniciada por esta geração. E essa viagem começa agora: o sequenciamento do genoma humano será uma espécie de

Renascença na Medicina; poderemos passar para uma nova fase de preditividade e evitar os problemas em vez de tentar resolvê-los quando surgirem. A nova medicina terá quatro Ps: será preditiva, preventiva, participativa e personalizada. A nova tendência é curar enquanto há saúde, antes que a doença chegue. E isso vai ser também uma revolução na relação médico/paciente. Hoje cada vez mais pessoas, de posse de seu DNA sequenciado e com a informação disponível na internet, são capazes de definir todas as suas atitudes em relação à saúde.

Antes, para investir na Bolsa precisávamos de um corretor. Hoje milhões fazem isso pela internet diretamente. O mesmo pode se passar na medicina e isso é uma excelente notícia para os milhões de habitantes do planeta que não têm acesso a assistência médica. Antes tínhamos uma relação *prêt-à-porter* com a saúde, nos adequando a estudos genéricos e protocolos segmentados por faixa etária ou raça. Agora essa relação passou a ser individualizada e *taylor made*. E, com isso, a independência de cada um cresceu. Biologia é cada vez mais pessoal e individual. **Não vão mais existir protocolos genéricos para tratar doenças e sim procedimentos individuais para prevenir doenças ou tratar doentes.**

Outra tendência, que vai do design à nanotecnologia, é o movimento denominado *Bio-Inspiration*, em que a observação nanométrica da natureza nos inspira a criar e desenvolver produtos e soluções. Para Kurzweil, moléculas são pequenas máquinas que contém os mesmos elementos mecânicos e eletrônicos, o que nos permitirá interferir em seu funcionamento. A biologia é composta de nanomáquinas. Células são computadores. Elas processam a informação e o DNA é a linguagem dessa programação. Quando surgiu o digital, descobrimos uma nova linguagem binária baseada em 0 e 1; já a linguagem do DNA é baseada em quatro letras A, T, C e G. Estamos entendendo mais as células graças aos computadores e mais os computadores graças às células. A inteligência artificial tem avançado muito em soluções específicas ou especialidades funcionais, mas parece ainda distante da *Artificial Intelligence* (AI) geral, emulando o cérebro humano. Essa é uma falsa percepção.

Não houve nenhum upgrade de nosso cérebro nos últimos 50 mil anos. Se um laptop não tiver um upgrade em cinco anos é considerado obsoleto. Nosso cérebro chegou a seu limite pelo consumo de energia. Enquanto o homem comia alimento cru, não evoluía. Antes de cozinharmos, toda nossa energia era usada para a digestão. Com isso, a evolução do cérebro foi limitada desde a origem do homem entre 40 e 20 mil anos atrás. Quando dominou o fogo e passou a consumir alimentos cozidos, toda a energia adicional gasta na digestão pode ser utilizada pelo cérebro, que consome o correspondente a uma lâmpada de 40 watt. O cérebro humano utiliza toda a energia disponível, o que limitará nossa capacidade de evolução, pois não encontraremos novas fontes de termodinâmica no corpo. O próximo passo na evolução é a utilização combinada de máquina e cérebro para ampliar nosso potencial.

Para a especialista em marketing e comunicação Elizabeth Albrycht, da Paris School of Business, não haverá traumas no processo de mistura entre a internet e a humanidade. "Em 2025, nossas vidas serão vividas em uma combinação de espaços físicos e virtuais e isso será completamente normal para a maioria. A internet somos nós e nós somos a internet. Ela será uma extensão da mente e do corpo humano. Ela é múltipla, como nós somos. Não existirá um grande evento de 'adoção' da internet – vamos naturalmente chegar lá. Muitos de nós já estão bem perto. Os benefícios são grandes demais e óbvios demais para pensar de outra forma. E isso inclui a possibilidade de viver mais tempo e com saúde. Quem diria não para isso?", escreveu ela no relatório do Pew Research Center[62].

Ray Kurzweil, que também é inventor – criou o sintetizador de voz nos anos 1970 e a segunda geração de sintetizadores musicais em 1982, algo que marcou indelevelmente a produção cultural daquela década e das posteriores – acredita que até 2029 a humanidade terá os recursos de inteligência artificial necessários para que as máquinas atinjam a inteligência humana, inclusive a inteligência emocional. Em relação ao tema do seu mais importante livro, *The singularity is near*, o futurólogo diz que as máquinas terão intelecto enormemente superior ao dos homens e que dividirão e disputarão espaço conosco. Kurzweil chama a atenção para a ascensão exponencial da interação entre a biologia humana com a tecnologia que criamos.

Parece coisa de ficção, mas os avanços vão além. O DNA será usado para armazenar dados digitais enquanto a computação neuromórfica simulará o funcionamento do cérebro humano. A nanotecnologia vai alterar o equilíbrio de forças: *nanobots* eliminando ateromas na corrente sanguínea, substituindo neurônios e reparando DNA alterado. Ela já está chegando ao nível molecular. Quando isso acontecer, um quilo de ouro vai custar o mesmo que um quilo de batata, graças às nanofactories que já estão em desenvolvimento. Isso trará impactos gigantescos em toda a estrutura econômica mundial, com repercussões inimagináveis de repactuação de poder e valores. Isso leva ao reforço da tese de que estamos entrando na era da abundância. O próprio conceito de reciclagem se altera, já que poderemos transformar objetos somente rearranjando suas moléculas, tornando os materiais mais fluidos.

Da mudança do clima ao controle de doenças, da conservação da água à nutrição, do fim das condições de fraqueza no sistema imunológico a resolver a escalada mundial da obesidade, todas as respostas serão dadas pela tecnologia. Espécies extintas poderão voltar a viver no planeta, recursos se multiplicarão e as máquinas nos ajudarão a viver tudo isso. A vida será mais plena, longa, tranquila e feliz no planeta. Hoje vivemos um *tesarac*, um momento de mudanças disruptivas e sem precedentes que possam orientar nossas ações, mas essa fase vai passar e a vida pós-digital, já consolidada como parte indissociável da nossa vida, vai mostrar faces que sequer conseguimos imaginar.

O medo de qualquer mudança, por outro lado, é um tipo de medo que não colabora com a evolução. Mudar é incomodo, mas sempre representa uma progressão. Cabe às pessoas dirigirem esse movimento no sentido positivo da evolução. **Afinal, se não podemos controlar as ondas voláteis da mudança, precisamos construir melhores botes.** Os apelos *experienciais* e digitais estão se transformando nas estradas que nos levam rumo ao futuro. Produtos, plataformas, processos e motivações *experienciais* e digitais são o mantra desse novo mundo. A verdade é que pessoas e organizações não devem apenas se preparar para grandes transformações. Devem provocá-las! E a comunicação é um agente poderoso na definição de nosso destino!

Estamos nos aproximando cada vez mais do divino, brincando de Deus, e se não utilizarmos todo esse poder de onisciência, onipotência e onipresença com responsabilidade seremos expulsos do paraíso novamente. Mas sou otimista, não haverá um retorno ao passado, apenas um avanço a um futuro mais equilibrado e abundante. Mais feminino, justo e participativo. Vamos educar nossos filhos para a grande revolução pós-digital quando haverá um retorno dos valores mais estáveis e profundos da aventura humana.

A humanidade sempre buscou se superar, eliminar seus problemas, romper os limites de seus sentidos, do espaço e do tempo. Sempre quis ir além... **Sempre buscamos estar perto de Deus, independente de nossa semelhança. E o mundo pós-digital está nos aproximando Dele!**

notas

Parte I

1 http://www.aei-ideas.org/2011/11/fortune-500-firms-in-1955-vs-2011-87-are-gone/
2 http://www.forbes.com/sites/petercohan/2011/10/01/how-success-killed-eastman-kodak/
3 GAULEJAC, Vincent de. *Gestão como doença social: ideologia, poder generalista e fragmentação social.* São Paulo: Ideias&Letras, 2007.
4 http://www.freerepublic.com/focus/f-chat/1522215/posts
5 SILER, Julia Flynn. The House of Mondavi: The Rise and Fall of an American Wine Dynasty. London: Gotham Books, 2007.
6 http://www.freerepublic.com/focus/f-chat/1522215/posts
7 http://longnow.org/
8 Palestra de Bruce Dickinson realizada durante a Campus Party 2014, em São Paulo.
9 http://www.managementtoday.co.uk/news/1223273/iron-maiden-rocks-london-stock-exchanges-inspiring-companies-list/
10 http://exame.abril.com.br/pme/noticias/8-empreendedores-digitais-para-se-inspirar-na-hora-de-criar-uma-startup?p=6
11 https://www.youtube.com/watch?v=vewg4uviZAw

Parte II

1 http://mjperry.blogspot.se/2011/11/fortune-500-firms-in-1955-vs-2011-87.html

2 http://www.kauffman.org/~/media/kauffman_org/research%20reports%20and%20covers/2012/06/fortune_500_turnover.pdf
3 http://som.yale.edu/richard-n-foster
4 FOSTER, Richard N.; KAPLAN, Sarah. *Creative Destruction: Why Companies That Are Built To Last Underperform the Market And How To Successfully Transform Them.* Nova York: Crown Business, 2001.
5 http://www.forbes.com/sites/adamhartung/2014/02/24/zuckerbergs-3-smart-leadership-lessons-from-facebook-buying-whatsapp/
6 http://www.huffingtonpost.co.uk/2014/02/20/whatsapp-worth-more-than-_n_4821107.html
7 http://bits.blogs.nytimes.com/2014/02/23/disruptions-after-whatsapp-deal-visions-of-magic-numbers/?_php=true&_type=blogs&_r=0
8 http://www.bloomberg.com/news/2014-02-24/zuckerberg-seeks-phone-partners-in-quest-to-connect-billions.html
9 http://www3.nccu.edu.tw/~jsfeng/CPEC11.pdf
10 http://www.karimrashid.com/
11 http://www.inditex.com/our_group/our_history
12 http://www.forbes.com/sites/abrambrown/2014/03/03/forbes-billionaires-full-list-of-the-worlds-500-richest-people/
13 http://www.istoedinheiro.com.br/videos/negocios/20140516/serie-como-comecei-tallis-gomes-criador-easy-taxi/2597.shtml
14 POLAK, Fred L. *The Image of the Future*, do site http://en.laprospective.fr/dyn/anglais/memoire/the-image-of-the-future.pdf
15 SCHWARTZ, Barry. *O Paradoxo da Escolha: Por que Mais é Menos.* São Paulo: Girafa, 2007.
16 http://www.ted.com/talks/barry_schwartz_on_the_paradox_of_choice?language=pt-br

17 http://patricktucker.com/the-naked-future/
18 https://www.waze.com/pt-BR
19 http://www.chomsky.info/
20 http://www.thestylerookie.com/
21 https://www.23andme.com/
22 http://www.zipcar.com/
23 https://www.getaround.com/
24 http://show.whipcar.com/rent-out-your-car/
25 https://www.lyft.com/
26 https://www.justpark.com/
27 https://www.uber.com/
28 https://www.youtube.com/watch?v=PeCprsooyCI
29 http://paulocoelho.com/br/
30 http://www.dgabc.com.br/Noticia/784167/paulo-coelho-mais-do-que-autor-protagonista?referencia=minuto-a-minuto-topo

Parte III

1 http://web.stanford.edu/class/sts175/NewFiles/Negroponte.%20Being%20Digital.pdf
2 http://www.portadosfundos.com.br/
3 http://www.ethevaldo.com.br/portal/index.php/destaque/1563-o-mundo-tera-7-bilhoes-de-celulares-em-2014-segundo--relatorio-da-uit
4 http://www.gsmamobileeconomy.com/GSMA_ME_Report_2014_R2_WEB.pdf
5 http://ben-evans.com/
6 http://economia.ig.com.br/2014-07-24/brasil-chega-a-27571-milhoes-de-linhas-de-celular-aponta-anatel.html

7 https://www.snapchat.com/
8 http://www.jamesaltucher.com/
9 http://www.thescienceofbusiness.bsm.upf.edu/how-adoption--speed-affects-the-abandonment-of-cultural-tastes/
10 https://www.youtube.com/watch?v=XxlAyUX_EtU
11 BAUMAN, Zygmunt. *Amor líquido: sobre a fragilidade dos laços humanos*. Rio de Janeiro: Jorge Zahar, 2004.
12 https://www.google.com/intl/pt-BR/about/company/philosophy/
13 http://brian.behlendorf.com/
14 http://www.pewinternet.org/2014/03/11/digital-life-in-2025/
15 http://www.pewinternet.org/2014/03/11/digital-life-in-2025/
16 http://www.pewinternet.org/2014/03/11/digital-life-in-2025/
17 http://postscapes.com/internet-of-things-history
18 http://blogs.forbes.com/narrativescience/profile/
19 http://www.epagogix.com/
20 Filmes sob Medida. *Revista Galileu*. São Paulo: Globo, p. 40, mai. 2014.
21 http://positivefuturist.com/archive/419.html
22 http://wn.com/intel_claytronics_programmable_matter__darpa
23 http://www.idc.com/getdoc.jsp?containerId=prUS24903114
24 http://www.ge.com/docs/chapters/Industrial_Internet.pdf
25 http://fas.org/irp/nic/disruptive.pdf
26 http://www.signature9.com/style-99
27 http://www.abta.org.br/
28 http://tobeguarany.com/internet-no-brasil/
29 http://www.projetointermeios.com.br/Relatorios/Rel_Investimento_3_0.Pdf
30 https://www.youtube.com/watch?v=M7FIvfx5J10
31 https://www.youtube.com/watch?v=NZb0XKHgtjo
32 http://www.storyworldwide.com/

33 http://www.iconeeditora.com.br/pdf/994672577Homem%20Med%C3%ADocre%20SUM%C3%81RIO%20e%20FRAGMENTOS.pdf
34 http://www.ietf.org/
35 http://www.pewinternet.org/2014/03/11/digital-life-in-2025/
36 http://www.pewinternet.org/2014/03/11/digital-life-in-2025/
37 LONGO, Walter; TAVARES, Zé Luiz. *O Marketing na Era do Nexo: novos caminhos num mundo de múltiplas opções*, Best Seller, 2009.
38 VAN VOGT, Alfred Elton. *The Voyage of the Space Beagle*. 1950.
39 http://www.hbs.edu/faculty/Pages/profile.aspx?facId=522373
40 http://www.burningman.com/
41 https://www.google.com/doodles
42 http://www.interbrand.com/en/best-global-brands/2013/Best-Global-Brands-2013-Brand-View.aspx
43 http://marilynmonroe.com/
44 http://www.forbes.com/celebrities/list/#tab:overall
45 http://www.forbes.com/sites/dorothypomerantz/2013/06/26/oprah-winfrey-regains-no-1-slot-on-forbes-2013-list-of-the--most-powerful-celebrities/
46 http://www.omo.com.br/desenvolvimento-infantil/porque-se-sujar-faz-bem/
47 https://www.youtube.com/watch?v=Il0nz0LHbcM
48 MOORE, Patrick Albert. *Confessions of a Greenpeace Dropout: The Making of a Sensible Environmentalist*. Vancouver: Beatty Street, 2010.
49 http://www.independent.co.uk/environment/climate-change/greenpeace-cofounder-patrick-moore-tells-us-senate-there-is-no-proof-humans-cause-climate-change-9159627.html
50 GIBSON, William. *Neuromancer*. Londres: Victor Gollancz, 1984.

51 http://www.tecmundo.com.br/saude/25668-implantes-roboticos-sao-a-solucao-para-a-falta-de-agua-video-.htm
52 http://revistapiaui.estadao.com.br/edicao-43/so-no-site/ray-kurzweil-e-o-mundo-que-nos-espera
53 http://www.pewinternet.org/2014/03/11/digital-life-in-2025/
54 DIAMANDIS, Peter H.; KOTLER, Steven. *Abundância: O Futuro é Melhor Do Que Você Imagina*. São Paulo: HSM, 2012.
55 http://vator.tv/news
56 http://www.pewinternet.org/2014/03/11/digital-life-in-2025/
57 http://one.laptop.org/
58 http://www.envisioning.io/
59 http://bioengineering.rice.edu/faculty/john_mcdevitt.aspx
60 http://www.organovo.com/
61 http://www.illumina.com/
62 http://www.pewinternet.org/2014/03/11/digital-life-in-2025/

leitura recomendada

1. *Zero to One – Notes on startups or how to build the future*, de Peter Thiel (Crowm Business, 2014).

2. *Social Physics: How Good Ideas Spread – The Lessons from a New Science*, de Alex Pentland (The Penguin Press, 2014).

3. *The Second Machine Age – Work, progress and propsperity in a time of brilliant technologies*, de Erik Brynjolfsson e Andrew McAfee (W. W. Norton & Co., 2014).

4. *Our Final Invention – Artificial intelligence and the end of the human era*, de James Barrat (Thomas Dune Books, 2013).

5. *The Silent Intelligence – The internet of things*, de Daniel Kellmereit e Daniel Obodovski (DnD Ventures, 2013).

6. *Radical Openness – Four unexpected principles for success*, de Don Tapscott e Anthony D. Williams (Ted Books, 2013).

7. *Who Owns the Future?*, de Jaron Lanier (Simon & Schuster, 2013).

8. *Abundance – The future is better than you think*, de Peter Diamandis e Steven Kotler (Simon & Schuster, 2012).

9. *Makers – The new industrial revolution*, de Chris Anderson (Crown Publishing, 2012).

10. *How to Create a Mind – The secret of human thought revelead*, de Ray Kurzweil (Penguin Group, 2012).

11. *Hybrid Reality – Thriving in the emerging human-technology civilization*, de Ayesha & Parag Khanna (Ted Books, 2012).

12. *The Shallows – What the internet is doing to our brains*, de Nicholas Carr (W. W. Norton & Co., 2011).

13. *Physics of the Future – How science will shape human destiny and our daily lives by the year 2100*, de Michio Kaku (DoubleDay, 2011).

14. *Where Good Ideas Come From – The natural history of innovation*, de Steven Johnson (Riverhead Books, 2010).

15. *Future Minds — How the digital age is changing our minds, why this matters and what we can do about it*, de Richard Watson (Nicholas Brealey Publishing, 2010).

16. *The Next Evolution of Marketing – Connect with your customers by marketing with meaning*, de Bob Gilbreath (McGraw Hill, 2009).

17. *The Digital Handshake – Seven proven strategies to grow your business using social media*, de Paul Chaney (John Willey & Sons, 2009).

18. *Grow Up Digital – How the net generation is changing your world*, de Don Tapscott (McGraw Hill, 2008).

19. *More Than Human – Embracing the promise of biological enhancement*, de Ramez Naam (Broadway Books, 2005).

20. *Accelerando*, de Charles Stross (Ace Book, 2005).

CONHEÇA OUTROS LIVROS DA ALTA BOOKS

Negócios - Nacionais - Comunicação - Guias de Viagem - Interesse Geral - Informática - Idiomas

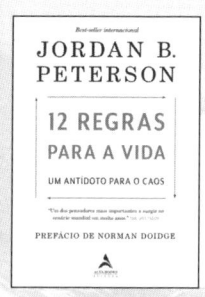

Todas as imagens são meramente ilustrativas.

SEJA AUTOR DA ALTA BOOKS!

Envie a sua proposta para: autoria@altabooks.com.br

Visite também nosso site e nossas redes sociais para conhecer lançamentos e futuras publicações!
www.altabooks.com.br

/altabooks ▪ /altabooks ▪ /alta_books

ALTA BOOKS
EDITORA

CONHEÇA OUTROS LIVROS DA ALTA BOOKS

Negócios - Nacionais - Comunicação - Guias de Viagem - Interesse Geral - Informática - Idiomas

Todas as imagens são meramente ilustrativas.

SEJA AUTOR DA ALTA BOOKS!

Envie a sua proposta para: autoria@altabooks.com.br

Visite também nosso site e nossas redes sociais para conhecer lançamentos e futuras publicações!
www.altabooks.com.br

/altabooks ▪ /altabooks ▪ /alta_books

ALTA BOOKS
EDITORA

Esta obra foi produzida nas
oficinas da Imos Gráfica e Editora na
cidade do Rio de Janeiro